DIE SPEKTAKULÄRSTEN

SCHIFFS-KATASTROPHEN

der letzten 100 Jahre

Hans Karr

pietsch

Bildnachweis

Die zur Illustration dieses Buches verwendeten Aufnahmen stammen, wenn nicht bei der Bildunterschrift anders vermerkt, aus dem Archiv des Autors. Allen Bildgebern sei recht herzlich für die Überlassung des Bildmaterials gedankt.

Bei einigen Fotos konnten die Inhaber der Bildrechte nicht eindeutig ermittelt werden. Verlag und Autor bitten freundlicherweise um Kontaktaufnahme. Eine eventuelle Urheberrechtsverletzung ist nicht beabsichtigt.

Der Leser möge die Bildqualität einiger Abbildungen entschuldigen. Sie ist dem altersbedingten Zustand der Bildvorlagen geschuldet.

Impressum

Einbandgestaltung: schreiberVIS, Seeheim

ISBN 978-3-613-51011-1

Dieses Buch wurde nach den geltenden Vorschriften der General Product Safety Regulation (GPSR) entwickelt.
Bei Fragen oder Problemen wenden Sie sich bitte an den Verlag unter folgender E-Mail-Adresse: gpsr@paul-pietsch-verlage.de

1. Auflage 2025

Layout, Satz und Prepress: schreiberVIS, Seeheim
Druck und Bindung: Graspo CZ, 76302
Printed in Czech Republic

Inhalt

Vorwort

Seit gut 5000 Jahren fährt der Mensch nachweislich zur See. Von Anfang an waren dabei Unfälle, Unglücke und Katastrophen mit an der Tagesordnung. Waren dies über die Jahrtausende hinweg bei den Segelschiffen Ereignisse, die hauptsächlich auf stürmische Wetterlagen, Strandungen und Feuerausbrüche zurückgeführt werden konnten, so kamen bei den Havariefällen ab den beiden den letzten Jahrhunderten zusätzlich auch technische Ursachen und Unzulänglichkeiten der verschiedensten Art sowie damit zusammenhängendes menschliches Versagen hinzu.

Unter **Havarie**, abgeleitet vom arabischen Wort »awar« (Schaden, Fehler), das seinen Weg über Italien in den deutschen Sprachraum fand, versteht man im Allgemeinen einen plötzlichen und unvorhergesehenen Schaden oder Ausfall, der eine Gefahr für Leben, Gesundheit oder Sachwerte darstellt und der einem Schiff oder seiner Ladung während einer Seereise widerfährt. Hierzu einige konkrete Beispiele, die die Fahrtüchtigkeit des Schiffes beeinträchtigen oder zu Verlusten an der Ladung führen: Schiffbruch, Strandung, Kentern, Kollision, Explosion, Feuer oder technische Defekte.

Als **kleine Havarien** bezeichnet man gewöhnliche Kosten der Schifffahrt, wie Lotsengelder, Hafengebühren oder Schlepplöhne. Diese Kosten werden in der Regel vom Reeder getragen, sofern nichts anderes vereinbart ist.

Eine **große Havarie** tritt ein, wenn der Kapitän vorsätzlich Schäden oder Aufwendungen vornimmt, um Schiff und Ladung aus einer Gefahr zu retten. Beispiele hierfür sind das Abwerfen von Ladung oder das Aufgeben von Schiffsteilen, um einen noch größeren Schaden zu verhindern. Die Schäden und Kosten einer großen Havarie werden von allen Beteiligten (Reeder, Ladungseigentümer, etc.) proportional zu ihren Anteilen am Schiff und der Ladung getragen. Insbesondere große Havarien können neben den wirtschaftlichen Folgen auch rechtliche und versicherungsrechtliche Konsequenzen nach sich ziehen, insbesondere im Hinblick auf Schadensersatzansprüche und die Haftung für Schäden an Schiff und Ladung.

Zusammenfassend ist eine Havarie ein Schaden oder Unfall, der einem Schiff oder seiner Ladung während einer Seereise widerfährt und sowohl rechtliche als auch wirtschaftliche Folgen haben kann.

Die ursprüngliche Bedeutung der Havarie hat sich heute auch außerhalb der Seefahrt allgemein auf jeden beträchtlichen Schaden ausgedehnt, der zu einer Betriebsstörung oder Schaden in technischen Anlagen, Maschinen oder Verkehrsmitteln führt.

Im Gesetz zur Verbesserung der Sicherheit der Seefahrt durch die Untersuchung von Seeunfällen und anderen Vorkommnissen (Seesicherheits-Untersuchungs-Gesetz – SUG) vom 16. Juni 2002 wird im §1a definiert:

1 Seeunfall

a) jedes Ereignis, das wenigstens eine der nachstehenden Folgen hat:

- **aa** den Tod oder die schwere Verletzung eines Menschen, verursacht durch oder im Zusammenhang mit dem Betrieb eines Schiffes
- **bb)** das Verschwinden eines Menschen von Bord eines Schiffes, verursacht durch oder im Zusammenhang mit dem Betrieb eines Schiffes
- **cc)** den Verlust, vermutlichen Verlust oder die Aufgabe eines Schiffes
- **dd)** einen Sachschaden an einem Schiff
- **ee)** das Aufgrundlaufen oder den Schiffbruch eines Schiffes oder die Beteiligung eines Schiffes an einer Kollision

ff) einen durch oder im Zusammenhang mit dem Betrieb eines Schiffes verursachten Sachschaden

gg) einen Umweltschaden als Folge einer durch oder im Zusammenhang mit dem Betrieb eines oder mehrerer Schiffe verursachten Beschädigung eines oder mehrerer Schiffe

b) jedes durch oder im Zusammenhang mit dem Betrieb eines Schiffes verursachte Ereignis, durch das ein Schiff oder ein Mensch in Gefahr gerät oder als dessen Folge ein schwerer Schaden an einem Schiff, einem meerestechnischen Bauwerk oder der Umwelt verursacht werden könnte

2 sehr schwerer Seeunfall

ein Seeunfall, der einem Schiff zustößt und bei dem es zu einem Totalverlust des Schiffes, zum Tod eines Menschen oder zu einer erheblichen Verschmutzung kommt

3 schwerer Seeunfall

ein Seeunfall, der nicht als »sehr schwerer Seeunfall« einzuordnen ist und bei dem es insbesondere zu einem Brand, einer Explosion, einem Zusammenstoß, einer Grundberührung, einem Kontakt mit einem festen Körper, einem durch schweres Wetter verursachten Schaden, einem Eisschaden, einem Riss oder einem vermuteten sonstigen Schaden in der Außenhaut mit einer oder mehreren der nachstehenden Schadensfolgen kommt:

a) Ausfall der Hauptmaschinen; erhebliche Beschädigung der Unterkunftsräume; schwere Beschädigung der schiffbaulichen Verbände, insbesondere ein Leck im Unterwasserbereich der Außenhaut, wodurch das Schiff fahruntüchtig wird

b) Verschmutzung, unabhängig von der Menge freigesetzter Schadstoffe oder

c) eine Havarie, die ein Abschleppen oder eine Hilfeleistung von Land aus erforderlich macht

In dem vorliegenden Buch werden ausgewählte Beispiele von Seeunfällen und Havarien vorgestellt. Zeitlich wird sich dabei auf das 20. und 21. Jahrhundert beschränkt. Nicht betrachtet werden Vorfälle infolge von direkten Kriegsereignissen des Ersten und Zweiten Weltkriegs wie etwa die Versenkung des englischen Passagierschiffes »Lusitania« (7. Mai 1915, 1200 Tote), die Versenkung des Schlachtschiffes »Bismarck« (27. Mai 1942, 2200 Tote) oder die bislang weltweit größte Schiffskatastrophe, die Versenkung der »Wilhelm Gustloff« (30. Januar 1945, 10.000 Tote).

Die Auswahl der Katastrophenfälle orientiert sich in etwa an Kriterien wie große Personenschäden, große materielle Schäden oder umfangreiche Umweltschäden. Auch die Verfügbarkeit von Quellenmaterial und insbesondere von Bildmaterial spielte bei der Auswahl eine Rolle. Man muss hierbei bedenken, dass in der Regel bei einem Notfall nicht immer ein Photograph vor Ort war oder dass überhaupt in der gegebenen Situation fotografiert werden konnte. Die Möglichkeit einer schnellen fotografischen Dokumentation mit dem Mobiltelefon gibt es schließlich erst seit einigen Jahren. Bei alten Aufnahmen ist auch häufig die Bildqualität nicht optimal.

Die Zuordnung zu den einzelnen Kapiteln erfolgte in der Regel nach der auslösenden Ursache. Die Gliederung innerhalb der Kapitel richtet sich nach der zeitlichen Reihenfolge der Ereignisse unter Angabe von Schiffsnamen, Schiffstyp und Flaggenstaat, jeweils zum Zeitpunkt des Katastrophenfalls. Auch aktuelle Fälle von Schiffskatastrophen wurden aufgenommen. Die beiden zeitlich letzten Havariefälle in dem Buch fanden im Juni 2025 statt.

Die Pflicht zur Seenotrettung gilt für alle Schiffe und deren Besatzungen, die Menschen in Seenot entdecken, und ist unabhängig von der Nationalität oder dem Status der betroffenen Personen. Diese Pflicht ist im internationalen Seerecht und in nationalen Gesetzen verankert. Wesentliche Grundlagen hierfür sind:

Seerechtsübereinkommen der Vereinten Nationen
United Nations Convention on the Law of the Sea (UNCLOS)

- Artikel 98 verpflichtet Staaten, Seenotrettungsdienste einzurichten und zu unterhalten, und Kapitäne sind verpflichtet, Personen in Seenot Hilfe zu leisten.

Internationales Übereinkommen zum Schutz des menschlichen Lebens auf See
International Convention for the Safety of Life at Sea (SOLAS)

- Kapitel V, Regel 33, regelt die Pflicht zur Hilfeleistung in Notfällen und die Einrichtung von Such- und Rettungsdiensten.

Internationales Übereinkommen über den Such- und Rettungsdienst auf See
International Convention on Maritime Search and Rescue (SAR)

- Legt ein internationales System für Such- und Rettungsoperationen fest und definiert Verantwortlichkeiten und Koordination zwischen Staaten.

Im Dezember 1981 ratifizierte die Bundesrepublik Deutschland das Internationale Abkommen über den Such- und Rettungsdienst auf See. In einer Vereinbarung mit dem Bundesminister für Verkehr wurde der Deutschen Gesellschaft zur Rettung Schiffbrüchiger (DGzRS, https://www.seenotretter.de) die Koordinierung und die Durchführung des maritimen SAR-Dienstes im deutschen Zuständigkeitsbereich von Nord- und Ostsee übertragen. Es ist ein weltweit einmaliger Vorgang, dass eine private Organisation die Zuständigkeit für diese hoheitliche Aufgaben erhalten hat. Darin liegt Anerkennung und Bestätigung für die hohe Fachkompetenz und Effizienz, die die DGzRS seit ihrer Gründung im Jahr 1865 vorweisen kann.

In diesem Zusammenhang soll auch nicht unerwähnt bleiben, dass traditionell der jeweilige Bundespräsident der Bundesrepublik Deutschland die Schirmherrschaft über die DGzRS übernimmt. Es sei auch noch mal ausdrücklich darauf hingewiesen, dass die gesamte Arbeit des Rettungswerkes der DGzRS ausschließlich über private Spenden finanziert wird und ohne staatliche Hilfen auskommt.

Als ehemaliger Marineoffizier mit langjähriger Seefahrtzeit ist es auch dem Autor ein Herzensanliegen den verehrten Leser um Spenden für die Deutsche Gesellschaft zur Rettung Schiffbrüchiger zu bitten.

Deutsche Gesellschaft
zur Rettung Schiffbrüchiger
Sparkasse Bremen
IBAN: DE36 2905 0101 0001 0720 16
BIC: SBREDE22

Hans Karr, Stuttgart, im Oktober 2025

1 Schiffskollisionen

»Preussen«

Fünfmastvollschiff, Deutschland

Am 31. Oktober 1910 begann unter Kapitän Hinrich Nissen in Hamburg die 14. Fahrt des Fünfmastvollschiffes »Preussen«. Mit Stückgut sollte es nach Valparaiso gehen und dann mit Salpeter zurück nach Hamburg. Doch das Schicksal wollte es anders.

Im Schlepp gelangt der Segler bis zum Englischen Kanal und erreicht abends am 5. November das Feuerschiff »Royal Sovereign«. Den günstigen Wind nutzend wird der teure Schlepper entlassen und die »Preussen« setzt ihre Reise unter Segeln fort. Zwei Stunden vor Mitternacht wird es jedoch diesig und gleichzeitig flaut der Wind ab. Kapitän Nissen lässt Nebelsignale geben und scharf Ausguck halten. Das Schiff befindet sich in Höhe von Beachy Head und macht etwa vier Knoten Fahrt.

In der finsteren Nacht werden Steuerbord voraus in geschätzter Entfernung von zwei Seemeilen Dampferlichter ausgemacht. Zunächst scheint es klar zu gehen. Doch der Dampfer – wie sich später herausstellen sollte die englische Kanalfähre »Brighton« aus Newhaven mit Zielhafen Dieppe – ändert seinen Kurs. Die Geschwindigkeit des Seglers unterschätzend, will die ausweichpflichtige Fähre die »Preussen« regelwidrig vor dem Bug passieren statt, wie es die Seestraßenordnung vorschreibt, hinter dessen Heck das Kielwasser zu kreuzen und so das Wegerecht des Seglers zu beachten.

Als Manöver des letzten Augenblicks lässt Kapitän Nissen, nachdem auf die Nebelhornsignale seitens des Dampfers nicht reagiert wird, das Ruder hart Backbord legen, um den nun sicheren Zusammenstoß zu mildern. Aber es ist schon zu spät.

Der weit vorragende stählerne Klüverbaum der »Preussen« reißt den vorderen Mast und den vorderen Schornstein des Dampfers um, knickt danach ein, und der Steven des Segelschiffes trifft die Bordwand der

Foto: Allan C. Green

Das Fünfmastvollschiff »Preussen« bot unter vollen Segeln einen majestätischen Anblick.

Foto: Archiv Autor

Das Fünfmastvollschiff »Preussen« nach seiner Strandung in der Crab Bay bei Dover.

Fähre. Teile der vorderen Takelage kommen herab und am Vorschiff platzen Nieten, was zu einem Wassereinbruch führt. Glücklicherweise hält das Kollisionsschott. Beide Schiffe kommen wieder frei und bleiben schwimmfähig.

Die »Brighton« kehrt – nachdem sie Hilfe angeboten hatte – mit einem riesigen Loch über der Wasserlinie sowie ohne Mast und Schornstein zu ihrem Ausgangshafen Newhaven zurück. Menschenleben sind nicht zu beklagen. Für die »Preussen«, auf der auch alle Besatzungsmitglieder die Kollision unbeschadet überstehen, beginnt allerdings die Endphase in ihrem Schiffsleben.

Weil der Wind wieder günstiger wird, entschließt sich Kapitän Nissen Portsmouth als Nothafen anzulaufen. Doch dann dreht der Wind und frischt zudem auf. Mit dem beschädigten Vorschiff und ohne ihre Vorsegel ist die »Preussen« jedoch stark behindert und das Vorhaben muss aufgegeben werden. Man beschließt daher östlich von Dungeness und in Lee der Steilküste vor Anker zu gehen. Unter Segel erreicht die »Preussen« mit eigener Kraft den Ankerplatz.

Wieder ist das Schicksal gegen den Fünfmaster. Beim Ankermanöver geht der Steuerbordanker samt Kette verloren. Gleichzeitig frischt der Wind nochmals auf und droht Sturmstärke zu erreichen. Das Ankern mit dem Backbordanker misslingt ebenfalls. Die Strömung und der Winddruck auf das Schiff sind zu stark.

Mit Hilfe von drei mittlerweile herbei gerufenen Schleppern will man nun versuchen Dover zu erreichen, was auch beinahe gelungen wäre. Kurz vor dem Hafen fällt jedoch eine starke, langanhaltende Windböe ein.

Fotos: Archiv Autor

Das vermutlich wohl recht zeitnah nach der Havarie aufgenommene Bild zeigt den hilflos auf den Klippen bei Dover liegenden Fünfmaster.

Foto: Archiv Autor

Das Fünfmastvollschiff »Preussen« blieb endgültig als Wrack auf den Klippen bei Dover liegen und verfiel im Laufe der Zeit durch die Einwirkungen von Sturm und Brandung.

Eine Schleppleine geht zu Bruch und die anderen Schlepper können das Schiff alleine nicht mehr halten. Trotz festgemachter Segel ist der Winddruck auf die Takelage zu stark. Kapitän Nissen lässt die Schleppverbindung lösen und versucht sich frei zu segeln. Blitzschnell werden die Untermarssegel gesetzt. Zunächst geht diese Maßnahme gut und der Bug dreht weg vom Land. Aber die »Preussen« stößt bei diesem Manöver mit ihrem durch den Wassereinbruch tief liegenden Bug auf einen Unterwasserfelsen, dreht quer zum Land und strandet in der Grab Bay bei Dover. Mehrere Schlepper versuchen den Segler von den Klippen wegzuziehen, aber einsetzende Ebbe und stürmischer Wind machen alle Bergeversuche zunichte. Der größte Flying-P-Liner wird endgültig zum Totalverlust.

Teile der Ladung, die unter anderem aus wertvollen Klavieren bestand, konnten abgeborgen werden. In den Folgejahren zerschlugen Sturm und Brandung nach und nach das einst so stolze und majestätische Fünfmastvollschiff.

Das Seeamt Hamburg untersuchte das Unglück und sprach Kapitän Edward Hemings von der »Brighton« die alleinige Schuld zu. Es führte in seinem Spruch vom 14. März 1911 unter

»Preussen«	
Schiffstyp	Fünfmastvollschiff
Bauwerft	Joh. C. Tecklenborg, Geestemünde, Deutschland
Eigner	F. Laeisz, Hamburg, Deutschland
Stapellauf	7. Mai 1902
Vermessung (BRT)	5081
Länge × Breite × Tiefgang (m)	147,00 × 16,34 × 8,26
Besatzungsstärke	48
Segelanzahl / Segelfläche (m²)	47 / 5560
Geschwindigkeit (kn)	17, je nach Windverhältnissen

anderem aus: »Die Schuld an dem Zusammenstoß, welcher in weiterer Folge den Totalverlust des Schiffes herbeigeführt hat, trifft allein die Führung des Dampfers »Brighton«, weil dieser der »Preussen« nicht rechtzeitig ausgewichen ist und zudem im letzten Augenblick noch versucht hat, den Bug der »Preussen« zu kreuzen. Dem Kapitän Nissen oder den Schiffsoffizieren der »Preussen« ist eine Schuld an dem Unfall nicht zur Last zu legen.«

Insbesondere in Deutschland entstanden im ausgehenden 19. und Anfang des 20. Jahrhunderts eine Reihe von Großseglern, die man im heutigen Sprachgebrauch als High-Tech-Schiffe bezeichnen würde. Von der Hamburger Reederei F. Laeisz betrieben, sind diese schnellen und robusten Schiffe wegen ihrer einheitlich mit dem Buchstaben »P« beginnenden Schiffsnamen als Flying P-Liner in die Seefahrtgeschichte eingegangen.

Die »Preussen« war nur schwer mit der Hand zu steuern. Sie erhielt deshalb eine mit Dampf betriebene Rudermaschine eingebaut. Zwei Kessel lieferten den benötigten Dampf und versorgten zudem noch die Ankereinrichtung und die Ballastpumpen. Jeder Mast besaß für die drei untersten Rahen eine handbetriebene Brasswinde, was bei Segelmanövern die Kräfte der Besatzung enorm schonte. Die Gesamtlänge des stehenden Gutes belief sich auf 10.800 m, die des laufenden Gutes auf 17.300 m. In der Takelung waren nochmals 700 m an Ketten eingebaut. Weitere 3000 m Taue waren zusätzlich als Reserve an Bord. Die gesamte Mannschaft wohnte – für damalige Segelschiffsverhältnisse recht komfortabel – im Brückenhaus. Das sehr robust gebaute Segelschiff verfügte über fünf Luken und konnte in seinen Laderäumen rund 8000 t an Fracht mitnehmen. Sein Gesamtgewicht belief sich dann auf 11.150 t.

Unter den Kapitänen Boye Richard Petersen (1902 – 1909) und Hinrich Nissen (1909 – 1910) machte das Fünfmastvollschiff »Preussen« insgesamt dreizehn Reisen, zwölf nach Chile und 1908 / 1909 eine über New York nach Yokohama, Chile und zurück nach Europa. ▶|

»Titanic«

Passagierschiff, Großbritannien

Kein Schiff ist wohl so bekannt wie das Passagierschiff »Titanic« der englischen White Star Line. Der tragische Untergang infolge eines Zusammenstoßes mit einem Eisberg auf seiner Jungfernreise am 14. April 1912 war damals in den Schlagzeilen der Weltpresse und gibt auch heute immer wieder Anlass zu Veröffentlichungen. Unzählige Bücher wurden über das am 31. Mai 1911 auf der Werft Harland & Wolff in Belfast vom Stapel gelaufene Schiff geschrieben.

Am 10. April 1912 verließ die »Titanic« Southampton zu ihrer Jungfernreise in Richtung New York. Am 14. April gingen über Funk mehrere Eiswarnungen ein. Die »Titanic«, sie stand etwa 600 Seemeilen östlich von Neufundland, fuhr jedoch mit unverminderter Geschwindigkeit von 21 kn weiter, weil man den Fahrplan einhalten wollte. Die oft kolportierte Meinung, sie sei auf das Blaue Band fixiert gewesen, ist nicht haltbar. Die damalige Inhaberin, das englische Passagierschiff »Mauretania« der Cunard Line, hielt die Trophäe mit 25,88 kn, also weit mehr als die »Titanic« überhaupt in ihrer technischen Auslegung an Geschwindigkeit erreichen konnte.

Um 23:40 Uhr meldete der Ausguck dem Wachoffizier »Eisberg voraus«. Das sofort eingeleitete Ausweichmanöver zeigte jedoch keine ausreichende Wirkung mehr. Die schnelle Reaktion der Wachoffiziere auf der Brücke verhinderten zwar einen Frontalzusammenstoß, aber die »Titanic« streifte den Eisberg und riss sich dabei die Steuerbordseite auf. Gewaltige Wassermassen strömten ins Vorschiff und brachten die »Titanic« innerhalb von zweieinhalb Stunden zum Sinken. Bei der

Foto: Bibliothek für Zeitgeschichte

Am 10. April 1912 legte um 12:00 Uhr in den Docks von Southampton das Passagierschiff »Titanic« zu seiner Jungfernreise nach New York ab, von der es nicht mehr wiederkehren sollte.

Foto: Archiv Autor

Eines der nach der Schiffskatastrophe mit Überlebenden aufgefundenen Rettungsboote der »Titanic«.

THE NEW YORK HERALD.

NEW YORK, TUESDAY, APRIL 16, 1912.—TWENTY-EIGHT PAGES. PRICE THREE CENTS.

THE TITANIC SINKS WITH 1,800 ON BOARD; ONLY 675, MOSTLY WOMEN AND CHILDREN, SAVED

MOST APPALLING DISASTER IN MARINE HISTORY OCCURS WHEN WORLD'S LARGEST STEAMSHIP STRIKES GIGANTIC ICEBERG AT NIGHT

Scores of World's Most Widely Known Persons, Including Colonel John Jacob Astor and His Wife, William T. Stead and Isidor Straus Among Those Whose Fate Is in Doubt.

J. Bruce Ismay, Head of the White Star Line; Mr. and Mrs. George D. Widener, the Countess of Rothes and Mrs. Henry B. Harris Are Some of Those Saved.

Foto: Archiv Autor

Auf der Titelseite der New York Herald vom 15 April 1912 wird über die Schiffskatastrophe der »Titanic« berichtet.

bis dahin größten Schiffskatastrophe verloren 1522 Menschen ihr Leben.

Die Notrufe des Passagierschiffes wurden von in der Nähe stehenden Schiffen nicht gehört, da ihre Funkräume zu dieser Stunde nicht mehr besetzt waren. Nur dem Dampfer »Carpathia«, der das Unglück aus großer Entfernung wahrgenommen hatte und sofort die

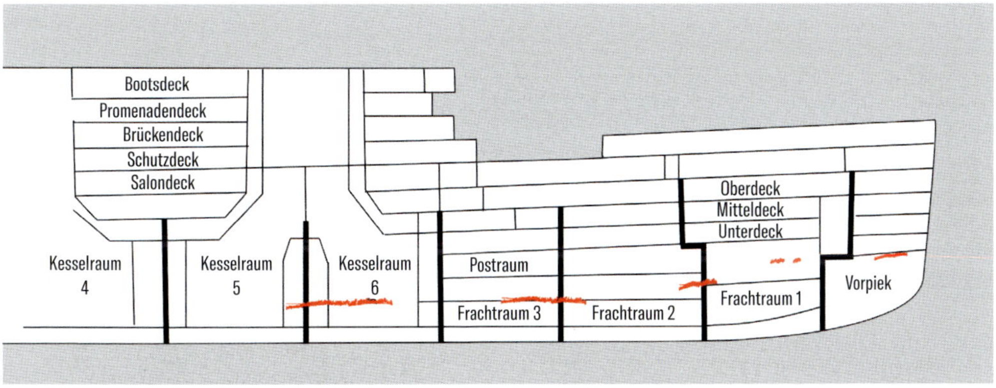

Foto: Archiv Autor

Die bei den Wrackuntersuchungen durch Sonarvermessung festgestellten Lecks, die nach der Kollision mit dem Eisberg große Wassereinbrüche verursachten und in deren Folge die »Titanic« sank.

Unglücksposition ansteuerte, gelang es erst etliche Stunden später 705 Schiffbrüchige zu retten.

Die »Titanic« war das zweite von drei Schwesterschiffen, die seinerzeit als die größten Schiffe der Welt galten. Ihre Vorgängerin war die »Olympic«, die in ihrem 24-jährigem Schiffsleben vier Kollisionen überstand und 1935 abgewrackt wurde. Die »Britannic« kam erst Ende 1915 als drittes Schiff der Bauserie zur Ablieferung. Sie wurde kriegsbedingt von der englischen Royal Navy requiriert und als Lazarettschiff eingesetzt. Am 21. November 1916 sank das Schiff in griechischen Gewässern nach einem Minentreffer.

Beim Bau des Passagierschiffes »Titanic« wurde die Sicherheit großgeschrieben. Doppelter Schiffsboden und sorgfältige Vernietung des Schiffsrumpfes versprachen ein Höchstmaß an Sicherheit. Verbaut waren 2000 Stahlplatten, die mit über drei Millionen Nieten auf 300 Spanten befestigt waren. Außerdem unterteilten 15 elektrisch zu bedienende Querschotten das Schiff in 16 wasserdichte Abteilungen. Selbst zwei nebeneinander liegende vollgelaufene Abteilungen sollten das Schiff nicht zum Sinken bringen. Die »Titanic« galt mit diesen und anderen technischen Sicherheitsvorkehrungen als unsinkbar. Eine Annahme, die sich dann schon auf der Jungfernfahrt als trügerisch erweisen sollte.

Das Unglück der »Titanic« führte zu neuen Gesetzen und neuen Bestimmungen zur Sicherheit auf See. Neben schiffbaulichen Maßnahmen wurde die 24-stündige Besetzung von Funkräumen vorgeschrieben sowie das Vorhandensein von ausreichend Rettungsbooten zur Pflicht gemacht.

An Bord der »Titanic« befanden sich 20 Rettungsboote für 1178 Menschen. Tatsächlich waren aber mehr als 3000 Passagiere und Besatzungsmitglieder auf dem Schiff. Gemäß den Sicherheitsvorschriften von 1912, wonach Schiffe dieser Größe 16 Rettungsboo-

»Titanic«	
Schiffstyp	Passagierschiff
Bauwerft	Harland & Wolff, Belfast, Großbritannien
Eigner	White Star Line, Liverpool, Großbritannien
Stapellauf	31. Mai 1911
Vermessung (BRT)	46.328
Länge × Breite × Tiefgang (m)	259,85 × 28,20 × 10,35
Besatzungsstärke	885
Passagiere	I. Klasse: 735, II. Klasse: 674, III. Klasse: 1026
Antrieb	2 × Dampfmaschine, 1 × Dampfturbine
Antriebsleistung (PS)	2 × 15.000, 1 × 16.000
Wellen	3
Geschwindigkeit (kn)	21

Blick auf den Bug der gesunkenen »Titanic«. Die Aufnahme stammt von einer Expedition zur »Titanic« vom Juni 2004.

te mitzuführen hatten, lag die »Titanic« allerdings über der gesetzlich vorgeschriebenen Anzahl.

Am 1. September 1985 entdeckte eine französisch-amerikanische wissenschaftliche Expedition das Wrack der »Titanic«. Es befindet sich auf Position 41° 43' 55" N und 49° 56' 45" W circa 12 Seemeilen ostsüdöstlich der im Notruf angegebenen Schiffsposition in einer Tiefe von 3803 m. In einer zweiten Expedition wurde ein Jahr später mit einem Tauchboot das Wrack und das dieses umgebende Trümmerfeld ausgiebig erkundet und fotografiert.

Für Privatpersonen werden seither durch verschiedene Unternehmen kommerzielle Tauchfahrten zum Wrack angeboten. Im Juni 2023 sank das Touristik-U-Boot »Titan« des Veranstalters OceanGate, das eine solche Tauchfahrt durchführte und dabei implodierte. Alle fünf Insassen kamen ums Leben. Seit dem 15. April 2012 ist das Wrack der »Titanic« in der UNESCO-Konvention zum Schutz des Kulturerbes unter Wasser aufgenommen. ▶|

»L 24«

U-Boot, Großbritannien

Am 10. Januar 1924 nahm das U-Boot »L24« der englischen Royal Navy neben weiteren U-Booten an einem Seemanöver südwestlich der Isle of Portland im Westausgang des Ärmelkanals teil. Ein zentraler Bestandteil der Übung waren Angriffe der U-Boote auf schwere Überwassereinheiten. Im Seegebiet herrschte bei aufgewühlter See winterliches, diesiges Wetter und damit einhergehend schlechte Sichtverhältnisse.

In den Vormittagsstunden kurz nach 11:00 Uhr bemerkte man an Bord des am Manöver teilnehmende und als Zielobjekt dienenden Schlachtschiffes »Resolution« einen dumpfen Schlag gegen den Vorsteven. Es hörte sich so an, als sei ein schwerer schwimmende Gegenstand an die Bordwand angeschlagen. Auch aufsteigende Luftblasen konnten beobachtet werden. Der Vorfall wurde jedoch nicht mit einem U-Bootunfall in Verbindung gebracht. Den Luftblasen maß man keine besondere Bedeutung zu. Sie ließen sich dadurch erklären, dass die U-Boote zur Dokumentation der Manöverlage ihre »Torpedoabschüsse« mit dem Ausstoß von Druckluft simulierten. Die Position des Schlachtschiffes war zu diesem Zeitpunkt etwa elf Seemeilen südwestlich der Insel.

Am Abend kehrten die Manövereinheiten planmäßig in den Hafen von Portsmouth zurück. Dort stellte man am Bug der »Resolution« erhebliche Beschädigungen fest. Sie konnten nur von dem Aufschlag zur Mittagszeit stammen. Zunächst blieb noch unklar welchen Gegenstand das Schlachtschiff dabei gerammt hatte. Erst als man bemerkte, dass das U-Boot »L 24« nicht aus dem Manöver in den Hafen zurückgekehrt war, war man alarmiert. Umgehend reagierte jetzt das Hafenkommando und sandte das U-Bootbergeschiff »Moordale« und weitere Marineeinheiten zu der von der »Resolution« angegebenen Position.

Am Folgetag konnte mithilfe eines Magnetometers »L 24« geortet werden. Aufgrund

Foto: Royal Navy

Schlachtschiff »Resolution«.

Foto: Bibliothek für Zeitgeschichte

»L 12« war ein Schwesterboot von »L 24«.

U-Boote der »L«-Klasse im Päckchen an der Pier liegend.

des schlechten Wetters war jedoch kein Tauchereinsatz durchführbar. Erst einen Monat später war es möglich mit Tauchern das in 55 m Tiefe liegende Wrack näher zu untersuchen. »L 24« hatte schwere Schäden am Heck, die den Schluss zuließen, dass das vermutlich auf Sehrohrtiefe fahrende Boot von dem Schlachtschiff überlaufen wurde und in Folge dessen gesunken ist. Die gesamte 35-köpfige Besatzung von »L 24« kam bei diesem tragischen Unfall ums Leben.

Am 19. Januar 1924 verabschiedete sich die Royal Navy von den zu Tode gekommenen Kameraden durch eine bewegende Zeremonie an der Unfallposition. Zuvor war schon entschieden worden, das Wrack nicht zu bergen und die Toten in dem U-Boot zu belassen. »L 24« liegt noch heute auf seiner Untergangsposition und unterliegt dem Schutz des Protection of Military Remains Act des britischen Parlaments. Dieses Gesetz von 1986 verbietet unbefugte Übergriffe auf die Wracks und Wrackreste von abgestürzten, gesunkenen oder gestrandeten Militärflugzeugen und Kriegsschiffen.

Die U-Boote der »L«-Klasse, zu der auch das im Juli 1919 in Dienst gestellte »L 24« gehörte, repräsentierte die abschließende Entwicklung eines Standard- und Patrouillen-U-Bootes der Royal Navy im Ersten Weltkrieg. In der Zeit von Mai 1916 bis Februar 1919 wurden 37 Einheiten auf Kiel gelegt und nach Fertigstellung – überwiegend 1918, zum Teil auch später – bei der Royal Navy in Dienst gestellt. Von einigen wenigen Einzelerfolgen abgesehen kamen diese leistungsfähigen U-Boote für einen entscheidenden Einsatz im Ersten Weltkrieg aber zu spät.

Sie hatten eine ↑/↓-Verdrängung von 895/1089 t und eine Länge von rund 73 m. Ihre Betriebstauchtiefe betrug 45 m. Die U-Boote erreichten eine ↑/↓-Geschwindigkeit von 17,0/10,5 kn. Die Bewaffnung bestand aus sechs 53,3 cm-Torpedorohren und einem 10,2 cm-Geschütz.

Die U-Boote der »L«-Klasse waren von robuster Konstruktion und blieben während der 1920er Jahre im Dienst. In den 1930er Jahren wurden die meisten Einheiten zum Verschrotten verkauft. Einige blieben aber auch noch als Schulboote der Royal Navy erhalten. Die letzten beiden Boote der »L«-Klasse holten 1946 endgültig Flagge und Wimpel nieder, wurden verkauft und abgewrackt.

Foto: Archiv Autor

Das auch wegen seines 30,5 cm-Geschützes als U-Bootmonitor bezeichnete U-Boot »M 1«.

»M 1«

U-Boot, Großbritannien

Kaum hatte sich in der Royal Navy der Schrecken über den U-Bootverlust von »L 24« wieder gelegt, kam schon die nächste Hiobsbotschaft aus dem Bereich der englischen U-Bootwaffe. Das U-Boot »M 1« verschwand mit seiner Besatzung von 69 Mann am 12. November 1925 bei einer Übung vor der Küste von Devon im Südwesten Englands.

Die Unglücksursache blieb zunächst unbekannt, bis der Kapitän des schwedischen Frachters »Vidar« von einer Unterwasserexplosion im Operationsgebiet des U-Bootes berichtete. Bei einer Untersuchung des Schiffs fanden Taucher Beschädigungen im Bugbereich seines Schiffes, die auf eine Kollision deuteten. Bei einer Untersuchung im Trockendock konnte dann anhand von Farbspuren nachgewiesen werden, dass die »Vidar« das knapp unter der Wasseroberfläche getaucht fahrende U-Boot gerammt und versenkt hatte. Ein Schiff der Royal Navy konnte das Wrack mit Hilfe von Sonar lokalisieren, aber eine Untersuchung durch Taucher unterblieb damals wegen der großen Tiefe.

Das Wrack von »M 1« wurde 1999 in 73 m Tiefe auf der Position 49° 59' N und 3° 56' W wieder entdeckt und durch Wracktauchspezialisten näher untersucht. Das U-Boot ist weitgehend intakt und liegt mit einer leichten Nei-

Foto: Bibliothek für Zeitgeschichte

»M 3« war ein Schwesterschiff zur »M 1«.

gung nach Backbord auf dem Meeresgrund. Teile des Geschützaufbaus liegen neben der Steuerbordseite, aber das Geschütz selbst fehlt. Die sterblichen Überreste der Besatzung werden im Inneren des U-Bootes vermutet, obwohl zwei Ausstiegsluken vor und hinter dem Turmaufbau geöffnet sind. Nach den Untersuchungen der Taucher traf der Rammstoss der »Vidar« das Geschütz, das dadurch aus der Verankerung gerissen wurde. Der darauffolgende massive Wassereinbruch im Druckkörper führte wohl zum sofortigen Sinken. Für die Besatzung gab es somit keine Chance zum Aussteigen aus dem havarierten U-Boot.

Seit 2006 ist das gelegentlich von technischen Tauchern aufgesuchte Wrack durch den Protection of Military Remains Act" von 1986 (siehe Beitrag zu »L 24«) geschützt.

»M 1« war eines der drei U-Boote der »M«-Klasse. Diese Boote wurden auch als U-Bootmonitore bezeichnet und waren eine Sonderentwicklung der Royal Navy. Das am 17. April 1918 in Dienst gestellte U-Boot kam noch kurzzeitig im Ersten Weltkrieg zum Einsatz, führte dabei aber keine nennenswerte Kampfeinsätze mehr durch.

Die »M«-Klasse hatte eine ↑/↓-Verdrängung von 1594 / 1946 t und eine Länge von rund 90 m. Die U-Boote erreichten eine ↑/↓-Geschwindigkeit von 15 / 9 kn. Bewaffnet waren die Einheiten mit vier 53,3 cm-Torpedorohren und einem 30,5 cm-Geschütz, das vorne im erweitertem Turmaufbau platziert war. Die »M«-Klasse besaß die mit Abstand schwerste Artilleriebewaffnung in der gesamten Geschichte des U-Bootbaus. ▸|

»Surcouf«

U-Boot, Frankreich

Im Juni 1940 konnte das französische U-Boot »Surcouf« von Brest nach Plymouth entkommen und sich so dem deutschen Zugriff entziehen. In Großbritannien wurde es zunächst beschlagnahmt und anschließend der frei-französischen Marine übergeben.

Die »Surcouf« führte zunächst mehrere erfolglose Atlantikunternehmungen durch. Wegen Fehlens feindlicher Handelsschifffahrt konnte das Boot nicht wirkungsvoll ein-

U-Boot »Surcouf«.

Foto: Bibliothek für Zeitgeschichte

Foto: Bibliothek für Zeitgeschichte

U-Boot »Surcouf«.

gesetzt werden. Am 24. Dezember 1941 nahm die »Surcouf« maßgeblich an der kampflosen Übernahme von dem vor der kanadischen Küste noch unter vichy-französischer Kontrolle stehenden Überseegebiet Saint-Pierre und Miquelon durch frei-französische Streitkräfte teil. Anschließend verlegte die »Surcouf« nach Kanada.

Nach einem Werftaufenthalt auf den britischen Bermudas ging die »Surcouf« in der Nacht vom 18. Februar 1942 auf dem Verlegungsmarsch in den Pazifik vermutlich infolge einer Kollision mit dem amerikanischen Frachter »Thomson Lykes« im Golf von Mexiko verloren. Das U-Boot sollte nach der Passage des Panamakanals auf dem pazifischen Kriegsschauplatz – unter anderem auch zum Schutz der französischen Überseegebiete – zum Einsatz kommen.

Alle 159 an Bord befindliche Seeleute fanden bei dem Untergang den Tod. Dies ist die größte bisher verzeichnete Opferzahl bei einem Totalverlust eines U-Bootes. Der Untergang der »Surcouf« zählt neben den Verlusten bei der sogenannten Battle of May Island (1918, 105 Tote), der »Thetis« (1939, 99 Tote), der »Thresher« (1963, 129 Tote), der »K 129« (1968, 98 Tote), der »Scorpion« (1968, 99 Tote) sowie der »Kursk« (2000, 118 Tote) zu den schwersten Unfällen in der Geschichte der U-Boote.

Der französische U-Kreuzer »Surcouf« war bei seiner Indienststellung am 3. Mai 1934 das größte U-Boot der Welt. Gebaut wurde der U-Kreuzer auf der Marinewerft in Cherbourg, wo er im Oktober 1927 auf Kiel gelegt wurde und am 18. November 1929 vom Stapel lief. Erst zehn Jahre später baute Japan mit der flugzeugtragenden »Sen Toku«-Klasse noch größere U-Boote.

Die »Surcouf« sollte im Kriegsfalle bei weitreichenden Einsätzen sowohl als klassisches U-Boot wie auch über Wasser als Handelsstörer verwendet werden. Sie hatte eine ↑/↓-Verdrängung von 3250/4304 t und eine Länge von 110 m sowie eine ↑/↓-Geschwindigkeit von 18,0/8,5 kn. Die Tauchtiefe wird mit 80 m angegeben. Die Torpedobewaffnung bestand aus acht 55 cm- und vier 40 cm-Torpedorohren. Als Artilleriebewaffnung war ein wasserdichter Turm mit zwei 20,3 cm-Geschützen eingerüstet, der vorne in den U-Bootturm integriert war. Eine Besonderheit der »Surcouf« war das zu Aufklärungszwecken mitgeführte Bordflugzeug. Es war in zerlegtem Zustand in einem druckfesten Behälter im hinteren Teil des U-Bootturms untergebracht. ▶|

Das Passagierschiff »Andrea Doria« auf einer Aufnahme vom Januar 1953.

»Andrea Doria«

Passagierschiff, Italien

Die »Andrea Doria« war ein italienisches Passagierschiff der Reederei Italia Società di Navigazione mit Heimathafen Genua. Sie war das erste Passagierschiff, das nach dem Zweiten Weltkrieg für den Nordatlantik-Dienst der Reederei für die Strecke Genua – New York in Fahrt kam. Die »Andrea Doria« lief am 16. Juni 1951 vom Stapel und begann am 13. Januar 1953 ihre Jungfernreise nach New York. Am 17. Juli 1956 verließ das Schiff Genua zu seiner 51. Reise über den Atlantik. An Bord befanden sich 1134 Passagiere und 572 Besatzungsangehörige. Am Nachmittag des 25. Juli war das Ziel New York fast erreicht. Die »Andrea Doria« näherte sich mit 23 kn Fahrt dem Feuerschiff Nantucket. Das Einlaufen war für den nächsten Vormittag vorgesehen.

Am späten Nachmittag kam Nebel auf. Gegen Abend betrug die Sicht nur noch

Fotos: Harry A. Trask

Die »Andrea Doria« sinkt.

Fotos: Harry A. Trask

800 m. Kapitän Piero Calamai ließ die Geschwindigkeit auf lediglich 21 kn reduzieren, da er am nächsten Morgen pünktlich den Zielhafen erreichen wollte.

Um 22:40 Uhr entdeckte der Radarbeobachter auf seinem Bildschirm vier Grad an Steuerbord in einer Entfernung von etwa 14,5 Seemeilen einen Impuls, der sich genau in Richtung der »Andrea Doria« ostwärts bewegte. Dies war, wie sich später herausstellen sollte, die »Stockholm«, ein kleineres schwedisches Passagierschiff, das am Mittag in New York abgelegt hatte und nun mit 18 kn in Richtung Göteborg unterwegs war.
Berechnungen ergaben, dass der Entgegenkommer eine knappe Seemeile an Steuerbord die »Andrea Doria« passieren würde. Kapitän Calamai befahl seinem Brückenpersonal erhöhte Aufmerksamkeit, ließ das Nebelhorn aktivieren und änderte den Kurs um vier Grad nach Backbord, um so den Passierabstand zu vergrößern.

Das weitere Geschehen wird in einer Quelle (Wilson, Die großen Schiffskatastrophen, Seite 47) wie folgt geschildert: »Kurz nach 23:00 Uhr befand sich die »Andrea Doria« etwa 72 Kilometer südöstlich von Nantucket Island und sah als der Nebel kurz aufriss etwa 1,6 Kilometer entfernt an Steuerbord die Lichter des schwedischen Linienschiffes »Stockholm«. Die nächsten Ereignisse wurden nie vollständig geklärt, denn die Unglücksschilderungen der beiden Kapitäne widersprachen sich. Auf jeden Fall rammte die »Stockholm« um 23:10 Uhr die »Andrea Doria« steuerbords knapp vor der Brücke. Innerhalb weniger Minuten hatte das italienische Schiff eine Schlagseite von 18 Grad und funkte SOS.«

Die »Stockholm« konnte sich nach der Kollision von der »Andrea Doria« wieder lösen und blieb mit eingedrücktem Vorschiff voll schwimmfähig. Die »Andrea Doria« erhielt jedoch in Folge immer mehr Schlagseite und sank rund elf Stunden später um 10:09 Uhr. Das war eine Stunde später, als die geplante Ankunftszeit in New York. Von den an Bord befindlichen Personen kamen bei der Kollision 45 ums Leben (nach anderen Quellen 44 bzw. 47). Auf der »Stockholm« gab es fünf weitere Todesopfer zu beklagen. Über 100 Menschen wurden auf beiden Schiffen bei der Kollision verletzt.

Dass es nicht noch mehr Todesopfer gegeben hat, ist dem Umstand zu verdanken, dass verschiedene Schiffe auf die SOS-Notrufe der »Andrea Doria« sofort reagierten und zur Hilfe eilten. Außerdem konnte die »Stock-

Das Passagierschiff »Stockholm« blieb trotz abgerissenen Bugs und eingedrücktem Vorschiff nach der Kollision voll schwimmfähig.

Foto: Archiv Autor

holm« schon unmittelbar nach der Kollision mit Rettungsmaßnahmen beginnen.

Ursächlich für die Havarie waren wohl falsche Berechnungen und Fehleinschätzungen auf beiden Schiffsbrücken sowie falsche bzw. nicht wirkungsvoll durchgeführte Ausweichmanöver. Bei der juristischen Auseinandersetzung versuchten die beteiligten Reedereien jeweils der anderen Schiffsführung die Schuld für das Unglück zu geben. Der einzige Schuldige, bei dem man sich einig war, war der Nebel. Letztendlich endete der Streit in einem Vergleich.

	»Andrea Doria«	»Stockholm«
Schiffstyp	Passagierschiff	Passagierschiff
Bauwerft	Cantieri Navali Ansaldo di Sestri Ponente, Genua, Italien	Götaverken, Göteborg, Schweden
Eigner	Italia Società di Navigazione, Genua, Italien	Svenska Amerika Linien, Göteborg, Schweden
Stapellauf	16. Juni 1951	9. September 1946
Vermessung (BRT)	29.083	11.700
Länge × Breite × Tiefgang (m)	213,40 × 27,50 × 10,84	160,07 × 21,06 × 7,60
Besatzungsstärke	563	200
Passagiere	I. Klasse: 218, Kabinenklasse: 320, Touristenklasse: 703	I. Klasse: 113, Touristenklasse: 282
Antrieb	2 × Dampfturbine	2 × Dieselmotor
Antriebsleistung (PS)	2 × 25.360	2 × 6000
Wellen	2	2
Geschwindigkeit (kn)	26	19

Die »Stockholm« fuhr nach New York zurück, wo sie bis zum 5. November ein völlig neues Vorschiff erhielt. Am 3. Januar 1960 erwarb die DDR das Schiff. Bis zu seinem Weiterverkauf im Januar 1985 blieb es unter dem Namen »Völkerfreundschaft« als Urlauberschiff im Dienst. Danach ist die Geschichte des Schiffes gekennzeichnet durch mehrfachen Weiterverkauf und häufige Namens- und Nutzungswechsel. Im Juni 2025 erhielt in einer Auktion der einzige Bieter, die Abwrackwerft Galloo im belgischen Gent, den Zuschlag. Damit dürfte das Schicksal der ehemaligen »Stockholm«, das am längsten im Dienst befindliche Passagierschiff der Welt, besiegelt sein.

»Admiral Nachimow«

Passagierschiff, Sowjetunion

Am 31. August 1986 sank das sowjetische Passagierschiff »Admiral Nachimow« nach der Kollision mit dem ebenfalls sowjetischen Frachter »Pjotr Wassjew«. Dabei kamen insgesamt 423 Menschen ums Leben, 64 Besatzungsangehörige und 359 Passagiere der »Admiral Nachimow«. Die Kollision zählt zu den schwersten Unfällen in der modernen Passagierschifffahrt.

Die »Admiral Nachimow« hatte an diesem Tag gegen 22:00 Uhr Moskauer Zeit den Hafen von Noworossijsk in Richtung Sotschi verlassen. An Bord befanden sich 346 Besatzungsmitglieder und 897 Passagiere, alles Touristen aus allen Teilen des Landes. Kapitän war Wadim Markow. Auf See herrschte gutes Wetter, weder Nebel noch Sturm.

Kurz nach dem Auslaufen bemerkte die Brückenbesatzung der »Admiral Nachimow«, dass sich der 18.604 BRT große Massengutfrachter »Pjotr Wassjew« unter Kapitän Wiktor Tkatschenko auf Kollisionskurs mit der »Admiral Nachimow« befand. Der Frachter wurde über Funk gewarnt. Der Wachoffizier der »Admiral Nachimow« gab später die sich nun darauf hin anschließenden Ereignisse wie folgt zu Protokoll: »Wir peilten ihn an und stellten fest, dass das Schiff unseren Weg kreuzte. Nach einer kurzen Pause kam von der »Pjotr Wassjew« die Antwort zu unserem Funkspruch: »Macht euch keine Sorgen, wir werden an euch vorbeisteuern. Wir werden alles nötige tun«. Nach wenigen Minu-

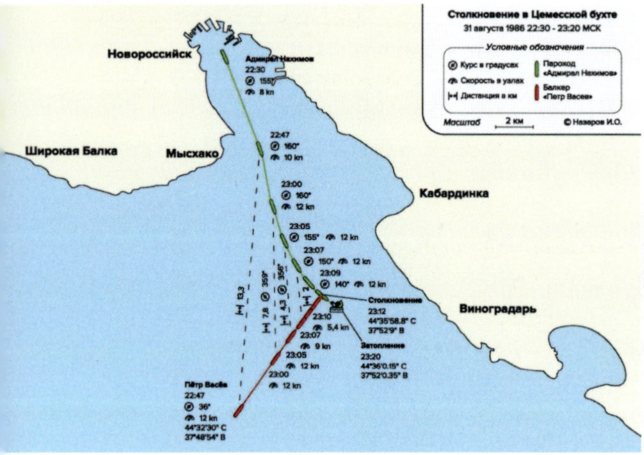

Foto: Nasarow Igor Olegowitsch / CC-BY-SA 4.0

Der Verlauf der Kollision zwischen der »Admiral Nachimow« (Адмирал Нахимов) und der »Pjotr Wassjew« (Пётр Васёв).

ten haben wir erneut gefunkt, da der Frachter seinen Kurs weiter beibehielt. Dann sah ich, dass der Frachter uns an der Seite rammen würde. Er versuchte zu stoppen, aber es war zu spät.« Eine andererseits durchgeführte eigene Kursänderung der »Admiral Nachimow« konnte jetzt das Unglück auch nicht mehr abwenden.

Um 23:12 Uhr rammte die »Pjotr Wassjew« mit zirka fünf Knoten Fahrt die »Admiral Nachimow« an deren Steuerbordseite zwischen Maschinen- und Kesselraum. Der Frachter verursachte ein 84 Quadratmeter großes Loch in der Bordwand des Passagierschiffes. Die »Admiral Nachimow« bekam schnell Schlagseite und sank in nur sieben Minuten.

Kurze Zeit nach dem Sinken trafen schon die ersten Rettungsfahrzeuge am Unglücksort ein. Auch die nicht allzu schwer beschädigte »Pjotr Wassjew« – sie wurde nach der Havarie wieder repariert und blieb noch bis 2012 als Frachtschiff im Dienst – leistete Hilfe.

Eine Untersuchungskommission kam zu dem Schluss, dass schweres Fehlverhalten der beiden Kapitäne Markow und Tkatschenko zu dem Unglück geführt hatte. Tkatschenko hatte keinerlei Maßnahmen ergriffen, um eine sichere Passage der »Admiral Nachimow« zu ermöglichen. Markow wurde Abwesenheit von der Brücke vorgeworfen. Beide Kapitäne, deren nautisches und seemännisches Versagen 423 Menschen das Leben gekostet hatte, wurden zu einer Haftstrafe von 15 Jahren verurteilt, jedoch 1992 begnadigt.

Die »Admiral Nachimow« lief am 24. März 1925 auf der Werft Bremer Vulkan in Vegesack als Passagierdampfer »Berlin« vom Stapel. Sechs Monate später erfolgte die Ablieferung des 15.286 BRT großen und 174,30 m langen Schiffes an den Norddeutschen Lloyd.

Foto: Leo Medvedev / CC-BY-SA 4.0

Passagierschiff »Admiral Nachimow«.

Am 26. September 1925 startete in Bremerhaven die »Berlin« zu ihrer Jungfernreise nach New York.

Mit den insgesamt 12.000 PS der beiden Vierzylinder-dreifach-Expansionsdampfmaschinen erreichte die »Berlin« eine Geschwindigkeit von 16,5 kn. In der I., II. und III. Klasse hatte sie eine Kapazität von 220, 284 und 618 Passagieren. Die Besatzungsstärke betrug 326 Personen.

Nach Ausbruch des Zweiten Weltkriegs fand die »Berlin« als Lazarettschiff Verwendung. Am 31. Januar 1945 verließ sie Swinemünde, um wieder nach Osten zu laufen und Verwundete abzuholen. Noch vor Swinemünde kam es zu zwei Minenexplosionen, die das Schiff zum Sinken brachten. Auf 13 m Wassertiefe lag es dann dort auf ebenen Kiel auf Grund.

In den Jahren 1946 bis 1948 ließ die sowjetische Besatzungsmacht die »Berlin« unter schwierigen Bedingungen heben und anschließend reparieren. Am 2. Mai 1957 lieferte die Warnemünder Warnowwerft das Schiff repariert und generalüberholt wieder ab. Als »Admiral Nachimow« kam es jetzt unter sowjetischer Flagge erneut als Passagierschiff zum Einsatz. Mit Heimathafen Odessa wurde das Schiff zu Schwarzmeer-Kreuzfahrten eingesetzt.

»Doña Paz«

Fähre, Philippinen

Die »Doña Paz« war eine philippinische Personenfähre der Fährgesellschaft Sulpicio Lines. Sie hatte bei einer Länge von rund 93 m eine Verdrängung von 2361 t (nach anderer Quelle 2602 t). Ihre Kollision mit dem kleinen Tanker »Vector« (639 t, 52 m) kostete am 20. Dezember 1987 über 4300 Menschen das Leben. Es handelt sich damit um das schwerste Schiffsunglück in Friedenszeiten.

Die »Doña Paz« befuhr die Route Leyte – Manila und war an dem besagten Tag regelrecht vollgepackt mit Passagieren, die noch rechtzeitig vor dem Weihnachtsfest zu ihren Verwandten reisen wollten. Das Schiff war dermaßen überfüllt, dass viele Reisende nicht einmal registriert waren. Es war offiziell für 1518 Personen zugelassen. Das Bordverzeichnis wies 1586 Passagiere aus. An Bord waren aber tatsächlich über 4300 Fahrgäste, die sich auf den Gängen und den drei Decks der Fähre so verteilten wie sie gerade Platz fanden.

In pechschwarzer Nacht durchquerte die »Doña Paz« die von einem Archipel gesäumte Sibuyan-See gen Norden in Richtung auf die Wasserstraße zwischen den Inseln Mindoro und Marinduque, eine der am meisten befahrenen Schiffsrouten der Philippinen. Gegen 22:00 Uhr befand sich als Wachhabender nur der Bootsmann mit dem Rudergänger auf der Brücke. Ein Wachoffizier war nicht anwesend. Zeitgleich zur »Doña Paz« war der Tanker »Vector« in Gegenrichtung unterwegs. Er hatte 8800 Fässer mit Erdölerzeugnissen (Benzin, Diesel, Petroleum) geladen.

Warum die beiden Schiffe die Positionslichter des jeweils anderen Fahrzeugs nicht sahen, wurde nie geklärt. Jedenfalls sind sie kurz nach 22:00 Uhr kollidiert. Bei dem Zu-

sammenstoß hatte sich die gefährliche Ladung des Tankers sofort entzündet. Ausgelaufener Treibstoff breitet sich am Unglücksort brennend auf der Wasseroberfläche aus und tauchte beide Schiffe in ein Flammenmeer. Rettungsboote und andere Rettungsmittel konnten nicht mehr genutzt werden.

Aus über sieben Seemeilen Entfernung beobachtete man auf der Fähre »Don Claudio« die Flammen und eilte den havarierten Schiffen, die gegen 22:30 Uhr erreicht wurden, zur Hilfe. Ihr Kapitän sagte später aus, dass die Flammen so hoch wie ein zehnstöckiges Gebäude waren. Er ließ auch sofort die Unfallstelle absuchen, konnte aber lediglich 26 Überlebende – 24 von der »Doña Paz« und zwei von der »Vector« – mit schweren Verbrennungen aus dem Flammenmeer retten. Um Mitternacht ist die »Doña Paz« dann gesunken. Zwei Stunden später folgte ihr die »Vector«.

Erst acht Stunden später erfuhren die Behörden von der Katstrophe. Weitere acht Stunden verstrichen, bis eine Such- und Rettungsaktion anlief, die sich dann als vergeblich erwies. An den Folgetagen trieben zahlreiche stark verkohlte Leichen an den Stränden der umgebenden Inseln an. Insgesamt wurden 275 Tote geborgen.

Die Behörden behaupteten nach dem Unglück zunächst, dass nur die 1586 registrierten Passagiere ums Leben gekommen seien. Doch diese Aussage ließ sich nicht halten. Immer mehr beunruhigte Menschen fragten nach dem Schicksal ihrer Angehörigen und meldeten diese als vermisst. So erhöhte sich die Anzahl der Toten auf 4317 Personen. Hinzu kommen die 58 Besatzungsmitglieder der »Doña Paz« und die elf Seeleute der »Vector«, was eine Gesamtanzahl von 4386 Opfern ergibt. Die Kollision der Fähre »Doña Paz« mit dem Tankschiff »Vector« ist somit das bislang größte Schiffsunglück in Friedenszeiten.

Eine Untersuchungskommission kam zu dem Ergebnis, dass die Küstenwache der »Doña Paz« wegen Überfüllung und mangelhafter Ausrüstung das Auslaufen hätte verbieten müssen. Unter anderem war seltsamer Weise kein funktionsfähiges Funkgerät an Bord vorhanden. Für 20 leitende Offiziere hatte das Unglück deshalb harte persönliche Konsequenzen. Eine gerichtliche Havarieuntersuchung gab der »Vector« die Schuld an dem Zusammenstoß, obwohl der Eigner des Tankers beharrlich die »Doña Paz« dafür verantwortlich machte. ▸|

»Helge Ingstad«

Fregatte, Norwegen

Im November 2018 verlor die norwegische Marine eines ihrer modernsten und kampfkräftigsten Schiffe. Im Hjeltefjord, eine der meistbefahrenen Wasserstraßen Norwegens und der wichtigste Seeweg nach Bergen, kollidierte am 8. November 2018 nachts gegen vier Uhr die Fregatte »Helge Ingstad« mit dem unter maltesischer Flagge fahrenden Öltanker »Sola TS« der griechischen Reederei Tsakos Energy Navigation. Ursache der Kollision waren nautische Fehleinschätzungen nach dem Wachwechsel auf der Brücke der Fregatte.

Bei der Kollision wurden acht Seeleute auf der Fregatte leicht verletzt. Das Schiff selbst erlitt dabei aber so schwere Beschädigungen und Wassereinbrüche, dass es unweit des Ölterminals Sture des Ölkonzerns Equinor in Øygarden auf Grund gesetzt werden musste. Um ein Abgleiten in den Fjord zu vermeiden, wurde die Fregatte mit armdicken Stahltrossen gesichert, die wiederum an speziellen und in den Felsen gebohrten Stahldübeln befestigt wurden.

Ein in den folgenden Tagen fortschreitendes Volllaufen des Schiffes hat die restlichen Auftriebsverhältnisse dermaßen verändert, dass sich die »Helge Ingstad« am 13. November von der Verankerung losriss und an der

Foto: Cavernia / CC-BY-SA 4.0

Fregatte »Helge Ingstad«.

Felskante tiefer rutschte. Die Fregatte geriet bis an die Mastspitze des Radarmastes unter Wasser. Wetterbedingt konnte die Hebung erst am 26. Februar 2019 beginnen. Für die Fregatte »Helge Ingstad« blieb danach nur noch die Verschrottung übrig.

Der Unfallhergang ist in dem Internet-Lexikon Wikipedia ausführlich beschrieben und wird nachfolgendend in Auszügen zitiert:

»Die »Helge Ingstad« lief in den frühen Morgenstunden des 8. November 2018 auf südlichem Kurs in den Hjeltefjord nördlich des Ölterminals Sture, in den küstennahen Gewässern nordwestlich der Stadt Bergen. Sie meldete ihre beabsichtigte Marschroute um 02:40 Uhr Ortszeit bei der zuständigen Verkehrszentrale der Insel Fedje, Fedje Vessel Traffic Service Centre, an. Die Fregatte lief mit 17 bis 18 kn Fahrt. Sie hörte auf Fedjes Seefunkfrequenz mit und hatte ihre Positionslichter eingeschaltet. Das Automatic Identification System (AIS) war im passiven Modus geschaltet. Das heißt: Es strahlte die eigene Positionsinformation nicht über Funk an andere Schiffe und Einrichtungen aus.

Ab 03:40 Uhr begann auf der »Helge Ingstad« der Wachwechsel. Der den Dienst antretende Navigationsoffizier wurde über drei auf nördlichem Kurs fahrende Schiffe informiert, die per Radar beobachtet wurden. Es war eine klare Nacht. An der Position des Ölterminals Sture wurde visuell schon aus großer Entfernung ein unbewegt erscheinendes

Fotos: Norwegische Marine

Die Fregatte »Helge Ingstad« am Morgen nach der Kollision.

Objekt mit vielen Lichtern wahrgenommen. Der dort vertäute Öltanker »Sola TS« hatte um kurz vor 03:00 Uhr einen Lotsen aufgenommen und um 03:13 Uhr an Fedje gemeldet, dass er mit dem Ablegen beginnen werde. Unterstützt von Schleppern verließ

Foto: Norwegische Marine

Mit Stahltrossen wurde die havarierte Fregatte gegen das Abrutschen in den Fjord gesichert.

Foto: Norwegische Marine

Die Fregatte »Helge Ingstad« in ihrem Zustand Mitte Dezember 2018.

der Öltanker ab 03:45 das Terminal, meldete dies an Fedje und nahm Fahrt auf in Richtung Norden.

Der neue Wachoffizier auf der »Helge Ingstad« übernahm um 03:55 Uhr das Kommando, woraufhin der abgelöste Offizier die Brücke verließ. Aus Perspektive der Fregatte hatte die »Sola TS« im Verlauf des Ablege- und Drehmanövers ihre Position relativ zum Terminal kaum verändert. Dies trug dazu bei, dass die Brückenbesatzung den Tanker irrtümlich für ein stationäres Objekt hielt. Das Accident Investigation Board Norway (AIBN) nimmt an, dass dessen helle Decksbeleuchtung die Positionslichter überstrahlte. Gegen 03:57 Uhr sah der Lotse auf der »Sola TS« das Radarecho sowie ein grünes Positionslicht eines südwärts fahrenden Schiffs, von dem es kein AIS-Signal gab. Er bat Fedje um 03:58 Uhr, das Schiff zu identifizieren, das sich auf seiner Backbordseite befand. Fedje antwortete, dass keine Informationen über dieses Schiff vorlägen.

Der Lotse ließ den eigenen Kurs leicht von 350 Grad auf 360 Grad ändern. Er und der Kapitän der »Sola TS« versuchten, das unidentifizierte Schiff per Signallampe zu kontaktieren.

Gegen 04:00 Uhr rief Fedje die »Sola TS« an und teilte mit, dass das Schiff möglicherweise die »Helge Ingstad« sei. Der Lotse rief daraufhin die Fregatte an und bat sie, umgehend nach Steuerbord zu drehen. Die Brückenbesatzung erwiderte, dass ihr dies erst möglich wäre, nachdem sie ein Objekt auf ihrer Steuerbordseite passiert hätte. Laut AIBN dachte die Brückenbesatzung fälschlicher Weise, mit einem der drei weiter östlich in Richtung Norden fahrender Schiffe zu sprechen. Sie hielt das hell beleuchtete Objekt nach wie vor für das stationäre Terminal, mit dem oder mit der nahen Felsküste sie bei einer Kursänderung nach Steuerbord kollidieren würde, und nicht für einen sich nähernden Öltanker, dem sie gemäß den Kollisionsverhütungsregeln dringend hätte ausweichen müssen.

Um kurz nach 04:00 Uhr war die »Helge Ingstad« rund 400 m von der »Sola TS« entfernt. Da sie ihren Kurs nicht änderte, wurde sie von Fedje und von dem Lotsen auf der »Sola TS« angerufen und zum Reagieren aufgefordert. Daraufhin begann sie doch noch ein Ausweichmanöver, entgegen den Ausweichregeln zwischen Wasserfahrzeugen jedoch als Drehung nach Backbord statt nach Steuerbord, und somit genau vor den eisverstärkten Bug der »Sola TS«.«

(https://de.wikipedia.org/wiki/Helge_Ingstad_(Schiff))

Foto: Norwegische Marine

Die Fregatte »Helge Ingstad« nach ihrer Hebung im Februar / März 2019.

Die Fregatte »Helge Ingstad« und ihre vier Schwesterschiffe wurden auf der spanischen Werft Navantia in El Ferrol gebaut. Zwischen April 2006 und Januar 2011 stellten die fünf Einheiten bei der norwegischen Marine in Dienst. Die auch als »Fridtjof Nansen«-Klasse bezeichneten Schiffe verdrängen 5290 t und haben eine Länge von 133,25 m. Sie sind unter anderem mit verschiedenen modernen Flugkörpersystemen und mittelkalibrigen Rohrwaffen ausgerüstet. Ein Bordhubschrauber gehört mit zur Ausrüstung der Schiffe. Schwerpunkte der hochmodernen elektronischen Ausstattung sind ein 3D-Muktifunktionsradar und das Waffeneinsatz- und Führungssystem AEGIS, mit dem gleichzeitig bis zu 100 Objekte überwacht und kontrolliert werden können.

Der Tanker »Sola TS« hat eine Bruttoraumzahl[1] von 62.557 BRZ und eine Schiffslänge von 249,97 m. Das bei Daewoo-Mangalia Heavy Industry gebaute Schiff lief am 22. Januar 2017 vom Stapel. Zum Zeitpunkt der Kollision hatte der Tanker 625.000 Liter Rohöl in seinen Tanks. Nach Behebung der leichten Kollisionsschäden ist die »Solas TS« seit Mitte Dezember 2018 wieder in Fahrt. ▶|

[1] Die dimensionslosen Bruttoraumzahl (BRZ) bezeichnet die Größe eines Handelsschiffes und ist die Nachfolgemaßeinheit der früheren Bruttoregistertonne (BRT).

Foto: Alf van Beem

Der Tanker »Solas TS« überstand die Kollision dank seines eisverstärkten Bugs ohne größere Schäden.

Foto: US Coast Guard

»Dali«

Containerschiff, Singapur

Am 26. März 1924 verließ um 00:51 Uhr das unter der Flagge von Singapur fahrende Containerschiff »Dali« mit einer Gesamtladung von fast 4.700 Containern den Hafen von Baltimore, Maryland, USA. An Bord des rund 300 m langen Schiffes befanden sich 22 Besatzungsangehörige und zwei Lotsen. In etwa vier Wochen wollte man Colombo auf Sri Lanka erreichen. Doch soweit sollte es nicht mehr kommen.

Das bei Hyundai Heavy Industries in Ulsan, Südkorea gebaute und am 27. Dezember 2014 vom Stapel gelaufene Schiff steuerte zunächst mit Nordwest-Kurs in den Patapsco River und ging um 01:10 Uhr auf einen südöstlichen Kurs, um in das Fahrwasser des Flusses zu gelangen und anschließend die den Fluss überspannende und rund 2,5 Kilometer lange Francis Scott Key Bridge zu passieren. Statt einer Passage kam es jedoch um 01:28 Uhr zu einem Zusammenstoß.

Nach der Kollision des Containerschiffs mit einem Pfeiler der Hauptöffnung stürzte der über 800 m lange Stahlfachwerkträger ein, der die Fahrrinne zwischen dem Hafen von Baltimore und der Chesapeake Bay überspannte. Dabei fielen große Teile der Brückenkonstruktion auf das Schiff. Auch der darauffolgende, etwa 275 m lange, dreiteilige Brückenabschnitt auf der Nordostseite des Stahlfachwerkträgers sowie drei der ihn tragenden, über 40 m hohen Stahlbetonpfeiler stürzten fast vollständig in den Patapsco River.

In einem Untersuchungsbericht von Mitte Mai 2024 wurde zum Unfall festgestellt, dass unmittelbar vor dem Unglück Stromausfälle das Schiff lahmlegten. An Hand von Aufnahmen der Überwachungskameras ließ sich rekonstruieren, dass um 01:24 Uhr das Licht auf der »Dali« flackerte. Eine Minute später stieg Rauch von der »Dali« auf, die zu diesem Zeitpunkt nur noch 200 m von der Brücke entfernt war. Um 01:26 Uhr kam das Schiff, auf dem immer wieder das Licht flackerte, von seinem Kurs ab und steuerte exakt in die Richtung des Brückenpfeilers. Den Lotsen gelang in dieser Situation noch rechtzeitig das Absetzen eines Notrufs.

Durch das Unglück waren sechs Männer ums Leben gekommen. Bei den Opfern handelte es sich um Bauarbeiter, die zum Unfall-

Die unter Brückenteilen regelrecht eingekeilte »Dali«.

zeitpunkt Reparaturen auf der vierspurigen Autobahnbrücke durchführten. Der abgesetzte Notruf hat allerdings schlimmeres verhütet, denn Beamte an Land stoppten daraufhin den Verkehr und verhinderten so, dass weitere Autos auf die Brücke gelangen konnten. Die Besatzung des Containerschiffs blieb unterdessen unversehrt.

Die Stadt Baltimore reichte am 22. April eine Schadensersatzklage gegen den Eigner und den Reeder der »Dali« ein. Die Klägerin behauptet, Probleme mit der Stromversorgung auf der »Dali« waren schon im Hafen von Baltimore bekannt. Die Besatzung sei demnach mit einem seeuntüchtigen Schiff ausgelaufen sowie mangelhaft ausgebildet und mit den im Hafen von Baltimore geltenden Regeln unzureichend vertraut gewesen.

Es dauerte bis Mitte Mai bevor die Teile der zusammengebrochenen Brücke durch gezielte und kontrollierte Sprengungen beseitigt werden konnten. Erst danach war es möglich auch die bislang unter den Trümmerteilen festsitzende »Dali« vom Unglücksort wegzubringen. Das Schiff wurde entladen und soweit wieder hergerichtet, dass es im September 2024 zur endgültigen Reparatur nach China zur Fujian Huadong Shipyard verlegen konnte, wo es Mitte November ankam. Seit Januar 1925 ist die »Dali« wieder als Containerschiff auf der Route Asien – Zentralamerika in Fahrt. ▶|

[Rechts Mitte] Die eingestürzten Brückenteile zerstörten die vorne gestaute Containerladung und beschädigten das Vorschiff der »Dali«.
[Rechts] Am 20. Mai 2024 wird die von den Brückenteilen befreite »Dali« abgeschleppt.

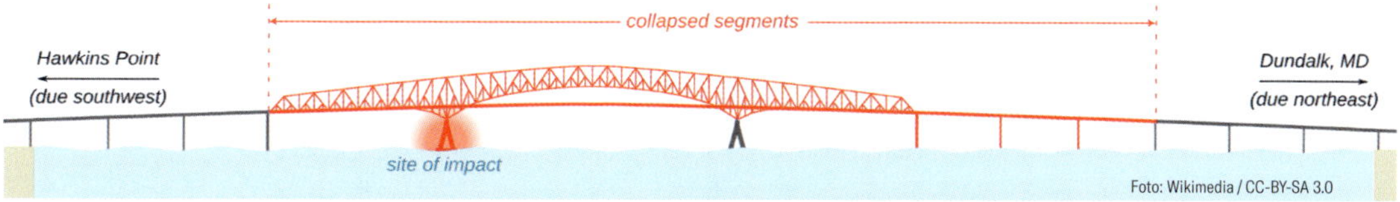

Die durch die Kollision umfangreich beschädigte Francis Scott Key Bridge von Südosten nach Nordwesten betrachtet.

2 Grundberührungen und Strandungen

Foto: John S. Johnston

»Norge«
Passagierschiff, Dänemark

Am 22. Juni 1904 verließ der Passagierdampfer »Norge« der dänischen Reederei Det Forenede Dampskibs-Selskab (DFDS) Kopenhagen zu einer Überfahrt nach New York. An Bord befanden sich neben den 68 Besatzungsmitgliedern 405 Passagiere. Als Zwischenhafen wurde Oslo angelaufen, wo weitere 232 Passagiere an Bord kamen. In Kristiansand stiegen nochmals 90 Reisende zu. Es befanden sich nun insgesamt 795 Personen auf dem Schiff, darunter 200 Kinder unter 12 Jahren und 23 Säuglinge. Der größte Teil der Passagiere stammte aus Skandinavien und Russland, es gab aber auch vereinzelt Deutsche, Briten und Amerikaner darunter. Das Kommando hatte Kapitän Valdemar Johannes Gundel, der das Schiff bereits seit 1901 befehligte.

Nach dem Ablegen von Kristiansand dampfte die »Norge« in nordwestlicher Richtung auf den Pentland Firth zu, eine Meerenge zwischen dem schottischen Festland und den Orkney-Inseln, um danach auf dem Weg nach New York den Nordatlantik zu überqueren. Die auf der Wegstrecke im Nordatlantik liegende kleine Felsinsel Rockall sollte südlich passiert werden.

Die unerwartet starke Strömung versetzte jedoch die mit westlichem Kurs fahrende »Norge« nach Norden, sodass sich Kapitän Gundel am frühen Morgen des 28. Juni für einen Kurswechsel nach Süden entschied. Leider konnte er aber aufgrund des wolkenverhangenen Himmels und starkem Nebel seine Position nicht exakt bestimmen. Als er sich dennoch sicher war, dass er weit genug nach Süden ausgeholt hatte, ließ er erneut einen westlichen Kurs steuern.

Doch diese Kursänderung kam zu früh. Die »Norge« hatte noch nicht genügend südliche Wegstrecke gut gemacht. Um 07:45 Uhr am 28. Juni 1904 prallte das Schiff dann auf das zu Rockall gehörende und in unmittelbarer Nähe liegende Felsenriff Hasselwood. Es lief auf Position 57° 35' 58" N und 13° 41' 19" W auf Grund. Der leck geschlagene Dampfer war so schwer beschädigt, dass er innerhalb von 20 Minuten nach dem Zusammenstoß mit hunderten von Menschen an Bord sank.

Auf dem sinkenden Schiff herrschten in diesen 20 Minuten katastrophale Zustände.

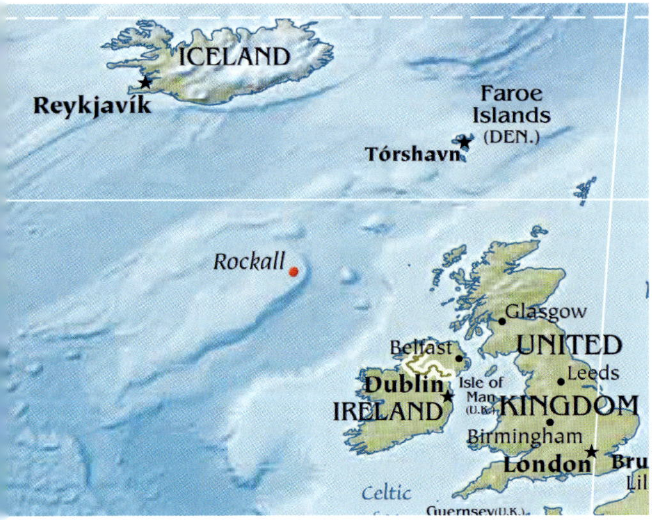

Foto: Archiv Autor

Die Übersichtskarte zeigt die Position des Rockall-Felsens im Nordatlantik.

Das Bootsdeck war in Sekundenschnelle mit panischen Passagieren überfüllt, die nach Schwimmwesten suchten und zu den Booten stürmten, von denen allerdings nicht genügend an Bord waren. Ein Rettungsboot sank nach dem zu Wasser lassen, weil es vollkommen überfüllt war. Ein anderes kenterte nach dem Aufschlag auf das Wasser. Ein weiteres hing noch vollbesetzt in den Davits, als die »Norge« unterging.

»Norge«	
Schiffstyp	Passagierschiff
Bauwerft	Alexander Stephen and Sons, Glasgow, Großbritannien
Eigner	Det Forenede Dampskibs-Selskab, Kopenhagen, Dänemark
Stapellauf	11. Juni 1881
Vermessung (BRT)	3359
Länge × Breite × Tiefgang (m)	115,50 × 11,60 × 9,70
Besatzungsstärke	68
Passagiere	I. Klasse: 50, II. Klasse: 150, III. Klasse: 900
Antrieb	1 × Dampfmaschine
Antriebsleistung (PS)	1 × 1400
Wellen	1
Geschwindigkeit (kn)	10

Nur fünf der acht Rettungsboote waren erfolgreich vom Schiff freigekommen. Sie trieben auseinander und wurden erst Tage später gefunden. Von den insgesamt 795 Menschen an Bord der »Norge« kamen 625 ums Leben. Von den 170 geretteten Personen waren 146 Passagiere und 24 Besatzungsmitglieder. Es überlebten 117 Männer, 16 Frauen und 37 Kinder.

Der Untergang der »Norge« war die bis dahin größte Schifffahrtskatastrophe auf dem Nordatlantik. Sie wurde erst im April 1912 mit dem Untergang der »Titanic« übertroffen. Außerdem gilt sie als eines der

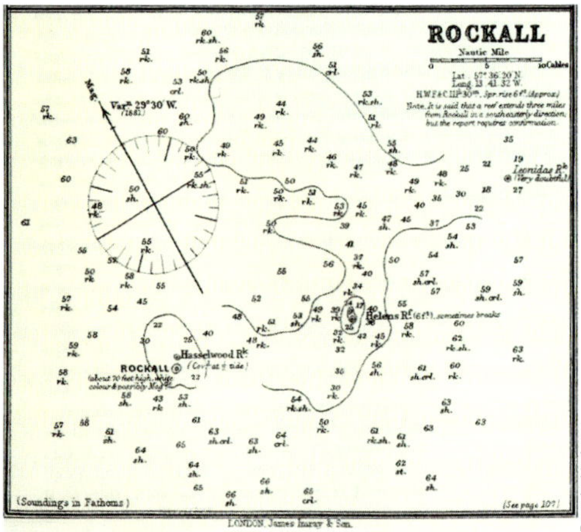

Foto: Archiv Autor

Auf diesem Ausschnitt einer Seekarte ist links unten die Lage des Rockall-Felsens zu erkennen und in kurzem Abstand nördlich davon das Hasselwood Felsenriff. Als weiterer Teil des Rockall-Plateaus ist nord-östlich Rockall in einem etwas größerem Abstand das Helens Riff zu finden. Eine ebenfalls für die Schifffahrt gefährliche Stelle, die aber bei der Havarie der »Norge« keine Rolle spielte.

schwersten Schiffsunglücke in der Geschichte der Auswanderung des frühen 20. Jahrhunderts.

Die offizielle Untersuchung des Unglücks wurde vom dänischen Justizministerium durchgeführt und zog sich über mehrere Jahre hin. Man kam zu dem Ergebnis, dass eine »nutzlose Mannschaft« und »sehr viel Pech«

Das irische Patrouillenschiff »Le Roisin« passiert die etwa 230 Seemeilen nordwestlich von Irland im Nordatlantik gelegene Felsinsel Rockall.

zu dem Unglück geführt bzw. dazu beigetragen haben. Auch die Reederei und die Dampfschifffahrt im Allgemeinen wurden angeprangert. DFDS wurde vorgeworfen, mehr an ihrem Profit als am Wohlergehen der Passagiere interessiert gewesen zu sein und daher nur das Nötigste an Rettungsmitteln auf dem Schiff installiert zu haben. ▶|

»Prinzessin Victoria Luise«

Passagierschiff, Deutschland

Das deutsche Kreuzfahrtschiff »Prinzessin Victoria Luise« war im Dezember 1906 zwischen New York und Jamaika unterwegs. In der Nacht des 16. Dezember lief es mit 14 kn entlang der Küste Jamaikas auf den Hafen von Kingston zu, wo es allerdings erst sieben Stunden später erwartet wurde. Ohne die Fahrt zu reduzieren, versuchte Kapitän Brunswig ohne Lotsen und gegen den Rat seiner Offiziere, in den Hafen einzulaufen. Gegen 21:30 Uhr erkannte Brunswig, dass er von einer falschen Position ausging. Die Anweisung, die Geschwindigkeit zu reduzieren und den Kurs wirksam zu ändern, kam zu spät. Die »Prinzessin Victoria Luise« lief bei Plum Point Lighthouse nahe Kingston auf Position 17° 55' 40"N und 76° 51' 10" W mit voller Wucht auf die Uferfelsen.

Die Passagiere gerieten nach der Strandung in Panik, weil sie glaubten das Schiff würde jeden Augenblick untergehen. Doch die »Prinzessin Victoria Luise« hing wie festgeklebt an den Felsen. Alle Versuche, das Schiff mit Trimm- und Pumpenmanöver wieder freizubekommen, scheiterten.

Am 17. Dezember machte der zu dieser Zeit in Kingston im Hafen liegende und nun auf die Notsignale heraneilende Kleinen Kreuzer »Bremen« am Nachmittag einen Abschleppversuch, gerät dabei aber selbst in Gefahr und muss aufgeben.

Man begann nun die zwischenzeitlich von der Besatzung wieder beruhigten Passagiere nebst ihrem Gepäck an Land auszuschiffen. Auch die »Bremen« übernimmt vorsorglich Passagiere. Diese Maßnahmen waren jetzt auch dringend notwendig geworden, denn ein aufkommender Sturm drückte das Schiff immer stärker auf die Felsen. Es bekam Schlagseite und begann auseinanderzubrechen. Der Rumpf hatte an den Spanten und den Kielplatten erhebliche Schäden erlitten. Die Maschinen waren durch die Wucht des Aufpralls aus den Verankerungen gerissen und in großen Teilen des Schiffes drang Wasser ein. Am 19. Dezember 1906 wurde die »Prinzessin Victoria Luise«, das weltweit erste ausschließlich für Kreuzfahrten gebaute und für diesen Zweck maßgeschneiderte Passa-

Foto: Detroit Publishing Company

Passagier- und Kreuzfahrtschiff der Luxusklasse »Prinzessin Victoria Luise«.

gierschiff, zum Totalverlust erklärt, nachdem sie sich am Vortag um 40 Grad nach Backbord übergelegt hatte. Nach einem Seebeben am 14. Januar 1907 mussten alle Bergungsversuche aufgegeben werden.

Bei dem Unfall ist nur ein Todesopfer zu beklagen. Kurze Zeit nachdem die »Prinzessin Victoria Luise« auf den Felsen aufgelaufen war, erschießt sich Kapitän Brunswig in seiner Kajüte mit einem Jagdgewehr. Ihm war bewusst, dass er statt alleine zu fahren einen Lotsen hätte nehmen müssen. Es fehlte ihm die Kraft das Unglück zu überwinden.

»Prinzessin Victoria Luise«	
Schiffstyp	Kreuzfahrtschiff
Bauwerft	Blohm+Voss, Hamburg, Deutschland
Eigner	Hamburg-Amerika Linie, Hamburg, Deutschland
Stapellauf	28. Juni 1900
Vermessung (BRT)	4419
Länge × Breite × Tiefgang (m)	135,93 × 14,33 × 5,03
Besatzungsstärke	161
Passagiere	I. Klasse: 192
Antrieb	2 × Dampfmaschine
Antriebsleistung (PS)	2 × 2100
Wellen	2
Geschwindigkeit (kn)	15

Mit Ende des 19. Jahrhunderts und beginnenden 20. Jahrhunderts kam in er internationalen Passagierschifffahrt ein neues Betätigungsfeld auf: Wohlhabenden Passagieren wurden Luxuskreuzfahrten angeboten. In Deutschland beteiligte sich bald die Hamburg-Amerikanische Packetfahrt-Actien-Gesellschaft (H.A.P.A.G., auch Hamburg-Amerika Linie oder kurz HAPAG) an diesem gewinnbringenden Geschäft und erzielte mit den seit den 1890er Jahren regelmäßig durchgeführten Kreuzfahrten zunehmend Erfolge. Der Generaldirektor der HAPAG, Albert Ballin, sah in diesen »Excursion« genannten Reisen zudem die Möglichkeit die Schnelldampfer für die Nordatlantik-Strecke auch in den verkehrsarmen Wintermonaten auszulasten.

Ferner lag es nahe, diesen Geschäftsbereich gezielt auszuweiten. Bei der Hamburger Werft Blohm+Voss bestellte die Reederei ein eigens nur für Kreuzfahrten vorgesehenes Schiff. Am 28. Juni 1900 erfolgte der Stapellauf des auf den Namen der Kaisertochter getauften ersten Kreuzfahrtschiffes der Welt. Am 19. Dezember 1900 stellte die am 15. Dezember von der Bauwerft abgelieferte »Prinzessin Victoria Luise« offiziell in Dienst. Am 4. Januar 1901 begann für das Luxus-Kreuzfahrtschiff die Jungfernreise nach New York.

Der weiße Doppelschrauben-Passagierdampfer mit Klippersteven, Klüverbaum und Gallionsfigur wurde von der HAPAG schon bald als »Lustyacht« bezeichnet. Durch das Erscheinungsbild des Schiffes sollte eine Verbindung zu den eleganten und vornehmen Privatyachten bzw. den prunkvollen Staatsyachten geschaffen werden. Nicht nur das Äußere, auch die Inneneinrichtung war exklusiv eingerichtet. Die Passagiere, die sich eine Reise auf diesem Schiff leisten konnten, mussten auf keinerlei Luxus verzichten.

Zur ersten Kreuzfahrt verließ die »Prinzessin Victoria Luise« New York am 26. Januar 1901 nach Westindien. In den folgenden Jahren folgten Kreuzfahrten in das Mittelmeer, in das Schwarze Meer, als Nordlandfahrten in skandinavische Gewässer und immer wieder auch in die Karibik. Hier ereilte am 16. Dezember 1906 das oben geschilderte Schicksal die »Prinzessin Victoria Luise«. Ihr war nur ein recht kurzes Schiffsleben von wenigen Jahren gegönnt.

Originalbildunterschrift: On the rocks at Point Honda, September 8th, 1923.

Schiffskatastrophe bei Honda Point

Zerstörer, USA

Am 8. September 1923 kam es vor der kalifornischen Küste zur gleichzeitigen Strandung von sieben Zerstörern der amerikanischen Marine. Es waren typgleiche Schiffe der »Clemson«-Klasse. Das Unglück ist der größte Schiffsverlust der US Navy in Friedenszeiten.

Das aus 14 Einheiten bestehende XI. Zerstörer Geschwader (Destroyer Squadron 11) der US Navy lag in der Bucht von San Francisco vor Anker und erhielt am 7. September 1923 den Befehl nach San Diego zu verlegen. Um 07:00 Uhr ging der Verband am 8. September Anker auf und begann bei ruhiger spiegelglatter See seinen Marsch entlang der kalifornischen Küste in Richtung Süden. Verbandsführer war Captain Edward H. Watson, der sich auf dem Zerstörer »Delphy« eingeschifft hatte.

Gegen 08:30 Uhr ging der Verband mit 20 kn Fahrt auf Kurs 160 Grad. Etwa drei Stunden später wurde die letzte terrestrische Ortsbestimmung vorgenommen. Nach nochmals drei Stunden erfolgte eine Kursänderung auf 150 Grad. Ab 16:30 Uhr lief der Verband in Kiellinie. Führungsschiff war die »Delphy«. Um diese Zeit trat auch eine Wetterverschlechterung ein. Nebel kam auf.

Die Navigation beruhte jetzt unter den schlechten meteorologischen Bedingungen ausschließlich auf Kopplung, das heißt einer Berechnung auf der Grundlage von Kurs und Geschwindigkeit. Auf Lotungen der Wassertiefe hatte man verzichtet, weil man dafür die Geschwindigkeit hätte reduzieren müssen. Das Führungsschiff forderte von einer Funkpeilstelle an Land regelmäßige Peilungen des Verbandes an, deren Ergebnisse ebenfalls für

Fotos: Harley Flowers / CC-BY-SA 2.0

Auf Grund gelaufene Zerstörer am Unglücksort von Honda Point.

»Clemson«-Klasse	
Schiffstyp	Zerstörer
Bauwerften	insgesamt 156 Einheiten auf verschiedenen Werften
Eigner	US Navy
Stapelläufe	ab 1918
Verdrängung (t)	1328 t
Länge × Breite × Tiefgang (m)	95,81 × 9,40 × 3,00
Besatzungsstärke	114
Antrieb	2 × Getriebeturbine
Antriebsleistung (PS)	2 × 13.000
Wellen	2
Geschwindigkeit (kn)	35
Bewaffnung	4 × 10,2 cm-Geschütz, 1 × 7,62 cm-Geschütz, 12 × 53,3 cm-Torpedorohr, 2 × Wasserbomben-ablaufgestell

die Standortbestimmung genutzt wurden. Allerdings vertraute man dieser neuen Technik nicht so recht und hielt die Peilungen für fehlerhaft.

Um 20:00 Uhr übermittelte die »Delphy« an alle Einheiten die errechnete Position. Ein Abgleich der Standortberechnungen untereinander erfolgte jedoch nicht. Eine gegenseitige Kontrolle der Standorte war somit nicht möglich. Die Navigationsoffiziere auf den anderen Zerstörern vertrauten den Angaben des Verbandsführers voll und ganz.

Um 21:00 Uhr drehten die »Delphy« nach Osten auf einen Kurs von 095 Grad, um, so war man dort der Überzeugung, den Santa Barbara Channel anzusteuern. Das Andrehen auf den neuen Kurs erfolgte jedoch zu früh. Man stand noch wesentlich weiter nördlich, als angenommen. Der Verband folgte im Vertrauen auf dessen Navigation dem Führungsschiff und steuerte so direkt auf die Küste und das Kap Honda Point zu.

Das Gebiet um Honda Point am Nordeingang des Santa Barbara Channels gilt seit den Zeiten der spanischen Besiedlung Kaliforniens als besonders gefährlich. Vor dem Kap liegen einige gefährliche Felsen. In den Sommermonaten kann sich zudem dichter Nebel bilden, was ja auch am Tag des Unglücks der Fall war.

Fünf Minuten nach der Kursänderung lief das Führungsschiff mit 20 kn Fahrt auf die Felsen der kalifornischen Küste. Jeder weitere in der Kiellinie folgende Zerstörer folgte seinem Kurs. Sieben Zerstörer wurden so zum Totalverlust und 23 Seeleute kamen bei der Katastrophe ums Leben. Wegen der unmittelbaren Landnähe kam es glücklicherweise nicht zu noch weiteren Personalverlusten.

Der Verlust der sieben Zerstörer ist in seiner Art und seinem Zustandekommen ein einmaliger Vorgang. Die Katastrophe spielte sich wie folgt ab:

Foto: US Navy

Luftaufnahme des Unglücksorts Honda Point.

- »Delphy« (DD 261) führte als Flaggschiff den in Kiellinie fahrenden Verband. Nach der Kursänderung auf 095 Grad lief sie mit 20 kn auf Grund. Sie warnte noch die anderen Schiffe sofort mit ihrem Typhon, doch es war zu spät, um Schlimmeres zu verhüten.
- »S.P. Lee« (DD 310) folgte wenige hundert Meter hinter der »Delphy«. Als sie diese stranden sah, drehte sie nach Backbord und lief dabei selbst auf Grund.
- »Young« (DD 312) leitete keine Drehung mehr ein und riss ihren Rumpf an einem Unterwasserfelsen auf. Das schnell eindringende Wasser ließ sie in wenigen Minuten nach Steuerbord kentern.
- »Woodbury« (DD 309) wich nach Steuerbord aus, lief dabei aber auf einen vorgelagerten Felsen.
- »Nicholas« (DD 311) lief nach einer Backborddrehung ebenfalls auf die Felsen.
- »Fuller« (DD 297) lief neben der »Woodbury« auf.
- »Chauncey« (DD 296) versuchte Seeleute zu retten, die auf der gekenterten »Young« saßen, lief dabei selbst auf Grund und ging ebenfalls verloren.
- »Somers« (DD 301) wurde leicht beschädigt.
- »Farragut« (DD 300) lief auf Grund, konnte sich aber selbst wieder von den Felsen lösen.
- »Percival« (DD 298), »Stoddert« (DD 302), »Thompson« (DD 305), »Kennedy« (DD 306) und »Paul Hamilton« (DD 307) konnten dem Unglück ausweichen und blieben unbeschädigt.

Die bereits zurückgelegte und die noch geplante Wegstrecke der Destroyer Squadron 11.

Foto: Archiv Autor

Im Rahmen eines Kriegsgerichtsverfahrens und weiterer Ermittlungen wurde festgestellt, dass fehlerhafte Navigation die alleinige Ursache des Unglücks gewesen sei. Die Funkpeilanlagen und ihre Ergebnisse seien nicht fehlerhaft gewesen.

Bleibt noch anzumerken, dass vor den Zerstörern an diesem Tage bereits das Postschiff »Cuba« in der Nähe ebenfalls auf Grund gelaufen war. ▶|

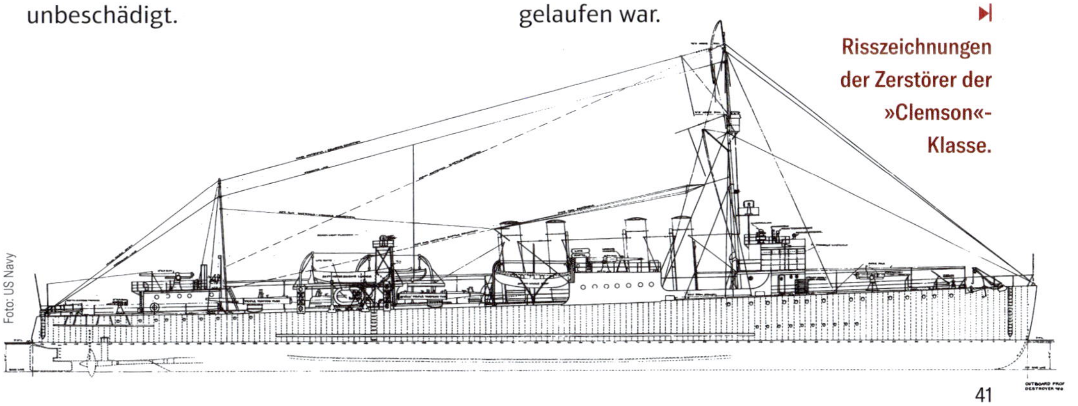

Risszeichnungen der Zerstörer der »Clemson«-Klasse.

Foto: US Navy

Foto: Archiv Autor

Das Passagierschiff »Monte Cervantes« im Hamburger Hafen.

»Monte Cervantes«

Passagierschiff, Deutschland

Das am 25. August 1927 auf der Hamburger Werft Blohm+Voss für die Hamburg Südamerikanischen Dampfschifffahrts-Gesellschaft (Hamburg Süd) vom Stapel gelaufene Passagierschiff »Monte Cervantes« wurde von seiner Reederei sowohl im Liniendienst zwischen Hamburg und den La Plata Häfen wie auch zu Kreuzfahrten eingesetzt.

Ihre letzte Fahrt führte die »Monte Cervantes« nach Patagonien und Feuerland in die Kap Hoorn Region. Unter dem Kommando von Kapitän Theodor Dreyer legte das Schiff am 17. Januar 1930 im argentinischen Puerto Madryn ab und erreichte am Morgen des 20. Januar Punta Arenas. Am darauffolgenden Tag durchfuhr man bei schlechtem Wetter, aber ruhiger See den Beagle-Kanal und erreichte um 19:00 Uhr Ushuaia.

In den Morgenstunden des 22. Januar verließ die »Monte Cervantes« bei besseren Wetterverhältnissen den Hafen mit dem Ziel Pendegaia. An Bord befanden sich 1117 Passagiere und 280 – nach anderer Quelle 330 – Besatzungsmitglieder. Der Weg führte durch schmale, aber sehr tiefe Kanäle, vorbei an hohen Bergen und zahlreichen kleinen Inseln.

Um 12:43 Uhr lief die mit hoher Geschwindigkeit fahrende »Monte Cervantes« plötzlich auf einem in den damaligen Seekarten noch nicht eingezeichneten unterseeischen Felsen auf. Das Schiff wurde leckgeschlagen, erhielt riesige Lecks und begann zu sinken, kam aber zunächst auf dem Felsen wieder zur Ruhe. Bereits 55 Minuten nach dieser Grundberührung hatten alle Passagiere und 255 Besatzungsangehörige mit 30 Rettungsbooten das Schiff verlassen.

Unterdessen rutscht die »Monte Cervantes« vom Felsen ab und wird beim Versuch sie auf Grund zu setzen mit Backbordschlagseite auf die Eclaireurklippen getrieben. Hier kann sich das Schiff wieder halten, sodass am nächsten Tag auch das Gepäck der Passagiere von Bord gebracht werden kann. Dies ge-

Foto: Archiv Autor

Die im Beagle-Kanal auf einen Unterwasserfelsen aufgelaufenen »Monte Cervantes«.

staltete sich teilweise chaotisch, da zahlreiche Kabinen verschlossen waren, niemand von der Besatzung einen Generalschlüssel zur Hand hatte und viele Koffer, Taschen und im Wasser treibende Wertgegenstände wohl auch von einzelnen Besatzungsmitgliedern geplündert wurden.

Am 24. Januar befinden sich nur noch wenige Personen als Restbesatzung an Bord, als das Schiff in den Abendstunden plötzlich kenterte. Als einziger kann sich der Kapitän nicht mehr retten und ist somit das einzige Todesopfer der Katastrophe. Die Reederei in Hamburg wird durch das folgende Telegramm informiert: »Monte Cervantes gestern gegen 21:00 Uhr schnell nach Steuerbord gekentert. Kaum Zeit, dass sich noch an Bord befindliche Offiziere retten konnten. Kapitän Dreyer, beim Untergang auf Kommandobrücke, wird leider vermisst.«

Das Hamburger Seeamt verhandelte den Untergang der »Monte Cervantes« am 6. März 1930 und sprach die Besatzung von jeder Schuld frei. Es kam allerdings zu Anklagen gegen einzelne Matrosen wegen des Diebstahls von Wertgegenständen aus dem Wrack in den letzten Stunden.

»Monte Cervantes«	
Schiffstyp	Passagierschiff
Bauwerft	Blohm+Voss, Hamburg, Deutschland
Eigner	Hamburg-Süd, Hamburg, Deutschland
Stapellauf	25. August 1927
Vermessung (BRT)	13.913
Länge × Breite × Tiefgang (m)	157,70 × 20,05 × 8,09
Besatzungsstärke	280
Passagiere	III. Klasse: 1354, Zwischendeck: 1138
Antrieb	4 × Dieselmotor
Antriebsleistung (PS)	4 × 1200
Wellen	2
Geschwindigkeit (kn)	14

Foto: Archiv Autor

Nur das Heck der »Monte Cervantes« ragt noch aus dem Wasser.

NAUFRAGIO DEL MONTE CERVANTES

EL SALVAMENTO
Comienza el abandono de la nave

LISTOS PARA HACER PROA A USHUAIA
Náufragos en los botes comenzando una dura odisea

EL CASCO QUE FUE TUMBA DE UN HEROICO CAPITAN
Con las hélices afuera, agoniza el coloso vencido por la roca oculta en el mar

Foto: Archiv Autor

Ein Zeitungsausschnitt vom Untergang der »Monte Cervantes«.

Im Jahr 1951 begann die italienische Firma Salvamar mit der Bergung des Wracks der »Monte Cervantes«, deren Heck noch immer aus dem Wasser ragte. Im Juli 1954 gelang die Hebung. Der Rumpf wurde provisorisch abgedichtet, um das Schiff nach Ushuaia abschleppen zu können. Doch der Abschleppversuch misslang. Am 14. Oktober 1954 versinkt die »Monte Cervantes« endgültig in tiefem Wasser.

Das Besondere an der 13.913 BRT großen »Monte Cervantes«, wie auch ihrer vier Schwesterschiffen, deren Namen ebenfalls mit »Monte« begannen, war die Tatsache, dass es für die Passagiere nur eine III. Klasse gab und dass sie darüber hinaus eine zusätzliche große Kapazität für Zwischendeckspassagiere hatten Letztere Plätze wurden verständlicherweise nur bei Fahrten im Liniendienst genutzt. Die »Monte«-Schiffe boten somit eine kostengünstige Gelegenheit für die Reise nach Südamerika und für Kreuzfahrten. Beim internationalen Publikum waren sie sehr beliebt.

»Dresden«

Passagierschiff, Deutschland

Im Frühjahr 1934 charterte die nationalsozialistische Deutsche Arbeitsfront für ihre Kraft durch Freude (KdF) Reisen das Passagierschiff »Dresden« des Bremer Norddeutschen Lloyd (NDL). Die erste Reise führte die »Dresden« im Mai zur englischen Südküste. Danach folgten mehrere Reisen nach Norwegen.

Bei der siebten Norwegentour kam es zu einem tragischen Unglück. Beim Einlaufen in den Karmsund hatte das mit Urlaubern voll besetzte Schiff bei Utsire am 20. Juni 1934 um 19:18 Uhr auf Position 59° 12' 7" N und 5° 19' 8" O vor der Insel Karmoy eine Grundberührung.

Ein Unterwasserfelsen schlitzte dabei den Rumpf der »Dresden« auf einer Länge von 30 m auf. Das Schiff hatte sofort starke Schlagseite nach Backbord und begann zu sinken. Schnell war klar, dass es nicht mehr zu retten ist.

Von der Schiffsführung wurde die »Dresden« daraufhin an der Küste aufgesetzt. Da-

Passagierschiff »Dresden«.

Foto: Bibliothek für Zeitgeschichte

durch wurde ein sofortiges Sinken verhindert. Mit den eigenen Booten sowie mit Booten und mit Schiffen der unmittelbar nach der Kollision über SOS alarmierten norwegischen Küstenwache gelang es die rund 1000 Passagiere abzubergen und in Sicherheit zu bringen. Die Rettungsaktion war nachts um 02:45 Uhr beendet. Sie lief in aller Ruhe ab. Diszipliniert, in Ruhe und ohne Panik folgten die Urlauber den Anweisungen der Schiffsführung und der Rettungskräfte. Am 21. Juni morgens kenterte das Wrack und lag nun größtenteils mit seiner Backbordseite unter Wasser.

Das Unglück der »Dresden« ist trotz aller Tragik noch glimpflich ausgegangen. Neben 14 Verletzten waren zwei Frauen, die nach ihrer Rettung an Herzversagen starben, – nach anderer Quelle vier nicht näher bezeichnete Fahrgäste – die einzigen Opfer dieser Schiffskatastrophe.

Vom NDL wurde das Passagierschiff »Stuttgart« sofort zum Unglücksort geschickt. Es kehrte am 23. Juni mit den geretteten Urlaubern und einem Teil der Besatzung nach Bremerhaven zurück.

In der Seeamtsverhandlung wird als Unglücksursache das Vertreiben einer Fahrwassertonne festgestellt. Außerdem soll der Lot-

»Dresden«	
Schiffstyp	Passagierschiff
Bauwerft	Bremer Vulkan, Vegesack, Deutschland
Eigner	Norddeutscher Lloyd, Bremen, Deutschland
Stapellauf	9. Juni 1914
Vermessung (BRT)	14.167
Länge × Breite × Tiefgang (m)	173,85 × 20,50 × 9,34
Besatzungsstärke	320
Passagiere	Kabinenklasse: 280, (399), Touristenklasse: 288, III. Klasse: 280, auf Kreuzfahrt: 967
Antrieb	2 × Dampfmaschine
Antriebsleistung (PS)	2 × 4750
Wellen	2
Geschwindigkeit (kn)	15,5

Foto: Archiv Autor

Die auf einer KdF-Reise in Norwegen nach einer Unterwasserkollision mit einem Felsen gekenterte »Dresden«.

se die Stromversetzung an der Unglücksstelle falsch eingeschätzt haben. Im August an eine norwegische Bergungsfirma verkauft, wurde das Wrack der »Dresden« dann an Ort und Stelle verschrottet.

Dem tragischen Ende der »Dresden« ist ein recht ungewöhnlicher Lebenslauf vorausgegangen. Als Passagierschiff »Zeppelin« wurde sie für den NDL beim Bremer Vulkan in Vegesack gebaut. Kurz vor Beginn des Ersten Weltkriegs fand am 9. Juni 1914 der Stapellauf statt. Am 21. Januar 1915 wurde das Schiff an den Auftraggeber abgeliefert, kam aber kriegsbedingt nicht mehr in Fahrt.

Am 21. März 1919 musste die »Zeppelin« als Reparationsleistung an Großbritannien abgegeben werden, wo sie durch die White Star Line bereedert wurde. Doch nicht für lange. Nach dem Einsatz als Truppentransporter für die USA erfolgte schon 1920 der Verkauf an die Orient Steam Navigation Company, die das Schiff nun als »Ormuz« weiter betrieb.

Im April 1927 gelang es dem NDL sein ehemaliges Schiff zurückzukaufen. Als »Dresden« ging es erstmals unter NDL-Flagge am 5. August 1927 über den Atlantik nach New York. Die Reederei nutzte das Schiff neben dem Liniendienst auch für Kreuzfahrten.

Die Viermastbark »Herzogin Cecilie« unter voller Besegelung.

»Herzogin Cecilie«

Viermastbark, Finnland

Die ehemals deutsche und nun unter der Flagge der finnischen Segelschiffsreederei von Gustaf Erikson segelnde Viermastbark »Herzogin Cecilie« ankerte am 23. April 1936 vor Falmouth. Das Segelschiff kam mit einer Weizenladung vom südaustralischen Wallaroo. Für diese Reise hatte die Viermastbark nur 86 Tage (27. Januar bis 23. April) benötigt. Damit war sie für die gezählten Jahre von 1921 bis 1949, die Zeit der sogenannten Weizenrennen, nach der Viermastbark »Parma« (1933, 83 Tage) das zweitschnellste Segelschiff auf dieser Strecke.

In Falmouth wurde die »Herzogin Cecilie« zunächst an die Kette gelegt. Am 18. Oktober 1935 war sie nämlich im Kattegat fünf Seemeilen nördlich des dänischen Feuerschiffs Anholt-Knob mit dem deutschen Fischdampfer »Rastede« kollidiert und musste nun eine Kaution von 2500 Pfund bezahlen, um für die Weiterreise nach Ipswich in der Grafschaft Suffolk, wo die Weizenladung gelöscht werden sollte, frei zu kommen. Am 24. April 1936 erfolgte nach Zahlung der Geldsumme dann auch die Freigabe des Schiffes und am Abend ging die »Herzogin Cecilie« wieder in See. Es sollte ihr letzte Reise werden, deren tragisches Ende, bei dem glücklicherweise keine Menschenleben zu beklagen waren, im Internet-Lexikon Wikipedia wie folgt beschrieben wird:

»Beim Ansteuerungskurs nach Ipswich, wo die 4295 t Weizenladung gelöscht werden sollte, fuhr die »Herzogin Cecilie« bei dichtem Nebel und rauer See (Anm.d.Verf.: nach anderer Quelle nur dichter Nebel) am Morgen des 25. April 1936 auf die Klippen von Ham Stone Rock bei Salcombe, South Hams, Devon, und schlug leck. Nach dem Abbergen eines Teils der verquollenen Weizenladung wurde das Schiff wieder schwimmfähig gemacht, im Juni 1936 in die Starhole-Bucht an der Westküste der Salcombemündung geschleppt und dort auf den Strand gesetzt, und nicht, wie ursprünglich geplant, in den

Foto: Archiv Autor

Die auf den Klippen von Ham Stone Rock bei Salcombe, South Hams, Devon gestrandete Viermastbark »Herzogin Cecilie«.

Hafen von Salcombe zur völligen Entleerung des Schiffes, da man Krankheiten und Umweltprobleme wegen des faulenden Weizens befürchtete. Letztere Maßnahme hätte das Schiff wahrscheinlich gerettet. In der Folgezeit wurde der faulende Weizen in die Bucht gespült und größtenteils von Möwen gefressen. Dennoch haben die übelriechenden Faulgase lange Zeit die Luft in der Bucht verpestet. Im darauffolgenden Juli war der Kiel der »Herzogin Cecilie« bereits gebrochen und das Schiff wurde allmählich durch die Wellen zerschlagen. Reste des Wracks sind heute (Anm. d. Verf.: Stand Dezember 2023) auf Position 50° 12' 52,2" N und 3° 46' 49" W vorhanden und ein beliebtes Tauchziel.« (https://de.wikipedia.org/wiki/Herzogin_Cecilie)

Foto: Archiv Autor

»Herzogin Cecilie«	
Schiffstyp	Viermastbark
Bauwerft	Rickmers Werft, Geestemünde, Deutschland
Eigner	Gustaf Erikson, Mariehamn, Finnland
Stapellauf	22. April 1902
Vermessung (BRT)	3242
Länge × Breite × Tiefgang (m)	116,00 × 14,10 × 7,40
Besatzungsstärke	31 + 50
Segelanzahl / Segelfläche (m²)	34 / 4400
Geschwindigkeit (kn)	19,75

Im Juli hatte man seitens der Reederei die »Herzogin Cecilie« endgültig als Totalverlust abgeschrieben. An eine vollständige Bergung des Schiffes war nicht mehr zu denken, da keine Möglichkeit gesehen wurde die Viermastbark zu erträglichen Kosten zu reparieren. Eine lange Liste von Dingen, die noch zu bergen seien, wurde daher an Bord gegeben. Gustaf Erikson war für sein überaus sparsames Wirtschaften bekannt.

Somit lautete seine Anweisung an die noch an Bord befindliche Restbesatzung:

»Alle Kompasse, die Schiffsglocken mit dem Namen HERZOGIN CECILIE, Rettungsboote und das Motorboot. Die besten Blöcke des Riggs, das Manilatauwerk und das laufende Gut aus Drahttauwerk. Sämtliche Küchenutensilien und das ganze Inventar aus der Pantry. Die Lukenpersennings, die Luken, die noch in gutem Zustand und auf anderen Schiffen zu gebrauchen sind.«

Die Viermastbark »Herzogin Cecilie« war auf der Rickmers Werft in Geestemünde für den Norddeutschen Lloyd gebaut worden. Am 22. April 1902 lief sie dort vom Stapel. Als frachtfahrendes Segelschulschiff sollte sie zur Ausbildung des Offiziersnachwuchses der Reederei dienen. Mit einer gemischten Besatzung aus erfahrenen Seeleuten und Offizieranwärtern kam die Viermastbark zum Einsatz. Die Reisen gingen unter anderem nach Chile, Nordamerika, Japan Singapur und Rangoon.

Nach dem Ersten Weltkrieg, den das Schiff größtenteils im chilenischen Coquimbo interniert überstand, wurde die »Herzogin Cecilie« am 20. Juni 1921 als Reparationsleistung Frankreich zugesprochen. Im selben Jahr erfolgte jedoch schon der Verkauf an den finnischen Segelschiffsreeder Gustaf Erikson aus Mariehamn auf den Åland-Inseln. Die »Herzogin Cecilie« kam in den folgenden Jahren in der Weizenfahrt nach Australien zum Einsatz und wurde für ihre schnellen Reisen bekannt.

»Torrey Canyon«

Tanker, Liberia

Der unter liberianischer Flagge fahrende Öltanker »Torrey Canyon« der Barracuda Tanker Corporation schrieb 1967 Seefahrtgeschichte, aber leider auf negative Weise. Seine Strandung am 18. März 1967 verursachte eine riesige Ölkatstrophe am Westausgang des Ärmelkanals. Das Ereignis führte aber auch zu einem radikalen Umdenken bezüglich des Umgangs mit ausgelaufenem Öl auf hoher See.

Das bei der Newport News Shipbuilding and Drydock Company in Norfolk, Virginia, USA gebaute und am 28. Oktober 1958 vom Stapel gelaufene Schiff hatte eine Schiffslänge von 246,90 m. Im Jahr 1964 wurde der Tanker in Japan auf 296,90 m verlängert und sein Fassungsvermögen dadurch beträchtlich erweitert. Die »Torrey Canyon« stand damit unter den seinerzeitigen Schiffsgiganten an 13. Stelle.

Von British Petroleum gechartert übernahm das Schiff in Mena al-Ahmadi in Kuwait eine Ladung von 121.100 t Rohöl und verließ am 18. Februar 1967 den Hafen in Richtung Europa mit Zielhafen Milford Haven in Wales, Großbritannien. Die Schiffsführung oblag Kapitän Pastrengo Rugiati. Die Fahrt durch den Persischen Golf, den westlichen Indischen Ozean, die Umrundung des Kaps der Guten Hoffnung und die Weiterfahrt durch den Süd- und Mittelatlantik verlief schnell und problemlos. Das von einer Dampfturbine angetriebene Schiff war in der Lage 17 kn zu laufen.

Am 18. März 1967 befand sich die »Torrey Canyon« im Westausgang des Ärmelkanals. Ihre Position war circa 35 Seemeilen südwestlich der Scilly-Inseln (Isles of Scilly), einer Inselgruppe 23 Seemeilen vor Land's End, der Landspitze von Cornwall und westlichstem Punkt von England. Die Geschwindigkeit lag bei 16 kn und der Autopilot war eingeschaltet. Auf Grund eines seit dem Vortag wolkenverhangenen Himmels war nur eine Koppelnavigation möglich. Geplant war die Scilly-Inseln westlich zu passieren und dann in den Bristolkanal einzudrehen.

Gegen 06:30 Uhr bemerkte der wachhabende Erste Offizier auf dem Radarschirm das Echo der Inselgruppe, jedoch nicht wie erwartet an Steuerbord, sondern an Backbord. Wind und Strömung hatten offensichtlich das große Schiff während der Nacht nach Osten abgetrieben. Der Erste Offizier änderte den Kurs nach Backbord, um die Inseln westlich zu passieren. Der inzwischen benachrichtigte Kapitän war mit dieser Maßnahme aber nicht einverstanden und ließ wieder den ursprünglichen Kurs von 018 Grad steuern, um östlich davon, zwischen Scilly und Land's End, auf einer geringfügig kürzeren Wegstrecke seinen Zielhafen anzusteuern. Mit seiner Maßnahme bedachte Kapitän Rugiati nicht so recht den Umstand, dass auf dem nun eingeschlagenen Kurs die gefährlichen Felsen des Seven-Stone-Riffs lagen, denen sich die »Torrey Canyon« nun gefährlich näherte.

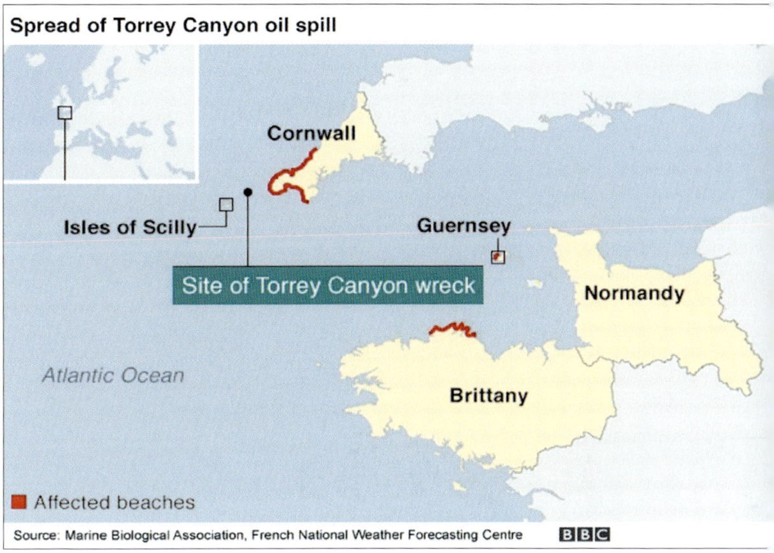

Plötzlich bemerkte man auf der Brücke, dass man von Felsen und Inseln umgeben war. Die »Torrey Canyon« fuhr, immer noch mit einer Geschwindigkeit von 16 kn, in direkter Richtung auf das Seven-Stone-Riff zu. Zum Umfahren des Riffs hatte das Schiff das falsche Fahrwasser angesteuert. Mit einer Kursänderung wollte man die Situation retten, doch der Tanker reagierte nicht auf die gelegten Ruderlagen. In der Hektik hatte man vergessen, dass der Autopilot eingeschaltet war und somit das Handruder keine Wirkung hatte. Mit einem donnernden Krachen lief die »Torrey Canyon« um 09:15 Uhr auf den Pollard Rock des Seven-Stone-Riffs auf. Metall schabte über den scharfen Felsen. Der Öltanker wurde aufgerissen. Öl begann auszulaufen.

Schlepper wurden angefordert, um das Schiff vom Felsen zu ziehen. Um das Gewicht des Tankers zu reduzieren pumpte man zudem Öl ins Meer. Für unser heutiges Verständnis eine vollkommen unverständliche Maßnahme. Innerhalb kurzer Zeit entstand ein riesiger Ölteppich, der sich am nächsten Tag bereits auf über 30 Kilometer ausgebreitet hatte. Die in den folgenden Tagen unternommenen Versuche, das Schiff wieder flott zu machen, scheiterten. Als bei einer Explosion im Maschinenraum auch noch ein Besatzungsmitglied zu Tode kam und schweres Wetter aufzog, gab man das Schiff auf und evakuierte die Besatzung.

Als die »Torrey Canyon« zu zerbrechen begann, bemühte sich die britische Regierung, das Öl durch Bombardierung aus der Luft abzufackeln. Auf die Bombardierung folgten Versuche, das Öl mit Hilfe von Benzin und Napalm, das von Flugzeugen der Royal Air Force und des Fleet Air Arm abgeworfen wurde, abzubrennen. Insgesamt war das Schiff das Ziel von 161 Bomben – nach anderer Quelle nur 42 – und 16 Raketen, dazu wurden 1500 t Napalm und 44.500 Liter Kerosin abgeworfen. Doch alle Anstrengungen waren umsonst. Das Schiff fing zwar wie gewünscht Feuer, aber das ausgelaufene Öl auf dem Wasser entzündete sich jedoch nicht so wie erwartet. Der Ölteppich brannte nur lediglich zwei Stunden. Regelrechte Wolken von dickem schwarzem Rauch standen lange Zeit über der Unglücksstelle.

Am 26. März 1967 ist die zwischenzeitlich in zwei Teile auseinandergebrochene »Torrey Canyon« gesunken. Ihre gesamte Ölladung hatte sich in den Tagen nach dem Unglück ins Meer ergossen. Der Untergang des Schiffes verursachte enorme Umweltschäden an den Küsten Englands und Frankreichs.

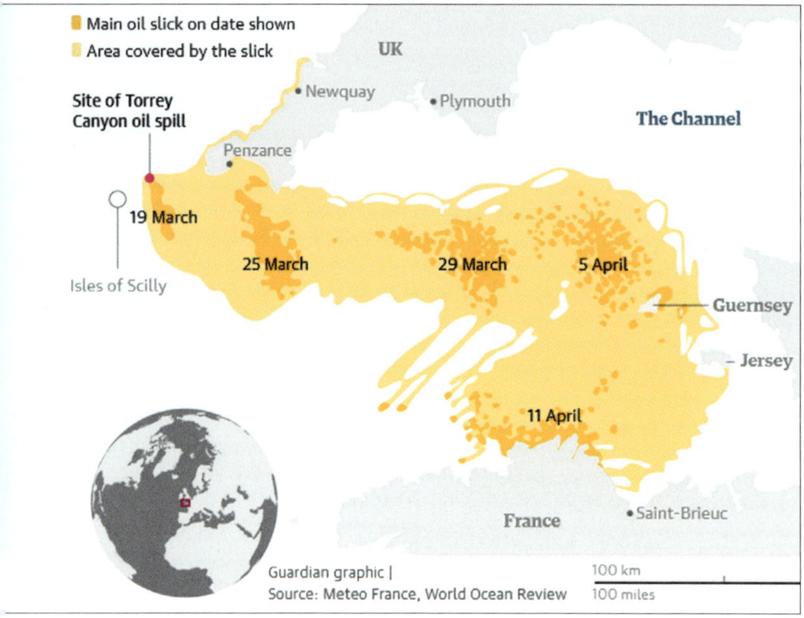

Hunderte von Kilometer der Küste in Cornwall und in der Bretagne sowie auf den Kanalinseln waren mit Öl verschmutzt. Die dicke klebrige Masse des Ölteppichs erreichte bei einer Länge von 56 Kilometer und einer Breite von bis zu 24 Kilometer ein Ausmaß von etwa 700 Quadratkilometer. Tausende von Seevögeln, die Zahlen schwanken je nach Quelle von 15.000 über 25.000 bis hin zu 200.000, und viele andere Meeresorganismen wurden getötet. Weiterer Schaden wurde durch den großflächigen Einsatz von Reinigungsmitteln zur Zerstörung des Ölteppichs angerichtet. Mit Schiffen wurden mehr als 10.000 t an Chemikalien auf das schwimmende Öl gespritzt, um es zu emulgieren und aufzulösen. Jedoch waren die auf das Öl aufgebrachten Substanzen für viele Meeresorganismen extrem giftig. Sie richteten beinahe genauso großen Schaden an wie das Öl selbst.

Eine Untersuchungskommission der liberianischen Regierung machte Kapitän Rugiati wegen seiner unvorsichtigen und fahrlässigen Führung sowie ungenauer Navigation der »Torrey Canyon« für die Katastrophe voll verantwortlich. Er verlor sein Kapitänspatent und setzte sich krank und gebrochen zur Ruhe.

Das Unglück der »Torrey Canyon« war der erste bedeutende Untergang eines großen Öltankers. Es gab seiner Zeit auch noch keine Pläne, welche Maßnahmen in Notfällen solcher Art durchgeführt werden mussten. Man zog aber wichtige Lehren, um künftig besser mit derartigen Katastrophen umzugehen. Der Schiffbruch führte auch zu vielen Änderungen internationaler Vorschriften. ▶|

»Exxon Valdez«

Tanker, USA

Die »Exxon Valdez« war ein unter der Flagge der Vereinigten Staaten fahrender Öltanker des amerikanischen Mineralölkonzerns Exxon. Das bei der National Steel and Shipbuilding Company im kalifornischen San Diego gebaute Schiff hatte eine Länge von rund 323,60 m und eine Tankkapazität von 214.860 t. Das entspricht 1,48 Millionen Barrel Rohöl.

Der Tanker legte am 23. März 1989 nach 21:00 Uhr von der Ölverladestation der Trans-Alaska-Pipeline in der Hafenstadt Valdez ab und steuerte unter Lotsenführung zunächst die Valdez-Meerenge an. Er war mit 1,26 Millionen Barrel beladen. Kapitän war Joseph Hazelwood, der etwa 15 bis 20 Minuten nach dem Ablegen die Brücke verließ. Das Kommando hatte nun der Dritte Offizier Gregory Cousins.

Nach Passieren der Engstelle brachte der Lotse das Schiff mit Kurs 219 Grad auf die südwärts führende, für auslaufende Schiffe

Tanker »Exxon Valdez«.

vorgesehene Route und verließ um 23:24 Uhr das Schiff, nachdem er zuvor den Dritten Offizier gebeten hatte den Kapitän auf die Brücke zu rufen.

Aufgrund von Warnungen der US Coast Guard vor einem Treibeisfeld änderte Hazelwood den Kurs nach Rücksprache mit dem Vessel Traffic Center auf 200 Grad und gab dort auch an, die Geschwindigkeit auf zwölf Knoten reduzieren zu wollen, was jedoch nicht geschah. Außerdem wurde von Handsteuerung auf Automatiksteuerung umgeschaltet.

Zur Vermeidung des Eises wurde der Kurs dann weiter auf 180 Grad geändert. Mit 16 kn schob sich nun die »Exxon Valdez« auf das keine Seemeile breite Nadelöhr zwischen Treibeisfeld und Bligh Riff zu. Um 23:52 Uhr verließ Hazzelwood erneut die Brücke. Wenn das Leuchtfeuer von Busby Island backbord querab läge, wollte er wieder gerufen werden, da dann der Kurs zu ändern wäre.

Um 23:55 Uhr passierte der Tanker das Leuchtfeuer und hatte jetzt noch drei Seemeilen bis zum Bligh Riff. Der Dritte Offizier befahl wieder auf Handsteuerung umzuschalten. Eine Minute später informierte er den Kapitän über die augenblickliche Situation. Es waren jetzt noch zwei Seemeilen bis zum Riff, so jedenfalls die Meinung auf der Brücke. Der Dritte Offizier befahl die Kursänderung ohne das Erscheinen des Kapitäns abzuwarten.

Vom ursprünglich geplanten Kurs abgekommen und vermutlich durch eine wegen Übermüdung des Dritten Offiziers – er hatte in der Nacht zuvor kaum Gelegenheit zum Schlafen – zu spät vorgenommene Kurskorrektur, lief das Schiff am 24. März 1989 um 00:09 Uhr auf das Bligh Riff im Prinz-William-Sund vor Südalaska auf. Die Unfallstelle liegt auf Position 60° 50' 27,6" N und 146° 52' 48" W. Der pünktlich zum Wachwechsel erschienene Zweite Offizier konnte nicht mehr korrigierend eingreifen. Unmittelbar danach kam auch der Kapitän auf die Brücke.

In dieser Nacht kam ohnehin einiges an widrigen Umständen zusammen.

Foto: National Archives and Records Administration

Unter großem Aufwand mussten die Strände gereinigt werden.

- das Schiff wurde durch ein Treibeisfeld in der Fahrrinne behindert
- die örtliche Leitzentrale, die bislang fehlerfrei gearbeitet hatte, war wegen einer Personalreduzierung überlastet
- niemand verfolgte die »Exxon Valdez« auf dem Radar
- der wachhabende Dritte Offizier war zwar fähig, aber noch unerfahren und wurde vom Kapitän im schwierigen Fahrwasser alleine gelassen
- der Kapitän selbst stand unter Alkoholeinfluss

Das Schiff schlug leck, wurde aber nur mittelschwer beschädigt. Dennoch liefen in Folge schätzungsweise 42.000 t Rohöl aus. Im Vergleich zur Gesamtladung war dies zwar eine relativ geringe Menge, aber die Auswirkungen der Katastrophe auf die Umwelt und die Naturlandschaften Alaskas waren riesengroß. Die Wirtschaft in der Region erlitt erhebliche Einbußen. Alles wurde noch dadurch verschlimmert, dass die amerikanischen Behörden damals organisatorisch und hilfstechnisch nicht auf ein so großes Unglück vorbereitet waren.

Das ausgelaufene Öl verschmutzte eine Fläche von 1300 Quadratkilometer. Dickes Rohöl wurde auf einer Länge von 1300 Kilometer an die Küste von Alaska gespült und verseuchte die Uferzonen. Nach anderen Quellen waren es 1700 bzw. 2000 Kilometer. Hunderttausende von Fischen, Muscheln und andere Kleinlebewesen starben im Meer als direkte Folge des Unglücks. Nach der Umweltschutzorganisation Greenpeac sollen geschätzt 300.000 bis 675.000 Vögel verendet sein. Auch die Population der Seehunde und Seeottern wurde in Mitleidenschaft gezogen.

Zwei Wochen nach dem Unglück hatte man lediglich etwa 20 Prozent des ausgelaufenen Öls zurückgewinnen können. Mit Ölsperren gelang es das weitere Ausbreiten zu verhindern. Der Abbau des Öls wird sich noch Jahrzehnte hinziehen, da die entsprechenden biologischen Prozesse im kalten arktischen Wasser nur langsam ablaufen.

Kurz nach dem Unglück leitete das unabhängige National Transportation Safety Board eine Untersuchung ein und legte am 31. Juli 1990 den Abschlussbericht vor. Darin wurde festgestellt, dass die Grundberührung der »Exxon Valdez« auf die folgenden Ursachen zurückzuführen war:

- das Versagen des Dritten Offiziers, das Schiff aufgrund von Müdigkeit und übermäßiger Arbeitsbelastung ordnungsgemäß zu manövrieren
- das Versagen des Kapitäns, aufgrund von Beeinträchtigung durch Alkohol eine ordnungsgemäße Überwachung der Navigation sicherzustellen
- das Versäumnis der Exxon Shipping Company, einen geeigneten Kapitän und eine ausgeruhte und personell ausreichende Besatzung bereitzustellen
- das Fehlen einer effektiven Verkehrssicherung aufgrund von unzureichender Ausrüstung und Personalstärke, unzureichender Ausbildung des Personals und mangelhafter Überwachung durch das Management
- das Fehlen eines effektiven Lotsendienstes

Kapitän Hazlewood wurde von der Anklage verbrecherischer Fahrlässigkeit freigesprochen. Jedoch betonte das Gericht ausdrücklich, dass sich der Unfall wahrscheinlich nicht ereignet hätte, wenn er in diesem navigatorisch schwierigen Seegebiet auf der Brücke geblieben wäre. Er wurde zu einer Geldstrafe von 50.000 US-Dollar wegen illegalen Ablassens von Öl verurteilt.

Die Firma Exxon wurde dagegen voll verantwortlich gemacht und musste als Auflage die Kosten der gesamten Säuberungsaktionen bezahlen. Die Reinigungsarbeiten und die Entschädigungsforderungen von Fischern – die Fischerei im normalen Umfang war auch 2010 noch nicht wieder möglich – kosteten der Erdölgesellschaft mehr als eine Milliarde US-Dollar.

Das Unglück der »Exxon Valdez« stärkte andererseits aber wieder das Umweltbewusstsein und führte zu neuen Vorschriften. Seit 1992 müssen alle Öltanker in ihrer schiffbaulichen Konstruktion als Doppelhüllenschiffe ausgelegt sein.

Die Ladung des Öltankers »Exxon Valdez« wurde nach der Katastrophe vor Ort durch Umpumpen auf kleinere Tankschiffe gelöscht. Nach einer zehnmonatigen und 30 Millionen US-Dollar teuren Reparatur kam das Schiff 1990 unter dem Namen »Exxon Mediterranean« wieder in Fahrt. Im Juli 1993 wurde es in »SeaRiver Mediterranean« umbenannt. Ab Sommer 2007 erfolgte in China ein Umbau zum Erzfrachter. Als solcher kam es im Dezember 2008 erneut wieder in Betrieb. In den Folgejahren hatte es mehrere Eigner und verschiedene Namen. Am 2. August 2012 wurde die ehemalige »Exxon Valdez« am Strand vor Alang in Indien zum Abwracken auf Grund gesetzt.

Foto: Archiv Autor

Grausam im Ölteppich umgekommene Seevögel als Opfer der Katastrophe.

Fotos: US Navy

Das nuklear angetriebene Angriffs-U-Boot »San Francisco« kehrt nach einer Einsatzfahrt in seinen Stützpunkt Apra Harbor auf Guam zurück. Beim Einlaufen wird es von Schleppern begleitet.

»San Francisco«

Atom-U-Boot, USA

Am 8. Januar 2005 lief das getaucht fahrende nuklear angetriebene Angriffs-U-Boot (Atom-U-Boot) »San Francisco« der amerikanischen Marine circa 360 nautische Meilen südlich von Guam mit einer angeblichen Geschwindigkeit von 35 kn, nach anderer Quelle 30 kn, was 65 bzw. 56 km/h entspricht, in einer Tiefe von 160 m gegen einen unbekannten unterseeischen Berg.

Die in Apra Harbor auf Guam stationierte »San Francisco« war auf dem Weg zu einem Hafenbesuch in Brisbane, Australien, als sie an diesem Tag frontal auf den Unterwasserberg aufprallte und sozusagen abrupt zum Stillstand kam. Alle Personen an Bord wurden zum Teil meterweit durch die Luft geschleudert und zogen sich zumindest leichte Verletzungen zu. Ein Besatzungsmitglied erlitt tödliche Kopfverletzungen, viele weitere kamen mit Knochenbrüchen davon. Am U-Boot wurde der Bug schwer beschädigt, der vordere Ballasttank aufgerissen und der Sonardom komplett zerstört. Der Druckkörper der »San Francisco« wurde bei der Grundberührung zwar eingedrückt, ist glücklicherweise aber nicht gerissen. Der Reaktor blieb unbeschädigt. Die Sicherheitsvorkehrungen des U-Bootes und die professionelle Reaktion der Besatzung verhinderten ein Sinken. Das zur »Los Angeles«-Klasse gehörende U-Boot mit der Bordnummer SSN 711 – die Abkürzung SSN bedeutet Submarine, Attack, Nuclear – und seine Besatzung hatten somit noch viel Glück im Unglück.

Der Vorfall verdeutlichte die Bedeutung des SUBSAFE-Programms, das nach dem Verlust der USS »Thresher« (siehe Kapitel 6) eingeführt wurde, um die Sicherheit von U-Booten zu gewährleisten. Das Programm stellte

Fotos: US Navy

sicher, dass die Hülle des U-Bootes bei einem Unfall druckfest bleibt und das U-Boot auftauchen kann. Auch die Atomreaktoren wurden so konstruiert, dass sie bei einem Unfall ebenfalls sicher betrieben werden können.

Mit Mühe gelang das Not-Auftauchmanöver. Der Kommandant Commander Kevin Mooney später bei einer Stellungnahme: »it was touch and go« (es war eine heikle Angelegenheit). Nachdem die schwerer verletzten Soldaten von Hubschraubern abgeborgen waren, konnte das U-Boot trotz seiner schweren Schäden im Bugbereich in Begleitung von Sicherungsfahrzeugen dann langsam im Überwassermarsch aus eigener Kraft zu seinem Stützpunkt nach Guam zurückkehren. Dort kam es am 10. Januar an.

Erste Untersuchungen ergaben, dass die »San Francisco« ein Hindernis gerammt hatte, das in ihrer aus 1989 stammenden Seekarte nicht verzeichnet war. Im nachhinein zeigte sich zwar, dass der bis etwa 30 m unter die Wasseroberfläche reichende Berg schon

Fotos: US Navy

Die »San Francisco« mit stark beschädigter Bugsektion im Trockendock der Puget Sound Naval Shipyard in Bremerton / Washington.

auf einem im Pentagon vorliegenden Satellitenfoto erkennbar war. Der für die Überarbeitung der betreffenden Seekarte zuständi-

Die »San Francisco« mit dem neuen Bug.

ge damalige Defense Mapping Agency waren solche als »Top Secret-Sensitive« eingestufte Satellitenaufnahmen allerdings nicht zugänglich und wurden folglich auch nicht in die Seekarten eingearbeitet.

So musste der Kommandant nach allen für ihn verfügbaren Unterlagen von einem absolut freien Unterwasserseeraum ausgehen und wurde denn auch nach nur kurzer routinemäßiger Suspendierung wieder in sein Amt eingesetzt. Einige Besatzungsmitglieder erhielten Auszeichnungen für hervorragende Verhaltensweise in einer Notsituation.

Erste optische Begutachtungen ließen befürchten, dass die am 24. April 1981 in Dienst gestellte »San Francisco« nun deutlich früher als geplant außer Dienst gestellt werden muss. Nach einer ersten Notreparatur in Guam, wo die Seetüchtigkeit des Atom-U-Bootes soweit wieder hergestellt wurde, dass es die 5600 Seemeilen lange Überwasserfahrt über den gesamten Pazifik an die amerikanische Westküste zur Puget Sound Naval Shipyard in Bremerton im Bundesstaat Washington unter eigener Kraft bewältigen konnte, verlegte das U-Boot nach dort.

Nach einer näheren Schadensbefundung wurde das Für und Wider einer Instandsetzung abgewogen. Zur Wahl standen die Reparatur der »San Francisco« oder ihre Außerdienststellung und dafür die Dienstzeitverlängerung für das planmäßig zur Ausmusterung heran stehende Schwesterboot »Honolulu«. Letzteres wäre wegen notwendiger Neubefüllung mit nuklearem Brennstoff etwa 170 Millionen US-Dollar teuer geworden. Da die Reparaturkosten für den Havaristen mit nur 80 Millionen Dollar veranschlagt wurden und der nukleare Brennstoff für den Reaktor erst kurz vor dem Unglück nachgefüllt worden war und noch bis 2017 reichte, entschied sich die US Navy für eine Reparatur und machte man sich an die Arbeit zur Wiederherstellung der »San Francisco«.

»San Francisco«	
Schiffstyp	Atom-U-Boot
Bauwerft	Newport News Shipbuilding, Newport News, Virginia, USA
Eigner	US Navy
Stapellauf	27. Oktober 1979
Verdrängung (↑/↓) (t)	6130 / 6977
Länge × Breite × Tiefgang (m)	109,73 × 10,06 × 9,75
Tauchtiefe (m)	450
Besatzungsstärke	141
Antrieb	1 × Druckwasserreaktor, 2 × Dampfturbine
Antriebsleistung (PS)	1 × 35.000
Wellen	1
Geschwindigkeit (↓) (kn)	30 +
Bewaffnung	4 × 53,3 cm-Torpedorohre zum Einsatz von Tomahawk Marschflugkörpern und Torpedos

In einer extrem aufwändigen, und für ein amerikanisches U-Boot bisher einmaligen Aktion wurde die mehr als 500 t schwere Bugsektion der »Honolulu« abgetrennt und bei der »San Francisco« wieder angefügt. Nach fast zwei Jahren im Trockendock konnte diese am 10. Oktober 2008 wieder zu Wasser gelassen werden. Im April 2009 verließ das Atom-U-Boot die Werft und wurde zunächst in San Diego stationiert. Die Kosten für diese außergewöhnliche Reparatur sollen bei 134 Millionen US-Dollar gelegen haben. Sie waren damit doch etwas höher geworden als zuvor veranschlagt, blieben aber doch noch innerhalb des Finanzrahmens der vorstehend genannten Gesamtbetrachtung »Honolulu« vs »San Francisco«.

Im November 2010 wurde die »San Francisco« wieder in ihr altes Einsatzgebiet nach Südostasien verlegt, wo sie in den folgenden Jahren ohne besondere Ereignisse ihren Dienst versah. Zum 11. Mai 2017 wurde das Atom-U-Boot, nach 26 Dienstjahren, aus der Fahrbereitschaft genommen und zum 15. Mai 2022 außer Dienst gestellt. ▶|

»Sea Diamond«

Passagierschiff, Griechenland

Das griechische Kreuzfahrtschiff »Sea Diamond« fuhr am Nachmittag des 5. April 2006 in der Nähe des Hafens Athinios der Kykladen-Insel Thira (Santorin) in die Caldera von Santorin ein. Auf den Besuch der Insel freuten sich 1167 Passagiere. Ebenfalls an Bord waren 391 Besatzungsmitglieder. Gegen 16:00 Uhr spürten die Menschen an Bord eine Erschütterung. Das Schiff war bei gutem Wetter und ruhiger See mit einem unter der Wasseroberfläche befindlichen Riff kollidiert und schlug danach leck.

Über den genauen Ort der Kollision gibt es widersprüchliche Berichte, die bislang noch nicht geklärt werden konnten. Zur Diskussion steht eine Position östlich der Mit-

Kreuzfahrtschiff »Sea Diamond«.

Foto: Archiv Autor

Das havarierte Kreuzfahrtschiff »Sea Diamond« am späten Nachmittag des 5. April 2007.

telinsel Nea Kameni oder 200 m westlich vor der Hauptinsel Thira.

Durch das einströmende Wasser krängte das Schiff um mehr als 10 Grad, stabilisierte sich jedoch, nachdem die Schotten geschlossen wurden. Um die »Sea Diamond« zu retten, wurde das havarierte Schiff abgeschleppt. Statt es in das relativ flache Wasser mit einer weitestgehend konstanten Tiefe von 20 m zwischen Palea Kameni und Nea Kameni zu bringen, ging es jedoch in Richtung der Hauptinsel.

Die Besatzung und fast alle Passagiere konnten gerettet werden. Ein französischer Passagier und seine Tochter blieben jedoch leider vermisst. Sie wurden auch später nicht gefunden und sind wohl ums Leben gekommen. Von der Presse befragte Passagiere berichteten, dass die Evakuierung von der Crew recht professionell durchgeführt wurde. Andere Passagiere wiederum beanstandeten, nicht schnell genug über den Ernst der Lage informiert worden zu sein.

Über Nacht blieb zunächst alles ruhig. Am Morgen des 6. April kam es jedoch zur Katastrophe. Das Schiff sank vor dem Hauptort Thira und liegt seitdem an einem unterseeischen Abhang der Caldera von Santorin. Der Bug liegt in 60 m Tiefe, das Heck in 150 m.

Gegen den Kapitän, der starke Strömungen, die das Schiff auf das Riff gedrückt hätten, als Grund für die Havarie angab, wurde wegen Fahrlässigkeit ermittelt. Allerdings hatten Sachverständige festgestellt, dass das Riff sich, anders als in der Seekarte ausgewiesen, nicht nur bis auf 57 m, sondern bis auf 131 m vor der Küste der Insel erstreckt. Auch stimmten die Tiefenangaben in der Seekarte offenbar nicht. Die Vermessungsbehörde aktualisierte die Seekarten, wies aber jede Schuld am Unfall zurück, da andererseits auch festgestellt wurde, dass das Echolot der »Sea Diamond« zum Zeitpunkt des Unglücks abgeschaltet war.

Die ursprüngliche Haftstrafe des Kapitäns wurde so von zwölf Jahren auf fünf Jahre reduziert. Nach griechischem Recht hatte er die Möglichkeit, sich für fünf Euro pro Tag von der Haft freizukaufen, so dass die Haft durch Zahlung von 9125 Euro als erledigt galt.

Am 24. Juni 2008 wurde das Wrack durch die EU-Kommission auf Drängen des Umweltkommissars zu Müll erklärt. Dadurch können die griechische Regierung und die Reederei über europäisches Umweltrecht gerichtlich belangt werden, wenn sie längerfristig eine Verschmutzung mit Giftmüll zulassen. Im Juni 2009 konnte eine erhebliche Menge an Kraftstoff aus dem Wrack abgepumpt werden.

Zwar erklärte der griechische Minister für die Handelsmarine 2017, dass das Schiff geborgen werden soll, ein Zeitplan liegt aber hierfür nicht vor. Über der Wrackposition wurde allerdings ein Gummiring als Ölsperre ausgelegt, um zu verhindern, dass sich aufsteigendes Öl in der Bucht ausbreiten kann.

Die »Sea Diamond« wurde im April 1986 von der finnischen Werft Valmet Oy in Helsinki an die Birka Line als »Birka Princess« abgeliefert. Da sie vornehmlich im Bereich der Ostsee als Fähre eingesetzt werden sollte, erhielt das Schiff die zweithöchste finnische Eisklasse. Im Jahr 1999 wurde es von der Lloyd Werft in Bremerhaven vom Fährschiff in ein reines Passagierschiff umgebaut und 2006 an die maltesische Elona Maritime Company verkauft. Bereedert wurde das Schiff durch die Core Marine in Piräus, die das Schiff unter dem neuen Namen »Sea Diamond« für die Louis Cruise Lines betrieb. Zu mehrtägigen Kreuzfahrten in der Ägäis fand das Schiff nun Verwendung. Es hatte eine Länge 142,95 m und war mit 22.412 BRZ vermessen. Neben den 491 Personen der Besatzung war die »Sea Diamond« für 1537 Passagiere zugelassen. ▶|

Foto: Joe MiGo / CC-BY-SA 1.0

Lageplan zur Havarie und dem Untergang der »Sea Diamond«.

Foto: Holger Uwe Schmitt / CC-BY-SA 4.0

Die an der Wrackposition ausliegende Ölsperre soll austretendes Öl an der Ausbreitung hindern.

Kreuzfahrtschiff »Costa Concordia«.

»Costa Concordia«

Passagierschiff, Italien

Das Passagierschiff »Costa Concordia« der in Genua ansässigen italienischen Reederei Costa Crociere, die wiederum Teil des britisch-amerikanischen und weltgrößten Kreuzfahrtunternehmens Carnival Corporation & plc. ist, war bei seiner Übernahme von der Bauwerft Fincantieri am 29. Juni 2006 mit einer Nettoraumzahl von 114.147 BRZ das größte italienische Kreuzfahrtschiff. Der Bau des Schiffes erfolgte auf dem Werftbetrieb Sestri Ponente in Genua. Es schwamm am 2. September 2005 im Baudock auf und wurde am 7. Juli 2006 getauft. Die »Costa Concordia« war das Typschiff von den seiner Zeit insgesamt sechs Post-Panamax-Kreuzfahrtschiffen der »Costa«-Klasse, die auch als »Concordia«-Klasse bezeichnet wird.

Die Abmessungen (Länge × Breite × Tiefgang) des Schiffes werden mit 290,20 × 35,50 × 8,20 m angegeben. Die Maschinenanlage bestand aus einem diesel-elektrischen POD-Antrieb. Zwei unter dem Schiff angehängte drehbare elektrische Propellergondeln mit jeweils 21 MW Leistung (28.552 PS) ermöglichten eine Geschwindigkeit von 22,5 kn.

In die Schlagzeilen der Weltpresse kam die »Costa Concordia«, die für 3780 Passagiere zugelassen war, als sie am 13. Januar 2012 mit 3129 Passagieren und 1100 Besatzungsangehörige an Bord vor der Insel Giglio mit einem Felsen kollidierte, leck schlug und manövrierunfähig unmittelbar nördlich des kleinen Hafens der Insel auf Grund lief. Der Unfall forderte 32 Todesopfer.

Die nachfolgende Darstellung über den Ablauf der Havarie und der Rettungsmaßnahmen basiert im Wesentlichen auf den Angaben des Internet-Lexikons Wikipedia (https://de.wikipedia.org/wiki/Costa_Concordia). Die Angaben wurden aus anderen Quellen ergänzt.

Die »Costa Concordia« war am Freitag den 13. Januar 2012 gegen 19:00 Uhr aus dem nördlich von Rom gelegenen Hafen von Civitavecchia zu einer Kreuzfahrt durch das westliche Mittelmeer ausgelaufen. Sie befand sich unter dem Kommando des damals 51-jährigen Kapitäns Francesco Schettino.

Das Schiff passierte viel zu nahe die Küste der Insel Giglio und kollidierte nach einer Kursänderung um 21:45 Uhr mit einem vorgelagerten Felsen. Der Kollisionsort liegt auf der Position 42° 21' 41" N und 10° 55' 50" O. Der gerammte Felsen ist dem Riff Le Scole zuzuordnen und befindet sich in unmittelbarer Nähe südöstlich des Hafens von Giglio.

Auf der Backbordseite des Schiffs klaffte nach der Kollision ein etwa 70 m langer Riss. Auf Bildern deutlich sichtbar war ein mehrere Meter großes Felsstück, das im Rumpf steckte. Am Folgetag suchten Taucher nach der Kollisionsstelle und fanden an einem Felsen in circa acht Meter Tiefe Blechstreifen sowie Schleifspuren.

Laut eigener Aussage wählte Kapitän Schettino den nahen Kurs unter Land, um einen ehemaligen Kollegen zu grüßen, mit dem er während des Manövers telefonierte. Dieser befand sich jedoch laut eigener Aussage nicht auf der Insel. Schettino sagte aus, er habe dies schon mehrmals getan, aber diesmal zu spät gedreht.

Schon kurz nach der Kollision waren durch die Wassereinbrüche fünf Abteilungen der »Costa Concordia« geflutet. Die Stabilität des Schiffs war jedoch nur bei maximal zwei gefluteten Abteilungen gesichert.

Laut eigener Darstellung versuchte Kapitän Schettino nun den Hafen der Insel Giglio anzusteuern, um die Bergung zu erleichtern und eine noch größere Katastrophe zu verhindern. Das Schiff war jedoch schon wenige Minuten nach der Kollision wegen Überflutung der Maschinenräume nicht mehr manövrierfähig.

Den später ausgewerteten GPS-Daten zufolge driftete das Schiff infolge des aus Nordost mit Stärke vier wehenden Windes nach der Kollision vor der Inselküste in einer Schleife in Richtung Hafen. Dabei drehte es sich in seiner Kursausrichtung um circa 180 Grad.

Viele der über 3000 Passagiere der »Costa Concordia« saßen gerade beim Abendessen, als das Kreuzfahrtschiff bei der nun schon innerhalb kürzester Zeit zweiten Grundberührung auflief. Ein heftiger Stoß erschütterte das Schiff. Das Schiff saß nun – bis zum 17. September 2013 sollte dies so bleiben – mit cirka 65 Grad Schlagseite auf der Position 42° 21' 55" N und 10° 55' 17" O auf

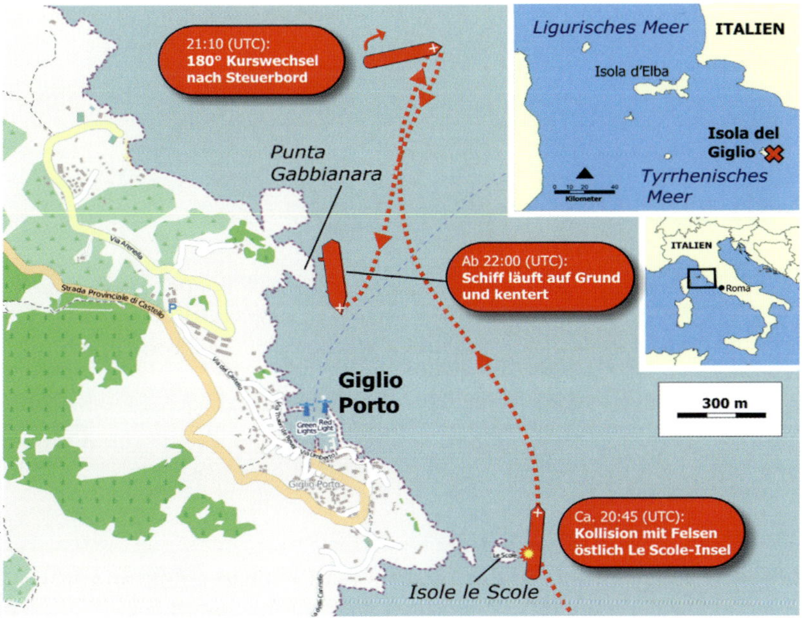

Übersichtskarte zum Verlauf der Havarie der »Costa Concordia«.

Grund fest. Kurz nach der Grundberührung kam es zum kompletten Ausfall der Stromversorgung, da nun auch die Generatorräume unter Wasser standen.

Gegen 21:54 Uhr sprach die Schiffsführung noch von einem Problem mit der Energieversorgung. Passagiere, die bereits in Schwimmwesten auf dem Bootsdeck standen, wurden aufgefordert in ihre Kabinen oder in die Salons zurückzugehen. Um 22:30 Uhr kam jedoch die Anweisung zur Evakuierung des Schiffs. Die Passagiere wurden nun aufgefordert ihre Rettungswesten anzulegen und sich auf das Bootsdeck zu begeben.

Nach meist eigenen Angaben sprangen mindestens 200 Reisende über Bord und schwammen an Land. Am vorderen Teil des Schiffes waren dies etwa hundert Meter entfernt, ab der Schiffsmitte und bis zum Heck waren stellenweise nur 35 m zu schwimmen. Die Wassertemperatur betrug in dieser Jahreszeit nur etwa 14 Grad.

Nachdem die zuständige Leitstelle der Küstenwache um 22:06 Uhr zufällig von der Havarie erfahren hatte und diese in einem Gespräch mit dem Schiff um 22:14 Uhr bestätigt worden war – allerdings zunächst nur als Stromausfall – wurden nach und nach alle verfügbaren Einheiten der Küstenwache alarmiert.

Das erste Schiff war um 22:39 Uhr vor Ort. Weiterhin waren bereits ab etwa 23:00 Uhr alle drei Inselfähren im Einsatz sowie ab 00:20 Uhr umschichtig insgesamt acht Hubschrauber. Auch zwei in der Umgebung befindliche Großfähren sowie mehrere weitere Schiffe in der Nähe des Unglücksortes wurden umgehend zur Unfallstelle beordert.

Die meisten Passagiere und Besatzungsmitglieder konnten in Rettungsbooten und mit den zu Hilfe gekommenen Schiffen auf die nur wenige hundert Meter entfernte Insel Giglio gebracht werden. Das Schiff war gegen 04:45 Uhr vollständig evakuiert.

Foto: Archiv Autor

Die Rettungsmaßnahmen für die Passagiere und die Besatzung der »Costa Concordias« begannen unmittelbar nach der Havarie.

Das beschädigte Unterwasserschiff an der Backbordseite achtern.

Da auf der kleinen Insel Giglio nicht alle Schiffbrüchige untergebracht werden konnten, brachte man mit allen verfügbaren Fähren noch in der Nacht viele Gerettete nach Porto Santo Stefano auf dem gegenüber liegenden Festland. Nach Abschluss der eigentlichen Bergungsaktion wurden im Lauf des 15. Januar noch drei Überlebende aus dem Schiffsrumpf gerettet, ungefähr 50 Personen wurden zu diesem Zeitpunkt vermisst. Rund dreißig Menschen wurden verletzt. Zwölf Personen starben noch während der Rettungsaktion oder wurden tot aus dem Meer geborgen.

Im Verlauf der Suchaktion wurden bis Ende März 2012 weitere achtzehn Todesopfer im Wrack entdeckt. Damit belief sich die Zahl der gefundenen Leichen auf 30, die Mitte April alle identifiziert waren. Vermisst blieben ein Besatzungsmitglied und eine Passagierin.

Ohne den günstigen Wind wäre das manövrierunfähige Schiff wahrscheinlich nicht auf die Insel Giglio, sondern weiter auf das Meer getrieben und vermutlich wohl auf rund hundert Meter Wassertiefe untergegangen. Es hätte dann deutlich mehr Opfer gegeben.

Einige nicht allzu erfreuliche Details zu den nach der Strandung eingeleiteten Maßnahmen:

- Die Schiffsführung erwähnte erstmals um 22:10 Uhr in einem von der zuständigen Leitstelle in Livorno initiierten Telefongespräch Probleme. Auf Nachfrage wurde nur von einem defekten Generator gesprochen.
- Auf einem Video von der Brücke, das gegen 22:15 Uhr gefilmt wurde, ist zu sehen und zu hören, dass die Schiffsführung selbst ziemlich verunsichert war und keine klaren Entscheidungen traf. Ein weiteres Video zeigt Probleme beim Fieren einiger Rettungsboote.
- Erst um 22:30 Uhr bekamen die Behörden Nachricht über den Wassereinbruch. Um 22:58 Uhr wurde der Befehl gegeben, das Schiff zu verlassen. Zu diesem Zeitpunkt hatten jedoch einige Offiziere und Passagiere die Evakuierung bereits auf eigene Faust begonnen.
- Der Vizebürgermeister von Giglio stieg laut einem Interview in der Nacht des Unglücks mit Hilfe einer der Strickleitern auf

Das vor der Hafeneinfahrt von Giglio liegende Wrack der »Costa Concordia«.

> die »Costa Concordia« und suchte zunächst einen Verantwortlichen, um die Rettungsmaßnahmen zu koordinieren. Nachdem er zwanzig Minuten lang niemanden gefunden hatte, half er zunächst allein den Passagieren auf der Steuerbordseite beim Verlassen des Schiffes. Als sich das Schiff stärker neigte und die Steuerbordseite im Wasser versank, befanden sich nach seinen Angaben noch circa 500 Personen im Schiffsinneren, die durch die steiler werdenden Flure nicht mehr auf die Backbordseite hochkamen. Zusammen mit einem Schiffsoffizier befestigte er dort eine Leiter und brachte, zusammen mit zwei weiteren Helfern, die Passagiere auf die Außenhaut des Schiffes. Er gibt an, dieser Offizier sei der einzige Schiffsoffizier gewesen, den er an Bord gesehen habe.

In der italienischen Presse wurde der Einsatz der Gigliesen hervorgehoben, sowohl bei der eigentlichen Rettung als auch später bei der Versorgung der Schiffbrüchigen. Da die Insel Giglio insgesamt nur rund 1400 Einwohner hat, war die kurzfristige Unterbringung, Versorgung und Betreuung von mehreren tausend Personen nicht einfach.

Am 1. Juni 2012 wurde den Bewohnern der Insel Giglio durch den Präsidenten der Region Toskana das silberne Banner der Region Toskana verliehen mit der Begründung, sie hätten »mit ihrer mutigen und solidarischen Hilfe den harten Schlag, den das Verhalten des Kapitäns ihrem Land zugefügt hat, wiedergutgemacht.«

Kapitän Francesco Schettino wurde im Rahmen der Ermittlungen neben dem Verdacht der fahrlässigen Tötung und der Herbeiführung eines Schiffbruchs vorgeworfen, das Schiff schon Stunden vor Abschluss der Evakuierung verlassen zu haben.

Der Mitschnitt eines Telefonats zwischen dem Kommandanten der Leitstelle in Livorno, Gregorio De Falco, und Schettino um 01:46 Uhr weist nach, dass Letzterer sich zu diesem Zeitpunkt nicht mehr an Bord befand, obwohl die Evakuierung noch in vollem Gange war. De Falco wies ihn und den Ersten Offizier energisch an, sofort an Bord zurückzukehren. Schettino verließ das Schiff nach verschiedenen Berichten bereits kurz nach Mitternacht und betrat es danach nicht mehr. Das schon seit Jahrhunderten existierende ungeschriebene Gesetz der Seefahrt, dass der Kapitän als letzter das Schiff verlässt, scheint er wohl nicht gekannt zu haben.

Am 11. Februar 2015 wurde Francesco Schettino wegen mehrfacher fahrlässiger Tötung und Verlassens des Schiffes zu 16 Jahren und einem Monat Gefängnis verurteilt. Das Gericht verbot ihm für fünf Jahre Schiffe zu führen, und verhängte weiterhin ein lebenslanges Verbot, öffentliche Ämter zu bekleiden.

Nach der Havarie stand sofort die Bergung der »Costa Concordia« im Fokus, was jedoch von Anfang an als eine nicht leichte Aufgabe bewertet wurde. Es war die größte je vorgenommene Operation dieser Art. Der erste Meilenstein war im September 2013 das Aufrichten des mit 65 Grad Schlagseite an der Ostseite von Giglio liegenden Kreuzfahrtschiffes.

Eine Anzahl von 15 großen voluminösen Tanks war zuvor auf die Bordwand geschweißt worden, um das Schiff später im Wasser zu stabilisieren und wieder schwimmfähig zu machen. Stahltrossen mit hydrauli-

Große voluminöse Tanks wurden auf die Bordwand geschweißt, bevor man mit dem Aufrichten des Schiffes beginnen konnte.

Mit Hilfe aufgeschweißter Tanks konnte die »Costa Concordia« wieder schwimmfähig gemacht werden.

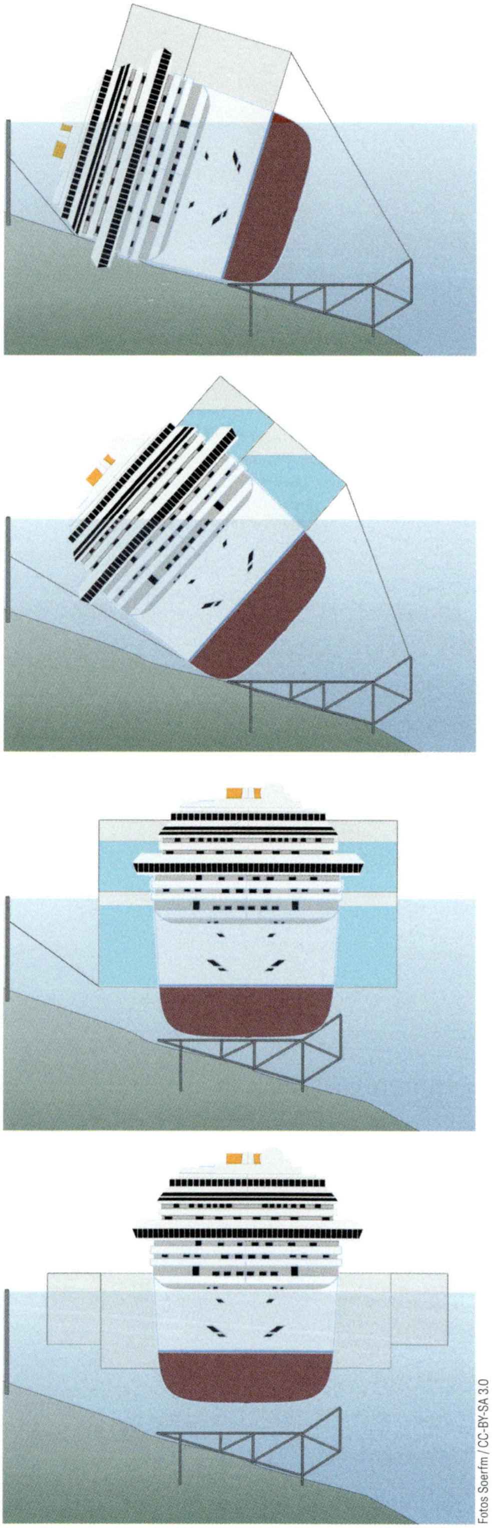

Die Bildstrecke zeigt das Verfahren und den Ablauf zum Aufrichten und Aufschwimmen der mit starker Schlagseite auf der Steuerbordseite liegenden »Costa Concordia«.

schen Zugvorrichtungen waren an der Insel befestigt worden. Rund 20 Stunden dauerte das Vorhaben, dann stand am 17. September 2013 um 04:00 Uhr die »Costa Concordia« auf einer auf dem Meeresboden gebauten Plattform wieder auf ebenen Kiel. Um 65 Grad war das Schiff dabei gedreht worden.

Jetzt hatte man endlich einen Blick auf die Steuerbordseite, auf der das Kreuzfahrtschiff 20 Monate gelegen hatte. Diese Schiffsseite war die Schwachstelle des ganzen Projekts. Niemand wusste genau, wie groß hier die strukturellen Schäden am Schiffskörper waren. Man rechnete damit, dass der Rumpf der »Costa Concordia« beim Aufstellen brechen könnte.

Der leitende Ingenieur der Bergungsarbeiten kommentierte vor Beginn die Aktion mit den Worten: »Wir haben nur einen Versuch. Die große Frage ist wie sehr der auf dem Grund aufliegende Teil durch die Havarie in Mitleidenschaft gezogen ist. Und niemand kann prognostizieren, wie die »Costa Concordia« auf die Zugkraft der 31 Stahlseilen reagieren wird.«

Die Rotation des rund 50.000 t schweren Kreuzfahrtschiffes um 65 Grad war gelungen. Doch die Arbeiten waren bei Weitem nicht beendet. In den folgenden Tagen und Wochen wurde die »Costa Concordia« in ihrem Schwimmverhalten stabilisiert und dann genau untersucht. Es musste festgestellt werden, wie groß der Schaden am Schiffskörper ist. Die Kosten für die Bergung waren exorbitant. Die Ausgaben beliefen sich auf 600 Millionen Euro.

Erst im Juli 2014 waren die Vorbereitungsarbeiten für den Abtransport beendet. Am Abend des 23. Juli 2014 verließ die »Costa Concordia« die Insel Giglio. Mit zwei Knoten Geschwindigkeit brachten zwei Schlepper das

Foto: G.jenewein / CC-BY-SA 4.0

Die Aufnahme zeigt den Zustand der »Costa Concordia« am 12. September 2015.

Foto: Luca Disint / CC-BY-SA 2.0

Auf der Aufnahme vom 10. Januar 2017 ist nicht mehr viel von dem einst so schönen und elegant aussehenden Kreuzfahrtschiff »Costa Concordia« zu sehen.

wieder schwimmfähig gemachte Wrack der »Costa Concordia« über eine Distanz von 190 Seemeilen nach Genua. Weitere zehn Schiffe begleiteten den Schleppzug zur Sicherung und Unterstützung in auftretenden Notfällen.

Am 27. Juli 2014 gegen 09:30 Uhr passierte die »Costa Concordia« die Hafeneinfahrt und wurde erst mal auf einem für sie vorgesehenen Liegeplatz zwischengeparkt, bis endgültig über das weitere Schicksal entschieden war.

Am 1. September 2016 begann dann für das Schiff die letzte Reise. Vier Schlepper zogen das ehemalige Kreuzfahrtschiff in ein Trockendock, wo die endgültige Zerlegung und der Abbruch vorgenommen wurden. Die Verschrottung war im Juli 2017 abgeschlossen und soll mehr als 100 Millionen Euro gekostet haben. In Genua endet damit das Schiffsleben der »Costa Concordia« unweit der Stelle, wo es bei der Fincantieri Werft in Sestri Ponente 13 Jahre zuvor begann.

Die »Costa Concordia« wurde am 8. November 2004 mit der Baunummer 6122 auf der italienischen Werft Fincantieri im Stadtviertel Sestri Ponente von Genua auf Kiel gelegt und schwamm am 2. September 2005 im Baudock auf.

Anmerkungen für abergläubische Seeleute: Die Taufe der »Costa Concordia« erfolgte am 7. Juli 2006 in Civitavecchia. Bei der Zeremonie zerschellte die Champagnerflasche jedoch nicht, was von einigen als schlechtes Omen für das Schiff angesehen wurde. Nach einem weit verbreiteten Vorurteil bringt auch, wie bei der »Costa Concordia« geschehen, das Auslaufen eines Schiffes an einem Freitag dem 13ten ebenfalls Unglück. »quod erat demonstrandum«, sagten einst die alten Römer. ▶|

»Ever Given«

Containerschiff, Panama

Am Morgen des 23. März 2021 war das Containerschiff »Ever Given« im Suezkanal auf dem Weg von Yangshan, einem Tiefwasserhafen im Kreis Shengsi in der Hangzhou-Bucht südlich von Shanghai, nach Rotterdam unterwegs. Am 7. März hatte das Schiff seinen Ausgangshafen in China verlassen und in Malaysia einen Zwischenstopp eingelegt. Anfang April sollte die »Ever Given« Hamburg an-

Containerschiff »Ever Given«.

laufen. Zwischen der Kanaleinfahrt bei Suez und den Bitterseen fuhr das Schiff an fünfter Stelle in einem Konvoi aus 20 Schiffen in Richtung Norden. An Bord befanden sich zwei Lotsen.

Um 07:40 Uhr Ortszeit kam die »Ever Given« aus dem Kurs und strandete mit dem Bug auf dem östlichen Kanalufer; das Heck schwenkte in Folge in das westliche Kanalufer. Da dies in einem Kanalabschnitt mit nur einer Fahrrinne geschah, wurde der Verkehr durch das so in die Kanalufer verkeilte Schiff in beiden Richtungen blockiert.

Für die Ursache des Unfalls trugen die Kanalbehörde und der Schiffsbetreiber bzw. sein Versicherer zunächst unterschiedliche Ansichten vor. Die Kanalbehörde wirft dem Schiffsbetreiber Navigationsfehler, eine nicht angepasste Ruderanlage und eine deutlich zu hohe Geschwindigkeit vor. Evergreen Marine nannte unerwartet starke Winde als Grund des Auflaufens. Daher hätte die Kanalbehörde wegen des schlechten Wetters die Einfahrt für das Schiff nicht freigeben dürfen. Sie habe zudem die Fahrgeschwindigkeit vorgegeben und keine Schlepper bereitgestellt.

Nach einer Auswertung von Fahrtdaten wurde jedoch festgestellt, dass der Wind alleine nicht der Grund gewesen sein konnte, sondern auch eine Reihe von Fahrfehlern. Wahrscheinlich löste ein Steuerfehler des Lotsen die Havarie aus. Dieser habe die Fahrtgeschwindigkeit erhöht, um den Einfluss der bis zu 77 km/h starken Windböen auszugleichen. Der stärkere Absunk[1] in Verbindung mit dem Kanaleffekt[2] machten das Schiff schwer kontrollierbar und nach einem Schlingerkurs lief es am Ufer auf Grund.

Die 25-köpfige Besatzung des Containerschiffes blieb bei der Havarie unverletzt. Fracht und Umwelt sollen ebenfalls nicht in Mitleidenschaft gezogen worden sein. In einem bislang nicht gekannten Ausmaß wurde allerdings der Schiffsverkehr durch den nun blockierten Suezkanal in Mitleidenschaft gezogen. Über sechs Tage sollte sich diese Situation nicht ändern. Vor beiden Kanaleinfahrten stauten sich die Schiffe. Bis zum Tag der Freilegung betrug ihre Anzahl 370, nach anderer Quelle 422. Einige aus Asien kommende Schiffe steuerten den Kanal schon gar nicht mehr an, da es unsicher war, wann eine Passage wieder möglich sein würde. Sie wählten stattdessen den wesentlich längeren Weg um Afrika herum.

Die Kanalbehörde versuchte umgehend, aber zunächst leider erfolglos, das Schiff mit Hilfe von Schleppern wieder frei zu bekommen. Unter anderem wurden dabei zehn

Das im Suezkanal festgefahrene Containerschiff »Ever Given«.

Foto: Suez Canal Authority

Mit Baggern und Schleppern wird versucht die »Ever Given« wieder flott zu bekommen.

Schlepper zur Unglücksstelle beordert, denen es jedoch nicht gelang, das riesige Schiff zu bewegen. Auch vom Land aus gab es Unterstützung. Bagger entfernten Sand am Ufer, um die »Ever Given« wieder freizulegen. Zudem überlegte man, das Schiff teilweise zu entladen, was aber ein aufwendiges, teures und langwieriges Unterfangen gewesen wäre.

Ab dem 25. März 2021 arbeitete zudem der 140 m lange und mit 7728 BRZ vermessene Schneidkopfsaugbagger »Mashhour« der Suez Canal Authority daran, das Containerschiff wieder frei zu bekommen. Die Maschinenleistung des Schwimmbaggers beträgt 22.795 kW und die Cutterleistung 3000 kW. Der Saugbagger hat allerdings keinen eigenen Antrieb und musste zu seinem Einsatzort geschleppt werden, was wiederum Zeit gekostet hatte.

Erst sechs Tage nach dem Unglück, am 29. März 2021 gegen 15:00 Uhr Ortszeit, konnte die »Ever Given« bei Springhochwasser mit Hilfe der Bagger und Schlepper wieder freigelegt und fahrtauglich gemacht werden. Sie wurde mit Schlepperhilfe zur Inspektion in den Großen Bittersee gebracht.

Nachdem der Kanal auf eventuelle Schäden überprüft worden war, wurde die Schifffahrt ab 19:00 Uhr Ortszeit wieder frei gegeben. Am 3. April konnte die Kanalbehörde mitteilen, dass der Rückstau zahlreicher Schiffe aufgelöst sei. Die letzten 61 der im Stau wartenden Schiffen hätten den Suezkanal passiert. Die Blockade führte Schätzungen zufolge zu einem täglichen Transportausfall von Ladungsgütern im Wert von über neun Milliarden US-Dollar.

Die »Ever Given« selbst wurde im Großen Bittersee auf Schäden und technische Defekte untersucht. Die Untersuchungen waren am 14. April 2021 beendet. Das Schiff wurde jedoch zur Durchsetzung von Schadensersatzforderungen von der Kanalbehörde festgehalten und durfte erst am 7. Juli seine Fahrt fortsetzen. Zuvor hatte man eine Schadensersatzzahlung mit dem Schiffseigner und der Versicherung verhandelt. Nach 106 Tagen konnte die »Ever Given« den Suezkanal nun endlich verlassen. Sie erreichte am 29. Juli mit etwa vier Monaten Verspätung Rotterdam.

Durch den Schiffsstau oder den Umweg um das Kap der Guten Hoffnung gab es durch die Havarie der »Ever Given« umfangreiche Lieferverzögerungen. Der Suezkanal ist nun mal die Hauptverbindungsroute zwischen Fernost und Europa.

Die beim Flaggenstaat Panama zuständige Schifffahrtsbehörde Panama Maritime Authority (PMA) hat in ihrem abschließenden Untersuchungsbericht vom Juli 2023 unter anderem festgestellt, dass weder die Lotsen, noch der Kapitän die Wetterverhältnisse angemessen beurteilt hätten, bevor das Großcontainerschiff mit einer Stellplatzkapazität von 20.388 TEU[3] in die Wasserstraße einfuhr. Zum damaligen Zeitpunkt war ein Sturm im Anzug. Vier Häfen in der Nähe der Kanaleinfahrt waren aus diesem Grund geschlossen. Des Weiteren soll die »Ever Given« viel zu schnell gefahren sein. Laut PMA-Bericht fuhr das Schiff mit einer Geschwindigkeit in Höhe von 12 bis 13 kn; die Höchstgeschwindigkeit in der Wasserstraße liegt bei 8,6 kn. Durch die hohe Geschwindigkeit haben sich auch die Auswirkungen des sogenannten Banking-Effekts[4] bemerkbar gemacht.

Die am 9. Mai 2018 in Japan bei Imabari Shipbuilding in Marugame,vom Stapel gelaufene »Ever Given« zählt zu den größten Containerschiffen der Welt. Sie ist in Panama mit Heimathafen Panama registriert. Schiffseigner ist die japanische Firma Shoei Kisen Kaisha, ein Tochterunternehmen der größten japanischen Werft Imabari Shipbuilding. Bereedert wird das Containerschiff von der taiwanesischen Reederei Evergreen Marine mit Sitz in Taipeh, die mit ihren markanten grünen Schiffen weltweit zu den größten Containerschiff-Reedereien gehört. Das Schiff hat eine Länge von 399,94 m, eine Breite von

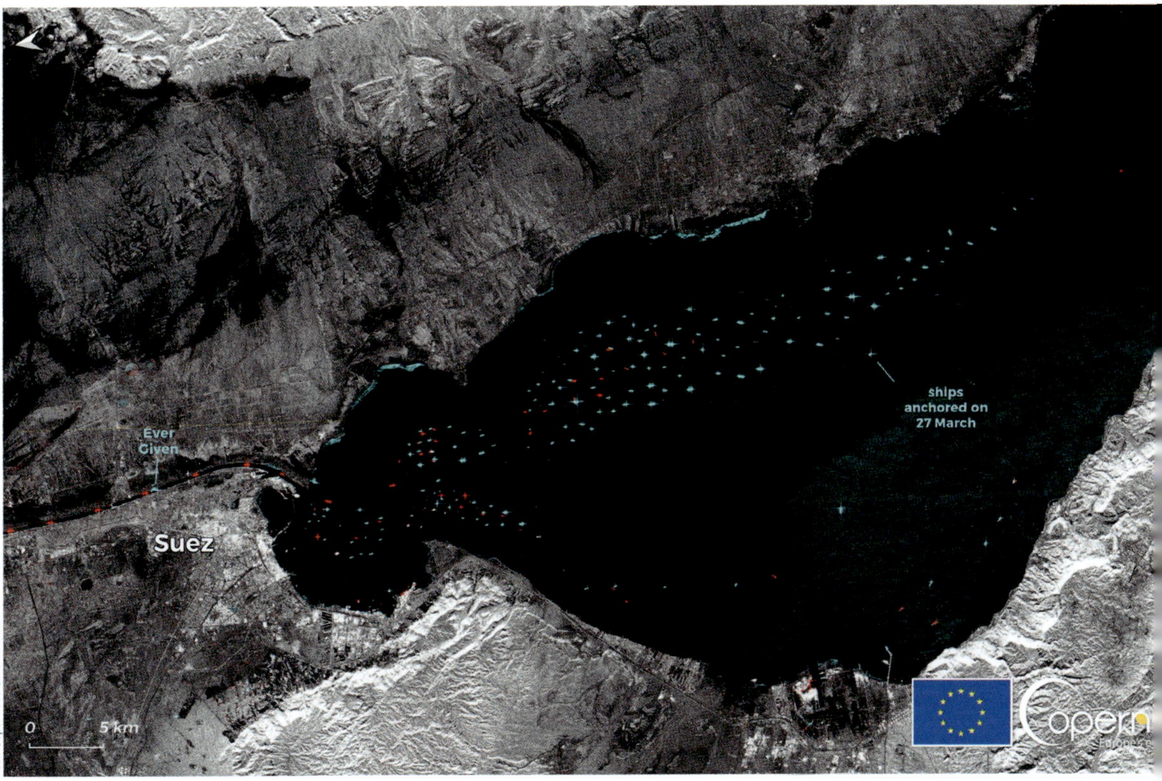

Foto: Copernicus Sentinel Data

Der von der Havarie der »Ever Given« verursachte Schiffsstau vor dem Kanaleingang in Suez.

Die Ankunft der »Ever Given« am 29. Juli 2021 im Europort in Rotterdam.

58,80 m und einen Tiefgang von 15,7 m. Seine Seitenhöhe beträgt 32,90 m. Es ist mit 219.079 BRZ vermessen.

Die »Ever Given« sorgte bereits im Februar 2019 in Hamburg für Schlagzeilen. Bei starkem Wind rammte sie die Hafenfähre »Finkenwerder« am Anleger Blankenese und beschädigte sie schwer. Der Anleger musste vorübergehend gesperrt werden Die Besatzungsmitglieder der Fähre erlitten Schocks, wurden aber ansonsten nicht verletzt. Passagiere waren nicht an Bord.

[1] Der Begriff **Absunk** – im Englischen auch als Squat bezeichnet – ist der dynamische Zuwachs des Tiefgangs eines Schiffes, das sich mit Fahrt durch das Wasser bewegt. Dieses zusätzliche Einsinken über den normalen Tiefgang hinaus, wird durch die hydrodynamischen Kräfte der Wasserströmung verursacht. Der Absunk wird von verschiedenen Faktoren beeinflusst, darunter die Schiffsgeschwindigkeit, die Wassertiefe, die Form des Schiffsrumpfes und die Beschaffenheit des Gewässers.

[2] Der **Kanaleffekt**, auch Ufereffekt oder Ufersog genannt, ist die Tendenz eines Schiffes, sich in engen Wasserstraßen zum näheren Ufer zu bewegen. Dieser Effekt wird durch die seitliche Begrenzung der Strömung im Kanal verursacht, was zu einem zusätzlichen Widerstand und einer Druckdifferenz führt. Je enger der Kanal und je näher das Schiff am Ufer ist, desto stärker ist der Kanaleffekt.

[3] Die Ladekapazität eines Containerschiffs wird in **TEU** (Twenty-foot Equivalent Unit) oder 20-Fuß-Einheiten (6,10-Meter-Einheiten) angegeben.

[4] Wenn sich ein Schiff parallel einem Ufer nähert und die vom Schiffskörper verdrängten Wassermassen an Land treffen, entstehen gewaltige Kräfte, die dazu führen, dass der Bug des Schiffs vom Ufer weggeschoben wird und dadurch das Heck näher ans Ufer herangezogen wird. Je schneller das Schiff dabei fährt, desto stärker ist dieses als **Banking-Effekt** bezeichnete Verhalten des Schiffes.

3

Orkane und Stürme

»Thomas W. Lawson«

Siebenmastgaffelschoner, USA

Am 20. November 1907 lichtete der amerikanische Siebenmastgaffelschoner »Thomas W. Lawson« am Pier der Marcus-Hook-Raffinerie südlich von Philadelphia in Pennsylvania die Anker und fuhr mit Schlepperunterstützung den Delaware-Fluss hinunter und durch die Delaware Bay in den Atlantik. Die erste Transatlantikfahrt hatte für den Großsegler begonnen. Das Ziel war London. Die »Thomas W. Lawson« fuhr in Charter für die Anglo-American Oil Co. Leichtöl, das in 60.000 Fässern an Bord gestaut war. Auf dem Schiff befanden sich nur 19 Mann Besatzung. Mehr waren für den Siebenmastgaffelschoner nicht notwendig.

Nach einer stürmischen Überfahrt mit zwei schweren Stürmen im Nordatlantik erreichte der Siebenmastgaffelschoner am Freitag den 13. Dezember die Scilly-Inseln vor der Südwestküste von England. Bis auf sechs hatte das Schiff sämtliche Segel auf der stürmischen Reise eingebüßt. Besonders schwerwiegend war allerdings die Tatsache, dass eine Luke leckgeschlagen war und ein Schlamm aus eingedrungenem Seewasser und der dort gelagerten Kohle für die an Bord vorhandenen Dampfmaschinen die Lenzpumpen verstopft hatte.

Das Schiff war zudem von seinem Kurs abgekommen und befand sich plötzlich nördlich der Western Rocks, einer unbewohnten Inselgruppe im Westen der Scilly-Inseln, hatte aber nicht mehr genug an Segelfläche, um vor dem Wind zu drehen. Da sich das Wetter wieder verschlechterte, ankerte die »Thomas W. Lawson« in der Hoffnung den aufkommenden Sturm heil zu überstehen. Dabei hatte das Schiff jedoch einen ungünstigen Ankerplatz erwischt.

Die Notlage des Seglers war an Land bemerkt worden. Ein Boot brachte einen einheimischen Lotsen an Bord, musste aber auf Grund der Wetterlage selbst wieder umkehren. Während dessen versuchte der Lotse vergeblich, den Kapitän dazu zu bewegen, trotz der wenigen intakten Segel und der völlig erschöpften Mannschaft den Schoner aus diesem Gebiet in sichereres Wasser zu manövrieren, was durchaus eine Option gewesen wäre und möglicherweise auch die Rettung bedeutet hätte.

Der Schoner blieb somit vor Anker, bis nach Mitternacht um 01:00 Uhr die Backbord-

Die »Thomas W. Lawson« unter voller Besegelung.

Foto: Archiv Autor

ankerkette brach. Der Sturm war nämlich zwischendurch auf Orkanstärke angewachsen. Der Steuerbordanker konnte den großen Schoner alleine nicht halten. Das Schiff begann zu treiben. Kurz danach brach auch die Steuerbordankerkette. Die »Thomas W. Lawson« war jetzt absolut hilflos den Elementen ausgesetzt und trieb in nordwestlicher Richtung auf die Felseninsel Shag Rock zu. Die Besatzung legte die Schwimmwesten an und flüchtete sich in die Takelage.

Um 01:30 Uhr schlug der Siebenmastgaffelschoner mit der Steuerbordseite mehrmals auf Shag Rock auf. Alle Masten knickten über Backbord ab und stürzten ins Meer, viele Seeleute mit sich reißend. Das Schiff brach hinter dem sechsten Mast auseinander, kenterte und sank. Bei Tagesanbruch des 14. Dezember war von der »Thomas W. Lawson« nur noch ein Teil des Kiels zu sehen.

Von der 19-köpfigen Besatzung überlebten nur drei Mann den Untergang. Auch der Lotse kam bei dem Unglück ums Leben, bei dem somit 17 Menschen zu Tode kamen.

Das Schiffsunglück war einer der ersten Ölunfälle auf See, wenn nicht der erste überhaupt. Da die »Thomas W. Lawson« mit Leichtöl beladen war, war bereits im Sommer 1908 von dem ausgelaufenen Öl nichts mehr zu sehen, eine Katastrophe vergleichbar mit der »Torrey Canyon« im Jahr 1967[1] trat nicht ein.

Es wurde noch lange diskutiert, ob die Entscheidung des Kapitäns vor Anker zu bleiben die richtige war und er besser dem Vorschlag des Lotsen hätte folgen sollen. Eine zweifelsfreie Klärung, ob das Schiff die Sturmnacht auf diese Weise doch noch hätte überstehen können, ist im Nachhinein nicht mehr möglich. Heute ist das in 17 m Tiefe auf Position 49° 53' 38" N und 6° 22' 55" W liegende Wrack eine Attraktion für Sporttaucher.

Gebaut wurde die »Thomas W. Lawson« bei der Fore River Shipbuilding Company in Quincy, Massachusetts, USA. Das mit 5218 BRT vermessene Schiff lief dort am 10. Juli 1902 für die in Boston ansässige Reederei Coastwise Transportation Co. (John G. Crowley) vom Stapel. Sie war das einzige gebaute Segelschiff mit sieben Masten.

»Thomas W. Lawson«	
Schiffstyp	Siebenmastgaffelschoner
Bauwerft	Fore River Shipbuilding Company, Quincy, Massachusetts, USA
Eigner	Coastwise Transportation Co., Boston, Massachusetts, USA
Stapellauf	10. Juli 1902
Vermessung (BRT)	5218
Länge × Breite × Tiefgang (m)	140,10 × 17,25 × 8,54
Besatzungsstärke	19
Segelanzahl / Segelfläche (m²)	25 / 4330
Geschwindigkeit (kn)	16

Fast alle zur Bedienung der Segel notwendigen Tätigkeiten konnten von Oberdeck aus mit Hilfe von Dampfwinden ausgeführt werden. Das Ruder der »Thomas W. Lawson« war ebenfalls mit Dampf betrieben. Die maximale Tragfähigkeit wird mit 8100 t angegeben. Mit dem Schiff wollte man wohl die Wirtschaftlichkeit eines übergroßen Schoners testen. Ein Versuch, der dann sowohl wirtschaftlich sowie seemännisch und navigatorisch gründlich misslang.

Die »Thomas W. Lawson« sollte Kohle für die Bay State Gas Co. fahren, deren Präsident der Namensgeber des Schiffes war. Ein Jahr blieb das auch so, doch ihr großer Tiefgang war für das Fahrtgebiet an der amerikanischen Ostküste ein Hindernis. Nach einem Jahr erfolgte ein Umbau. Das Schiff, das zudem bei schlechtem Wetter schwer zu beherrschen war, wurde abgetakelt und dann als Leichter verchartert. Mit Petroleum in Fässern beladen, wurde die »Thomas W. Lawson« jetzt zwischen Texas und Philadelphia in Sichtweite der Küste hin und her geschleppt. In den Jahren 1906 / 1907 wurde der Siebenmastgaffelschoner wieder aufgetakelt. Er ging im November 1907 auf seine erste Reise über den Nordatlantik, die zugleich auch seine letzte wurde. ▶|

[1] siehe auch den Beitrag zum Tanker »Torrey Canyon«

»Niobe«

Jackassbark, Deutschland

Am Nachmittag des 26. Juli 1932 war bei sonnigem und heiterem Wetter das Segelschulschiff »Niobe« der Reichsmarine auf dem Weg nach Warnemünde. Das Schulschiff segelte unter Volltuch bei Wind aus Süd-Süd-Ost in Stärke 4 bis 5, was eine Schräglage von 10 bis 15 Grad bewirkte. Das Feuerschiff »Fehmarnbelt« war gerade passiert, als wegen aufziehender Gewitterwolken der Kommandant, Kapitänleutnant Heinrich Ruhfus, die Obersegel bergen ließ.

In einer nicht vorhersehbaren plötzlich auftretenden Gewitterbö und gleichzeitiger Drehung des Windes um 120 Grad kenterte die »Niobe« auf der Position 54° 35' 42" N und 11° 11' 12"O. Das Schiff sank um 14:27 Uhr innerhalb weniger Minuten. Dabei kamen von der Besatzung 69 Mann ums Leben. Von dem Feuerschiff und dem in der Nähe stehenden Frachter »Theresia L.M. Russ« konnten 40 Mann gerettet werden. Ursache für das rasche Sinken war unter anderem auch die Tatsache, dass zu diesem Zeitpunkt auf Grund des guten Wetters alle Luken und Bullaugen der Wohn- und Ausbildungsdecks geöffnet waren und so das Schiff schnell volllaufen konnte.

Am 21. August 1932 wurde das Schiff gehoben, nach Kiel geschleppt und eingehend untersucht. 50 Tote wurden geborgen und in Kiel auf dem Nordfriedhof beigesetzt oder in ihre Heimatorte überführt. 19 Besatzungsangehörige blieben auf See. Das Wrack des Segelschulschiffes wurde am 18. September 1933 in einer feierlichen Zeremonie und im Beisein zahlreicher Flotteneinheiten in der Ostsee nordöstlich der Stolpebank auf Position 55° 14' N und 17° 21' O durch das Torpedoboot »Jaguar« auf 80 m Wassertiefe mit einem Torpedo versenkt.

Der Untergang der »Niobe« war eines der schwersten Unglücke der Reichsmarine. Fast ein ganzer Jahrgang von Offizieranwärter kam zu Tode. In weiten Teilen der Bevölkerung löste das Unglück Betroffenheit und Trauer aus. Der gerettete Kommandant wurde in dem im November 1932 zur Untersuchung des Verlustes durchgeführten Kriegsgerichtsverfahren freigesprochen. Im Urteilsspruch hieß es unter anderem:

»Der Kapitän hat die Wetterlage sorgfältig beobachtet. Der Schiffsbarograph gab keinerlei Veranlassung zur Beunruhigung. Kurz vor 14:00 Uhr zeigte das Barometer sogar steigende Tendenz. Trotzdem hat dieser Umstand keine Sorglosigkeit des Kommandan-

Der Viermastgaffelschoner »Morten Jensen«, der ab den 1920er Jahren als Schulschiff »Niobe« in der Reichsmarine Verwendung fand.

Foto: Bibliothek für Zeitgeschichte

Foto: Bibliothek für Zeitgeschichte

Das Segelschulschiff »Niobe« der Reichsmarine war als Jackassbark getakelt. Das heißt: Das Segelschiff führte am Großmast kein Großsegel, sondern stattdessen ein Gaffelsegel.

ten zur Folge gehabt. (...) Die Bö war plötzlich da. Sie fasste das Schiff an wie eine Riesenfaust vom Himmel und drückte es gleichzeitig auf und unter das Wasser. Es kann keine Rede davon sein, dass Kapitänleutnant Ruhfus irgendwie fahrlässig war in der Führung seines Schiffes. (...) Das Gericht freut sich, feststellen zu können, dass der Kommandant an dem verhängnisvollen Nachmittag des 26. Juli alles getan hat, was er unter normalen Umständen nach seiner Erfahrung und der Kenntnis von den Eigenschaften seines Schiffes tun konnte. Wenn es trotzdem zur Katastrophe kam, so ist Kapitänleutnant Ruhfus nicht die Schuld dafür zuzusprechen. Er ist das Opfer einer höheren Gewalt geworden, der er machtlos gegenüberstand.«

Das Segelschulschiff »Niobe« der Reichsmarine entstand bei der Frederikshavn's Varft og Flydedok in Frederikshavn, Dänemark, wo es am 2. August 1913 als Viermastgaffelschoner »Morten Jensen« vom Stapel lief. Das Schiff wurde 1915 nach Norwegen verkauft und erhielt dort den Namen »Tyholm«.

Am 21. November 1916 wurde die für England fahrende »Tyholm« von dem U-Boot »UB 41« aufgebracht, im Februar 1917 prisenrechtlich eingezogen und blieb dann in deut-

»Niobe«	
Schiffstyp	Jackassbark
Bauwerft	Frederikshavn's Varft og Flydedok, Frederikshavn, Dänemark
Eigner	Reichsmarine
Stapellauf	2. August 1913
Verdrängung (t)	724
Länge × Breite × Tiefgang (m)	46,10 × 9,17 × 5,20
Besatzungsstärke	34 + 65
Segelanzahl / Segelfläche (m²)	15 / 943
Antrieb	1 × Dieselmotor
Antriebsleistung (PS)	1 × 160
Wellen	1
Geschwindigkeit (kn)	? (Segel), 7,5 (Motor)

Foto: Bibliothek für Zeitgeschichte

Die am 21. August 1932 durchgeführte Bergung von dem Wrack des Segelschulschiffes »Niobe«.

schem Besitz. In der zweiten Jahreshälfte 1918 erfolgte ein Umbau zum Hilfsfeuerschiff. Allerdings ist nicht belegt, ob es als solches tatsächlich zum Einsatz gekommen ist. In Deutschland war nach dem Krieg der Schiffsraum knapp und so unternahm der Segler ab Juni 1920 unter den Namen »Aldebaran« Charterfahrten für verschiedene Reedereien.

Foto: Hans Karr

In der Christus- und Garnisonkirche in Wilhelmshaven wird den Toten des Segelschulschiffes »Niobe« gedacht.

Am 3. Februar 1921 übernahm die Reichsmarine das Schiff und setzte es ab März als Segeltender »Niobe« für Ausbildungszwecke ein. Erster Kommandant wurde Kapitänleutnant Felix Graf von Luckner. Während des Ersten Weltkrieges war Luckner Kommandant des Hilfskreuzers »Seeadler« gewesen, dem letzten Segelschiff, das in einem Kriegseinsatz bei Kampfhandlungen in Verwendung kam.

Im September 1921 wurde die »Niobe« für etwa ein halbes Jahr einer Filmgesellschaft zu Verfügung gestellt und erhielt den Namen »Schwan«, später »Schwalbe«. Am 6. Februar 1922 kam das Schiff endgültig wieder zurück zur Reichsmarine, die es am 15. März als Segelschulschiff »Niobe« erneut in Dienst stellte.

Im Winterhalbjahr 1922/1923 erfolgte der Umbau in eine Jackassbark. Diese Art von Bark führt am Großmast kein Großsegel, sondern an dessen Stelle ein großes Gaffelsegel. Mit 943 Quadratmeter Segelfläche galt die »Niobe« seitdem als übertakelt und neigte zu

Foto: Olaf Piehl / CC-BY-SA 4.0

Am Strand von Gammendorf auf der Insel Fehmarn ist eine weitere Gedenkstätte für die Opfer des »Niobe«-Unglücks.

Foto: Hans Karr

Auf dem Kieler Nordfriedhof befindet sich die Gedenk- und Grabstätte für die Opfer des Untergangs der »Niobe«.

leichter Schlagseite nach Backbord. Als Hilfsmotor war ein Zweizylinder-Zweitakt-Glühkopf-Dieselmotor eingebaut. Damit erreichte die »Niobe« eine Geschwindigkeit von 7,5 kn.

Mit dem Segelschulschiff »Niobe« war die Grundvoraussetzung für eine seemännische Ausbildung der Offizier- und Unteroffizieranwärter der Reichsmarine gegeben. Ab dem 30. April 1923 bis zu seinem tragischen Ende war das Schulschiff ohne nennenswerte Vorkommnisse für die Inspektion des Bildungswesens der Marine im Einsatz.

»Pamir«

Viermastbark, Deutschland

»Die Viermastbark »Pamir«, ein frachtfahrendes Segelschulschiff, ist am 21. September 1957 gegen 16 Uhr MGZ im Atlantik auf Position 35° 57' N und 40° 20' W etwa 600 Seemeilen westsüdwestlich der Azoren, bei schwerem Nordnordoststurm im Sturmfeld eines tropischen Orkans gekentert und gesunken.« So nüchtern fasste das Seeamt Lübeck in seinem Spruch im Januar 1958 den Untergang der Viermastbark »Pamir« zusammen. Die Experten nannten vier Ursachen für den Verlust des Schiffes: falsche Segelführung, nicht geflutete Tieftanks, übergehende Ladung und starke Wassereinbrüche über die Aufbauten.

Am 11. August 1957 kurz nach 15:00 Uhr begann die Viermastbark »Pamir« unter Kapitän Johannes Diebitsch mit einer zu mehr als 90 Prozent lose gestauten Ladung Gerste die Rückreise aus Buenos Aires mit Ziel Hamburg. Die Schiffsroute folgte dem üblichen Segelschiffskursen über den Atlantik, die für Windjammer aufgrund der Passatwinde schneller sind als eine direkte Route.

Am 21. September 1957 geriet das Segelschulschiff etwa 600 Seemeilen westsüdwestlich der Azoren in den Hurrikan »Carrie«, der sich nach mehrfacher Richtungsänderung in den vorhergehenden Tagen plötzlich direkt aus westlicher Richtung auf die »Pamir« zubewegte.

Am 17. September befand sich dieser noch zwischen den Bermudas und New York, drehte sich und raste dann mit 200 km/h Richtung Afrika. Kapitän Diebitsch hatte die Bahn des Hurrikans richtig berechnet und sah zunächst keine Gefahr für sein Schiff.

Diebitsch wird in einer Quelle (Karl-Otto Dummer, Pamir, Seite 49) als ein erfahrener, umsichtiger und verantwortungsbewusster Schiffsführer mit menschlichen Qualitäten geschildert. »Sicherheit von Besatzung und Schiff stehen über allem. Um dieses zu gewährleisten, sind mir Kosten und Zeitverlust

Foto: Archiv Autor

Die Viermastbark »Pamir« lief am 29. Juli 1905 bei der Hamburger Werft Blohm+Voss vom Stapel.

gleichgültig«, hatte er vor Antritt der Reise geäußert.

Doch nach einer erneuten »Kursänderung« holte Carie die »Pamir« am 21. September ein und machte die Berechnungen des Kapitäns null und nichtig. Noch bevor genügend Segel geborgen waren, erreichte der Hurrikan mit zunehmender Stärke gegen 09:30 Uhr das Schiff. Die noch stehenden Segel wurden wild hin und her geschlagen, rissen und zerfetzten. Andere konnten noch losgeschnitten werden, aber »Carrie« hielt mit eiserner Faust die »Pamir« fest und ließ sie nicht mehr los.

Um 10:36 Uhr gab die »Pamir« eine Dringlichkeitsmeldung ab, in der andere Schiffe um ihre Positionsangabe gebeten wurden.

Foto: Archiv Autor

Die Viermastbark »Pamir« unter finnischer Flagge und mit voller Besegelung.

Foto: Australian National Maritime Museum

Die Abbildung aus dem Jahr 1947 zeigt die Viermastbark »Pamir« im Hafen von Sydney.

Die »Pamir« hatte zu diesem Zeitpunkt bereits etwa 30 Grad Schlagseite nach Backbord und trieb ohne Segel im Sturm. Um 11:00 Uhr setzte die »Pamir« ihren ersten SOS-Ruf ab. Die Meldung wurde vier Minuten später erneut gesendet.

Währenddessen gingen bei Windgeschwindigkeiten von bis zu 130 km/h die Wellen 12 bis 14 m hoch. Der Kapitän ordnete an, Schwimmwesten anzulegen. Die Schräglage der »Pamir« erreichte 45 Grad, so dass die Rahnocken wiederholt in die hochgehende See eintauchten. Nach einer Funkpause bat die »Pamir« um 11:54 Uhr in ihrem nächsten SOS-Ruf um Eile und drei Minuten später funkte sie: »ship is making water, danger of sinking«. Gegen 12:00 Uhr Bordzeit kenterte die Viermastbark »Pamir«. Sie schwamm noch etwa 20 bis 30 Minuten kieloben, bevor sie sank.

Aufgrund der Schlagseite war es nicht mehr möglich gewesen, Rettungsboote zu Wasser zu lassen. Nur drei beschädigte Rettungsboote, die sich vor oder während des Kenterns losgerissen hatten, trieben in der aufgewühlten See.

Die Notrufe der in Seenot geratenen Viermastbark lösten damals eine der umfangreichsten Rettungsaktionen der Seefahrtgeschichte aus. Über 60 Schiffe aus 13 Nationen beteiligten sich an der Suche nach Überlebenden. Am 23. September fand der amerikanische Dampfer »Saxon« fünf Seeleute in einem schwer beschädigten Rettungsboot. Einen Tag später barg der US Coast Guard Cutter »Absecon« einen weiteren Überlebenden. Die übrigen 80 Mann der Besatzung kamen ums Leben. Unter den Toten waren 20 Schiffsjungen.

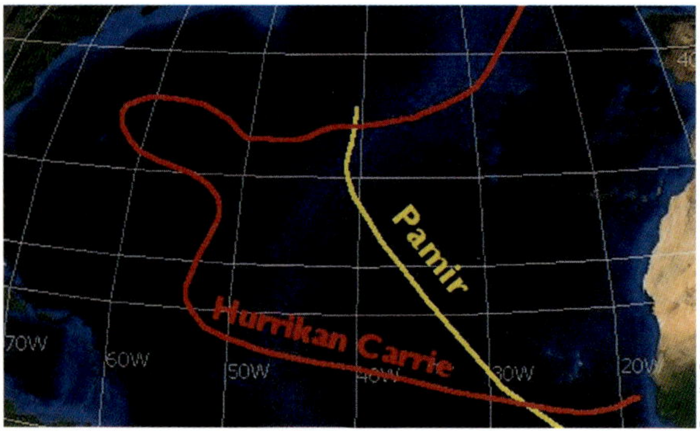

Foto: Ibn Battuta

Der Kurs der »Pamir« und die Bahn des Hurrikan »Carrie«.

Gebaut wurde die Viermastbark »Pamir« auf der Werft Blohm+Voss in Hamburg, wo sie am 29. Juli 1905 vom Stapel lief. Schon am 18. Oktober verließ der Segler mit 4800 Kubikmeter Stückgut und 900 t sonstiger Ladung unter der Flagge der Hamburger Reederei F. Laeisz Hamburg in Richtung Chile. Auf der Rückreise transportierte der Flying P-Liner, wie damals bei den Segelschiffen allgemein üblich, Salpeter.

Bis zu Beginn des Ersten Weltkriegs blieb die »Pamir« in diesem Fahrtgebiet tätig. Auf ihrer Rückreise im September 1914 erfuhr das Schiff vom Kriegsausbruch und steuerte die Kanarischen Inseln an. Dort blieb es bis 1920 auf Reede liegen. Als Kriegsbeute musste die Viermastbark 1921 an Italien ausgeliefert werden. Es gelang jedoch der Reederei die »Pamir« 1924 wieder zurückzukaufen und unter eigener Flagge erneut zur südamerikanischen Westküste in Fahrt zu bringen.

Doch die Zeit der Segelschiffe war vorüber. Das Schiff rechnete sich bald nicht mehr und die Viermastbark wurde 1931 an den finnischen Reeder Gustaf Erikson verkauft. Dieser betrieb immer noch ausschließlich Segelschiffe und setzte diese in der Weizenfahrt von Australien nach Europa ein. Im Jahre 1940 verließ die »Pamir« Göteborg in Richtung Australien. Nach dem Kriegseintritt von Finnland auf Seiten des Deutschen Reichs wurde das Schiff in Neuseeland beschlagnahmt und in Folge unter neuseeländischer Flagge im Pazifik zu Transportaufgaben eingesetzt. Alliierter Schiffsraum war nämlich knapp geworden, so dass auch ein Segelschiff wieder gefragt war.

Am 27. September 1948 gab Neuseeland die Viermastbark »Pamir« an ihren finnischen Eigentümer zurück. Der Reederei gelang es noch einmal einen Auftrag für Getreideladungen nach Europa zu bekommen. In dem daraufhin mit weiteren Segelschiffen ausgetragenen Weizenrennen, das letzte in der Geschichte der australischen Weizenfahrt, umrundete im Sommer 1949 die mit 60.000 Sack Weizen beladene »Pamir« zum letzten Mal ein Frachtsegler das berühmt berüchtigte Kap Hoorn an der Südspitze von Südamerika.

Nach dieser Getreidefahrt verkaufte die Reederei Erikson die Viermastbark an eine belgische Abwrackwerft. Im März 1951 wurde sie nach Antwerpen geschleppt. Doch das Schicksal meinte es noch einmal gut mit dem Großsegler.

Der Lübecker Reeder Heinz Schliewen konnte ihn zusammen mit der Viermastbark »Passat« noch kurz vor dem Abwracken kaufen und vor den Schneidbrennern retten. Bis Ende 1951 wurde der Flying P-Liner zum Schulschiff umgebaut, erhielt dabei auch einen Hilfsmotor und machte 1952 seine erste Reise als frachtfahrendes Segelschulschiff. Die Reederei ging jedoch in die Insolvenz. Die »Pamir« wurde gepfändet. Ein Konsortium von 40 Reedern gründete daraufhin im Dezember 1954 die »Stiftung Pamir und Passat« und betrieb beide Segler unter der Kontorflagge von Zerssen & Co. als Schulschiffe in der Südamerikafahrt, allerdings zur Ostküste und ohne Kap Hoorn Umrundungen.

Mit dem oben geschilderten tragischen Ende der Viermastbark »Pamir« auf ihrer sechsten Reise unter der Eignerschaft der Stiftung endete in Deutschland der Versuch weiterhin Großsegler für die Ausbildung von Seeleuten der Handelsmarine zu betreiben.

Auch das Schwesterschiff »Passat« musste in Folge des Unglücks der »Pamir« die Segel streichen. Im Dezember 1957 geriet die Viermastbark, die sich mit einer Getreideladung auf der Heimreise befand, ebenfalls im Atlantik in einen schweren Sturm. Wie drei Monate zuvor auf der »Pamir« verrutschte auch auf der »Passat« die als Schüttgut an Bord befindliche Ladung. Durch deren Umtrimmen sowie durch Gegenfluten der Ballasttanks war es jedoch gelungen das Schiff zu stabilisieren und zu retten. Mit Schlagseite musste die »Passat« Lissabon als Nothafen anlaufen.

Schon die Katastrophe der »Pamir« löste damals in der Öffentlichkeit große Diskussionen über die Notwendigkeit der Segelschiffsausbildung aus. Nun wäre beinahe wenige Wochen später die »Passat« vom gleichen Schicksal getroffen worden und war nur knapp einer Katastrophe entgangen. In Folge wurde sie nach ihrer Rückkehr aus der Fahrt genommen und stillgelegt. Damit verschwand der letzte frachtfahrende Großsegler von den Weltmeeren. Die Viermastbark »Passat« liegt heute in Lübeck-Travemünde als Museumsschiff an der Pier und ist so als Zeitzeuge der Seefahrt- und Segelschifffahrtgeschichte der Nachwelt erhalten geblieben.

Unter den bei dem »Pamir«-Unglück ums Leben gekommenen Besatzungsmitgliedern befand sich auch der Oberleutnant zur See (nach anderer Quelle Kapitänleutnant) Johannes Buscher. Er war als Segeloffizier für das seiner Zeit in der Planung befindliche Segelschulschiff der Bundesmarine vorgesehen. Auf der »Pamir« sollte er als Wachoffizier seine Segelschiffserfahrung auffrischen.

Die noch junge Bundesmarine gerät wegen ihrer Segelschiffsplanung in die Schlagzeilen und in den Sog der »Pamir«-Diskussion sowie in die Kritik. In der Gegenargumentation verweist man auf die bei der Bundesmarine geltenden hohen Sicherheitsstandards. »Ein Segelschulschiff der Marine fährt erstens keine Ladung und besitzt zweitens eine außerordentlich hohe Stabilität«, erklärte der damalige Inspekteur der Marine Vizeadmiral Friedrich Ruge. Die Bark »Gorch Fock« wäre beinahe wegen der »Pamir«-Katastrophe nicht gebaut worden.

Foto: Hans Karr

Das stark beschädigte Rettungsboot Nr. 2 der Viermastbark »Pamir« erinnert in der Lübecker Kirche St. Jakobi an den tragischen Untergang des Schiffes. Im Hintergrund ist ein Modell des Segelschiffs zu sehen.

Man hielt damals die Segelschiffe einfach für antiquiert und im technischen Zeitalter nicht mehr zeitgemäß für die Ausbildung. von jungen Seeleuten. Doch gerade auf Se-

»Pamir«	
Schiffstyp	Viermastbark
Bauwerft	Blohm+Voss, Hamburg, Deutschland
Eigner	Stiftung Pamir und Passat, Lübeck, Deutschland
Stapellauf	29. Juli 1905
Vermessung (BRT)	3020
L × B × Tiefg. (m)	114,00 × 14,04 × 7,26
Besatzungsstärke	33 (Frachtschiff), 86 (Schulschiff)
Segelanzahl / Segelfl. (m^2)	34 / 3800
Antrieb	1 × Dieselmotor
Antriebsleistung (PS)	1 × 900
Wellen	1
Geschwindigkeit (kn)	16 (Segel), 6 (Motor)

gelschiffen lernen die jungen Menschen in großer Gemeinschaft auf engem Raum zu leben, zu arbeiten, sich einzuordnen und sich gegenseitig zu unterstützen. In der Takelage zählt nicht die Einzelperson, sondern das Team sowie Hilfsbereitschaft und Kameradschaft. Nur gemeinsam – bildlich wie tatsächlich – in gleicher Richtung an einem Tampen ziehend muss man sich gegen die Naturgewalten behaupten. Die Segelschiffsausbildung ist eine den Charakter prägende Zeit für das ganze Leben und somit auch durchaus zeitgemäß; damals vor 65 Jahren wie auch heute.

Wegen ihres tragischen Endes am 21. September 1957 im Hurrikan »Carrie« gehört die Viermastbark »Pamir« wohl zu den bekanntesten Schiffen überhaupt. Nur noch wenige Gegenstände, die nach dem Untergang geborgen werden konnten, erinnern an den Großsegler. So unter anderem das Rettungsboot Nr. 2, das zur Erinnerung und Gedenken an das Segelschulschiff in der Lübecker Kirche St. Jakobi aufgestellt ist.

»Adolph Bermpohl«

Seenotkreuzer, Deutschland

Die tödliche Orkanfahrt am 23. Februar 1967 des in Helgoland stationierten Seenotkreuzers[1] »Adolph Bermpohl« der Deutschen Gesellschaft zur Rettung Schiffbrüchiger (DGzRS) erlangte traurige Berühmtheit und füllte seiner Zeit die Schlagzeilen der Zeitungen. In der Deutschen Bucht beherrschte an diesem Tag ein schwerer Nordwest-Sturm mit orkanartigen Böen und Windgeschwindigkeiten von bis zu 140 km/h das Wettergeschehen. Sieben bis zehn Meter hohe Wellen wurden registriert.

Am späten Nachmittag fing die Küstenfunkstelle Norddeich Radio die Seenotmeldung des holländischen Fischkutters »Burg-

Foto: A&R

Der Seenotkreuzer «Adolph Bermpohl« bei der Gästefahrt am Tag seiner Schiffstaufe

Foto: DGzRS

Der Seenotkreuzer »Adolph Bermpohl« kämpft sich durch grobe See.

emeester van Kampen« mit drei Fischern an Bord auf. Der Standort war acht Seemeilen nördlich von Helgoland. Die Besatzung des Seenotkreuzers »Adolph Bermpohl« wurde auf ihrer Helgoländer Station alarmiert und der Seenotkreuzer lief aus. Was dann geschah, ließ sich im Nachhinein nur an Hand des ständig mitgehörten und damals auf Tonband aufgezeichneten Funkverkehrs als unvollständiges Bild des sich nun abspielenden Geschehens rekonstruieren.

Die »Adolph Bermpohl« kämpfte sich gegen die schwere See zum Havaristen durch, den sie nach einer Stunde erreichte. Der Fischkutter hatte Wassereinbruch und trieb quer zur See. Den Rettungsmännern gelang es die drei völlig erschöpften und stark unterkühlten Fischer mit dem Tochterboot »Vegesack« abzubergen. Beide Schiffe lagen dabei bei minimaler Sicht von Gischt umweht in den haushohen Wellen, was die Funkprobleme erklärt, die bei dem Einsatz aufgetreten sind.

Das schwere Wetter und der hohe Seegang verhinderten die Wiederaufnahme des Tochterbootes. Gemeinsam wollten nun der Rettungskreuzer sowie das Tochterboot mit den Überlebenden an Bord nach Helgoland zurücklaufen. »Seenotfall aufgehoben« war der letzte Funkspruch der »Adolph Bermpohl«. Danach verliert sich das weitere Geschehen im Dunkeln.

Noch während der Nacht begann die verzweifelte Suche nach den überfälligen Fahrzeugen. Bei Tageslicht wurde der Seenotkreuzer entdeckt. Das führerlos, mit eingedrückten Scheiben und abgeknickten Mast aber ansonsten vollständig intakte Schiff trieb mit laufender Maschine in der See. Die elektrische Borduhr war auf 19:00 Uhr stehen geblieben. Entgegen einiger anders lautenden Berichten ist der Seenotkreuzer nicht durchgekentert, sondern hat seine bei der Konstruktion vorausberechnete Seetüchtigkeit bewiesen. Von der vierköpfigen Besatzung allerdings keine Spur. Einen Tag später

Die nach ihrer Havarie wieder aufgefundene und fast unbeschädigt gebliebene »Adolph Bermpohl« wird abgeschleppt.

wurde auch die »Vegesack« kieloben treibend gefunden. Ebenfalls ohne Besatzung und ohne die bereits geretteten Fischer. Nach tagelanger Suche wurde einer der holländischen Fischer tot gefunden.

An Hand der vorhandenen Schäden und dem vorgefundenen Zustand der beiden Fahrzeuge versuchte das Seeamt in Bremerhaven die Tragödie zu rekonstruieren. Demnach muss eine gewaltige Grundsee den Seenotkreuzer getroffen und auf fast 90 Grad Schlagseite gekrängt haben. Das wahrscheinlich zur Übernahme der geretteten Fischer doch noch längsseits gekommene Tochterboot wurde dabei ebenfalls stark in Mitleidenschaft gezogen. Es war wohl unter den krängenden Seenotkreuzer geraten. Die Männer beider Fahrzeuge – Gerettete und Retter – wurden in dieser Situation vermutlich über Bord gewaschen und fanden den Seemannstod.

	»Adolph Bermpohl«	»Vegesack«
Schiffstyp	Seenotkreuzer	Tochterboot
Bauwerft	Abeking & Rasmussen (A & R), Lemwerder, Deutschland	Abeking & Rasmussen (A & R), Lemwerder, Deutschland
Eigner	DGzRS, Bremen, Deutschland	DGzRS, Bremen, Deutschland
Schiffstaufe	23. Oktober 1965	23. Oktober 1965
Verdrängung (t)	90	unbekannt
Länge × Breite × Tiefgang (m)	26,66 × 5,60 × 1,62	8,50 × 2,45 × 0,65
Besatzungsstärke	4	–
Antrieb	3 × Dieselmotor	1 × Dieselmotor
Antriebsleistung (PS)	1 × 1350, 2 × 525	1 × 100
Wellen	3	1
Geschwindigkeit (kn)	24	13

Die auf See gebliebenen Rettungsmänner hatten mit der »Adolph Bermpohl« seit deren Indienststellung im Oktober 1965 bereits 147 Menschen aus Seenot gerettet. Zu Ehren der bei diesem folgenschweren Einsatz ums Leben gekommen Rettungsmänner erhielten die vier nächstfolgenden Neubauten – »Paul Denker«, »H.-J. Kratschke«, »Otto Schülke« und »G. Kuchenbecker« – ihre Namen.

Der Seenotkreuzer »Adolph Bermpohl« und das Tochterboot »Vegesack« wurden nach dem Unfall wieder in Stand gesetzt. Dabei erhielt die »Adolph Bermpohl« eine neue

Foto: A&R

Der Seenotkreuzer »Adolph Bermpohl« in seinem Aussehen nach Reparatur und Brückenumbau.

Brückenform. Beide Einheiten versahen bis Mai 1989 von ihren Einsatzhäfen Helgoland (1965–1979) und List (1979-1989) weiter ihren Dienst bei der DGzRS. Anschließend nach Finnland verkauft, war die »Adolph Bermpohl« beim dortigen Seenotrettungsdienst Suomen Meripelastusseura unter dem Namen »Russarö« als Rettungskreuzer bis 2001 in Betrieb. Danach erfolgte die Verschrottung.

In den Jahren 1963 und 1965 stellten als zweite Seenotkreuzer-Bauserie die drei Einheiten der »Georg Breusing«-Klasse – »Georg Breusing«, »Arwed Emminghaus« und »Adolph Bermpohl« – in Dienst. Das auch als 26-m-Klasse bezeichnete Seenotkreuzer-Trio trug die Namen der drei bedeutendsten Gründungsväter der DGzRS.

Die Einheiten kamen auf den besonders exponierten Stationen Borkum, Helgoland und Cuxhaven zum Einsatz. Die dort vorgelagerten Seegebiete sind geprägt durch einen starken Seeverkehr mit hoher Schiffsfrequenz. Außerdem machen häufig schlechte Extrem-Wetterlagen sowie Untiefen und Sandbänke sie zu einem navigatorisch schwierigem Fahrtgebiet. ▶|

[1] heutiger Sprachgebrauch Seenotrettungskreuzer

»München«

LASH-Carrier, Deutschland

Der LASH-Carrier »München« lief am 7. Dezember 1978 unter Kapitän Johann Dänekamp mit einer 28-köpfigen Besatzung von Bremerhaven zu seiner 62. Atlantiküberquerung in Richtung Savannah im amerikanischen Bundesstaat Georgia aus. Die Abkürzung LASH steht für Lighter Aboard Ship und ist ein System, bei dem schwimmfähige beladene Leichter auf hochseetüchtigen Schiffen, den sogenannten Leichtermutterschiffen, transportiert werden. Mit 83 Leichtern war die »München« voll beladen. Die Ladung bestand hauptsächlich aus in den Leichtern gestauten Maschinen- und Stahlprodukten.

Ab Ende November 1978 hatte sich im östlichen Nordatlantik ein Orkan mit mittleren Wellenhöhen von bis zu 16 m entwickelt. Am 12. Dezember 1978 kurz nach Mitternacht hatte die »München« sowohl das Zentrum des Sturmtiefs erreicht, aber auch den letzten regulären Funkkontakt. Bei diesem Gespräch mit dem mehrere tausend Seemeilen entfernten deutschen Passagierschiff »Caribe« meldete die »München« sehr schlechtes Wetter und Beschädigungen am Schiff. Demnach war die Brücke beschädigt und Bullaugen eingeschlagen. Als Position wurden 44° N und 24 °W genannt.

Ein Modellfoto des LASH-Carriers »München«.

Dieses Funkgespräch ist aus zwei Gründen von Bedeutung. Erstens, weil es nur drei Stunden vor dem SOS der »München« geführt worden war. Und zweitens, weil darin eine Position der »München« genannt wurde, die nun mit als Beweis dafür gilt, dass die um 03:10 Uhr im SOS-Notruf angegebene Position mit 46° 15' N und 27° 30' W nicht richtig gewesen sein kann. Diese Meldung hatte das griechische Frachtschiff »Marion« als sehr schwache SOS-Rufe der »München« aufgenommen. Weiterer Inhalt war die Information, dass das Schiff 50 Grad Schlagseite nach Steuerbord habe.

Ausgelöst durch diese Signale begann eine der größten und langwierigsten internationalen Rettungsaktionen im Atlantik nördlich der Azoren. Neben Handelsschiffen waren auch deutsche, britische, amerikanische und portugiesische Suchflugzeuge beteiligt. Am 13. Dezember wurden verstümmelte, mysteriöse und nicht eindeutig identifizierbare Notrufe empfangen, die möglicher weise von der »München« stammen konnten.

Das Fragment des aufgefundenen Rettungsbootes der »München«.

Die Bundesmarine entsandte am 14. Dezember einen Seefernaufklärer des Typs Breguet Atlantic und unterstellte ihn dem zuständigen britischen Einsatzzentrum in Land's End. Nach und nach wurde die Zahl der deutschen Flugzeuge auf zeitweise zehn Maschinen erhöht, die vom amerikanischen Stützpunkt Lajes Field auf den Azoren aus operierten. Zur logistischen Unterstützung kamen Flugzeuge vom Typ Transall der deutschen Luftwaffe zum Einsatz. Sämtliche Schiffe auf der vielbefahrenen Schifffahrtsroute beteiligten sich an der Suchaktion und bildeten eine weit gefächerte Suchkette, um ein möglichst großes Gebiet auf dem Atlantik absuchen zu können.

Die internationale Suche nach der »München« und nach Überlebenden wurde am 20. Dezember bei Sonnenuntergang ohne Ergebnis abgebrochen. Auf persönliche Anweisung des damaligen Bundeskanzlers Helmut Schmidt wurde die deutsche Suchaktion noch bis zum 22. Dezember fortgeführt, bevor alle Flugzeuge zu ihren Heimatbasen zurückkehrten. Die größte Suchaktion in der Geschichte der Seefahrt nach einem Notfall ging damit zu Ende.

Foto: Wolfgang Fricke / CC-BY-SA 3.0

Der LASH Carrier »Bilderdyk« war ein Schwesterschiff der »München«.

Insgesamt beteiligten sich 80 bis 110 Handelsschiffe und mindestens 13 Flugzeuge an der Suche, wobei die deutschen Seefernaufklärer bei 38 Einsatzflügen auf knapp 500 Flugstunden kamen. Die »München« blieb aber samt Besatzung verschollen. Aufgrund der falschen Positionsangabe im SOS-Ruf von 03:10 Uhr wurde, wie man später errechnete, bei den ersten Suchschleifen der trotz Orkanwetterlage aufgestiegenen Flugzeuge an falscher Stelle gesucht, nämlich rund 90 Seemeilen zu weit nördlich.

Drei Leichter, ein leeres, zerstörtes Rettungsboot, eine Seenotfunkboje und vier unbenutzte, teils ölverschmierte leere Rettungsinseln sowie je zwei Rettungswesten und Rettungsringe wurden gefunden. Alles konnte der »München« eindeutig zugeordnet werden. Die genaue Untergangsposition und die Lage des Wracks sind bis heute unbekannt.

Diese wenigen Überreste der »München« wurden von dem für diesen Seenotfall zuständigen Seeamt Bremerhaven genau untersucht. Die einzigen Hinweise auf die eventuelle Unglücksursache bot das Rettungsboot, das ursprünglich in 20 m Höhe an der Steuerbordseite des Schiffs mittels Metallbolzen festgemacht war. Diese Bolzen waren vollkommen nach hinten verbogen, was auf schwere Brecher von vorne mit einer Höhe von 25 bis 35 m – sogenannte Monsterwellen – hindeutete. Als Primärursache für den Untergang der »München« wurde daher ein

Foto: Jdw

Der LASH Carrier »Rhine Forest« ex »Bilderdyk« ist hier im Waalhaven von Rotterdam zu sehen.

vermutlich sehr schwerer Seeschlag von vorne angenommen.

Es wäre aber auch möglich gewesen, dass die Metallladung in den Leichtern durch die Schräglage des Schiffes verrutscht ist. Wegen des hohen spezifischen Gewichts von Stahl und Eisen durften diese nicht vollständig befüllt werden. Diese Ursache hätte in Folge zum Kentern der »München« geführt. Der vorhandene schwere 16 m hohe Portalkran hätte ein solches Kentern noch begünstigt. Weiterhin wurde es in Fachkreisen auch als denkbar bezeichnet, dass das in extremer Schräglage befindliche Schiff in dem sehr schweren Seegang auseinandergebrochen sein könnte. Die wirkliche Ursache und der Verlauf des Unglücks konnten jedoch nie zweifelsfrei geklärt werden.

Die am 22. September 1972 bei J. Cockerill in Antwerpen vom Stapel gelaufene »München« war der einzige LASH-Carrier, der unter deutscher Flagge fuhr. Sie wurde von der Reederei Hapag-Lloyd eingesetzt und verkehrte hauptsächlich auf der Nordatlantik-Route zwischen europäischen (Rotterdam, Bremen, Bremerhaven) und nordamerikanischen (Baltimore, Savannah, New Orleans) Häfen. Ihr Heimathafen war Bremen.

Die »München« war mit 37.134 BRT vermessen und hatte eine Tragfähigkeit von 43.000 t. Die Schiffslänge betrug 261,40 m. Mit einem über die gesamte Deckslänge verfahrbaren Portalkran konnten bis zu 83 Leichter mit einer Tragfähigkeit von jeweils 378 t über das Heck übernommen bzw. gelöscht werden. Fachleute sahen in diesem in den 1960er Jahren in den USA entwickelten LASH-System eine Alternative zum Containerverkehr.

Durchsetzen konnte sich das LASH-System jedoch nicht. Im Juli 1978 waren gerade mal 29 Leichtermutterschiffe mit zusammen 775.000 BRT weltweit registriert. Dem standen 69.000 Seeschiffe mit jeweils über 100 BRT gegenüber. Der Marktanteil der Leichtermutterschiffe betrug 1981 etwa 0,2 Prozent der auf See transportierten Ladung.

Das niederländische Schwesterschiff der »München« fuhr bis 1986 unter dem Namen »Bilderdyk« und danach bis zum Dezember 2007 als »Rhine Forest«. Ab Januar 2008 wurde es in Chittagong verschrottet. Es wäre 1980 unter ähnlichen Bedingungen ebenfalls beinahe untergegangen. Beide Schwesterschiffe nahmen, was auch bei Modellversuchen nachgewiesen werden konnte, bauartbedingt bei sehr schwerem Seegang »Grünes Wasser« über. An den im unmittelbaren Bugbereich gelegenen Brückenaufbauten waren also durchaus bei solch schwerem Seeschlag auch in größerer Höhe Schäden, wie zum Beispiel eingedrückte Scheiben, möglich.

»Jan Heweliusz«

Fähre, Polen

Die Nordsee ist allgemein bekannt, dass hier häufig schwere Wetterlagen mit hohen Windgeschwindigkeiten und hohem Wellengang herrschen, die der Schifffahrt gefährlich werden können. Nicht umsonst wird sie auch als »Mordsee« bezeichnet. Doch auch in dem Binnenmeer Ostsee kann es zu Recht schwierigen Wind- und Seegangsverhältnissen und heftigen Stürmen kommen. Eine solche Situation war Mitte Januar 1993 in der westlichen Ostsee vorhanden.

In der Nacht des 14. Januars war die mit 28 Lastwagen und zehn Eisenbahnwagen beladene polnische RoRo-Fähre »Jan Heweliusz« auf dem Weg von Swinoujscie (Swinemünde)

Fährschiff »Jan Heweliusz«.

nach dem schwedischen Ystad. Die Abkürzung RoRo steht für Roll on Roll off, das bedeutet: Fahrzeuge und bewegliche Güter können eigenständig auf das Schiff fahren und es ebenso wieder verlassen.

An Bord befanden sich 64 Personen (nach anderer Quelle 63). Es herrschten Windgeschwindigkeiten von um die 160 km/h und eine Wellenhöhe von vier bis sechs Meter. Das Schiff arbeitete schwer unter diesen Wetter- und Seegangverhältnissen in der brodelnden Ostsee.

Offenbar waren die Lastwagen und/oder die Eisenbahnwaggons schlecht gesichert, lösten sich von ihren Befestigungen und kamen bei den sturmbedingten heftigen Schiffsbewegungen ins Rutschen. Jedenfalls meldete um 03:28 Uhr die Besatzung Probleme mit der Ladung. Um 04:35 Uhr bekam das mittlerweile östlich der Insel Rügen fahrende Schiff 30 Grad Schlagseite. Die Passagiere wurden an die Rettungsstationen beordert. Um 04:37 Uhr – nach anderer Quelle um 04:48 Uhr – wurde der erste Funkspruch mit der Bitte um sofortige Hilfe abgesetzt und acht Minuten später ein Mayday-Notruf gesendet. Die »Jan Heweliusz« hatte mittlerweile eine Schlagseite von 70 Grad. Ein zweiter Notruf folgte um 05:27 Uhr. In den folgenden Minuten musst das Schiff gekentert sein. Es trieb zunächst noch kieloben in der hochgehenden wilden See bis es schließlich gegen 11.00 Uhr 20 Seemeilen östlich von Jasmund sank. Unmittelbar nach den ersten Notmeldungen liefen die Hilfs- und Rettungsmaßnahmen an. Deutsche dänische und polnische Retter suchten nach Überlebenden. Bis zum Einbruch der Dunkelheit kreisten Marinehubschrauber über der Unglücksstelle. Seenotkreuzer waren trotz des überaus hohen Seegangs im selbstlosen Einsatz. Fischkutter, die ebenfalls helfen wollten, mussten jedoch wegen der schweren See wieder abdrehen, um sich nicht selbst zu gefährden.

Doch man konnte nur neun stark unterkühlte Überlebende aus der tobenden See bergen. Tot aufgefunden wurden 39 Personen, weitere 16 (nach anderer Quelle 15) blieben vermisst. In der Sturmnacht müssen sich im Seegebiet vor Rügen dramatische Szenen abgespielt haben.

Nach den Aussagen der Geretteten hatten Passagiere und Besatzungsmitglieder nach den ersten Warnungen der Schiffsführung ihre Schwimmwesten angelegt und sich bei den Rettungsinseln aufgehalten. Ein Aussetzen der Rettungsboote war unter den gegebenen Umständen nicht möglich gewesen, weil das Schiff zu schnell Schlagseite bekommen hatte.

Unmittelbar nach dem Unglück wurde von in- und ausländischen Experten scharfe Kritik wegen der mangelnden Seetüchtigkeit der »Jan Heweliusz« geübt, die schon in der Vergangenheit mehrfach an Havarien beteiligt gewesen war.

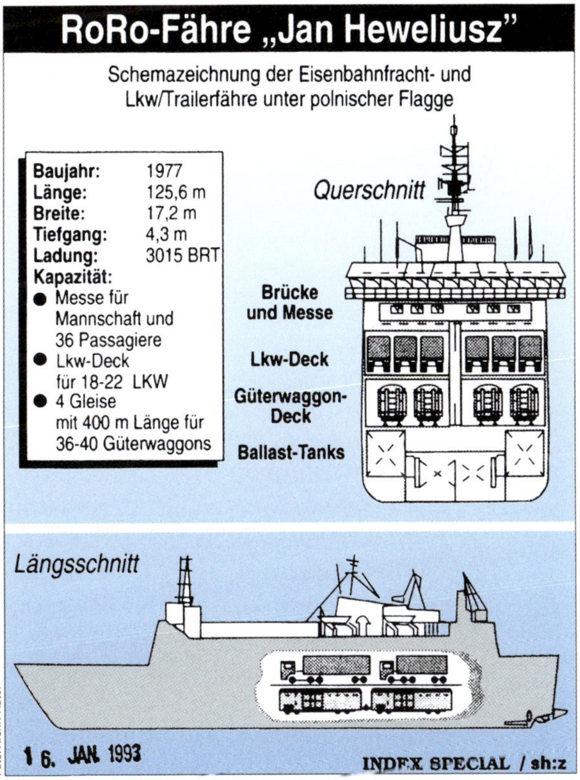

Technische Angaben und eine Skizze zur »Jan Heweliusz« aus der damaligen Tagespresse.

Foto: Archiv Autor

Polen kritisieren späte Rettung

Hilfsaktion „Jan Heweliusz“ zu bürokratisch? / Marine: Keine Fehler bei uns

GLÜCKSBURG/WARSCHAU (tos). Ein Sonderausschuß des polnischen Ministeriums für Transport und Schiffahrt ist jetzt mit schweren Vorwürfen gegen deutsche Behörden an die Öffentlichkeit getreten. Wegen „übermäßiger Bürokratie“ seien die ersten deutschen Rettungshubschrauber erst 80 Minuten nach Empfang des SOS-Notsignals der polnischen Fähre „Jan Heweliusz“ gestartet, wird kritisiert. Das Schiff war am 14. Januar in schwerem Sturm vor Rügen gesunken, nur neun der 63 Menschen an Bord wurden gerettet. Ein Sprecher des Flottenkommandos in Glücksburg bestätigte gestern Verzögerungen, die allerdings nicht von der Bundesmarine zu verantworten seien. Fehler anderer wollte er nicht ausschließen. 27. MRZ. 1993

„Die Marine“, sagte Helmut Meyer vom Flottenkommando, „hat sich keine Fehler vorzuwerfen.“ Um 5.08 Uhr habe die Marine seinerzeit den ersten verwertbaren Notruf mit Positionsbeschreibung bekommen. Absender: Die dänische Luftrettung. Um 5.45 Uhr bereits sei dann ein Rettungshubschrauber gestartet – „auf eigene Entscheidung der Besatzung hin“, betont Meyer. Denn bei dem Sturm an diesem 14. Januar sei ein Start im Grunde verboten gewesen.

Die Fähre hatte bereits vor dem Unglück mehrere Havarien.

Gegen die vom polnischen Ministerium erhobenen Vorwürfe tritt Meyer allerdings nicht an. Im Gespräch mit unserer Zeitung räumt er vielmehr ein, daß „andere Stellen“ durchaus Fehler gemacht hätten, er diese aber „nicht in die Pfanne hauen“ wolle.

Andreas Lubkowitz, Sprecher der Bremer „Deutschen Gesellschaft zur Rettung Schiffbrüchiger“ (DGzRS), vermutet „diese Stellen“ offenbar in Polen selbst. „Aus Fachkreisen“ nämlich wisse er, daß lange vor einem Notruf mit verwertbarer Positionsbeschreibung der „Jan Heweliusz“ bereits Funkkontakt zwischen Fähre und „Landstellen in Polen“ bestanden habe. Überdies erwähnt Lubkowitz einen Funkspruch von Rügen-Radio von 4.37 Uhr, der ihn offensichtlich heute noch ärgert: Schiffsnamen und den Notruf (Mayday) habe der Spruch zwar enthalten, nicht aber die genaue Position der polnischen Fähre.

Erst um 4.49 Uhr sei seinerzeit aus Dänemark eine Notmeldung mit genauer Position (westlich von Rügen) gekommen, woraufhin um 5.04 Uhr der Rettungskreuzer „Arcona“ in Marsch gesetzt worden sei. Ein paaar Minuten später sei dann in Glücksburg ein Hubschrauber angefordert worden. Lubkowitz verweist im übrigen auf die anstehende Seeamts-Verhandlung, vor der mehr über die „Jan-Heweliusz“-Rettungsaktion nicht sagen will.

Der Sonderausschuß des polnischen Ministeriums will nun bei der Internationalen Schiffahrtsorganisation in London klare Richtlinien für den Beginn von Rettungsaktionen bei grenzüberschreitenden Unglücksfällen beantragen. 27. MRZ. 1993

Foto: Archiv Autor

Schwedische Fachleute äußerten ihr Unverständnis darüber, dass die Fähre trotz Sturmwarnung für die Ostsee ausgelaufen war. Sie wiesen darauf hin, dass der gesamte Fährverkehr zwischen Saßnitz und Trelleborg wegen der orkanartigen Stürme in der Nacht vom 13. auf 14. Januar eingestellt wurde. Als Grund für das dennoch erfolgte Auslaufen der »Jan Heweliusz« vermutete man den harten Konkurrenzkampf zwischen den Fährgesellschaften.

Die »Jan Heweliusz« wurde in Seefahrerkreisen auch »Jan Havarieliusz« genannt. Im Jahr 1982 kippte die Fähre im schwedischen Hafen Ystad auf die Seite, weil die Besatzung Lastwagen und Eisenbahnwaggons falsch verteilt hatte und die Ballasttanks falsch aufgefüllt waren. Vier Jahre zuvor war das Schiff schon einmal gekentert, weil die Ventile nicht funktionierten, mit denen die Ballasttanks reguliert werden. Erst in der Woche vor dem Unglück hatte die »Jan Heweliusz« in Ystad die Kaimauer gerammt.

Sechs Monate lang verhandelte das Seegericht in Szczecin (Stettin) über den Seenotfall der »Jan Heweliusz«, bei dem 55 Menschen ums Leben kamen. Am 11. Januar 1994 wurde das Urteil bekanntgegeben. Der bei dem Unglück ums Leben gekommene Kapitän trägt demnach die Hauptschuld am Untergang der Fähre. Sein schwerwiegendster Fehler sei es gewesen, bei wachsender Schlagseite die Geschwindigkeit des Schiffes, in dem das Ballastwasser ungleichmäßig verteilt war, stark zu drosseln. Die aus Lastkraftwagen und Eisenbahnwaggons bestehende Ladung war für ein so schweres Unwetter nicht ausreichend vertäut. Vor dem Auslaufen habe der Kapitän die Reederei nicht umfassend über das Ausmaß des Schadens an der Heckklappe unterrichtet, der am 10. Januar in Ystad entstanden war. Außerdem habe er die falsche Route gewählt. Aufgrund der Schlechtwetterwarnungen hätte er nicht den kürzesten Kurs nach Schweden nehmen dürfen, sondern sich näher unter Land halten müssen. Das Schiff galt zudem wegen schwerer Sicherheitsmängel als seeuntauglich, zumal in dieser Wetterlage.

Das Wrack der »Jan Heweliusz« wurde von der Reederei aufgegeben. Es liegt östlich der Insel Rügen auf Position 54° 36' N und 14° 13' O in 10 bis 25 m Tiefe auf seiner Backbordseite und ist aus Sicherheitsgründen mit einer Wracktonne markiert. Obwohl es den Status eines Seegrabes hat, lockt das spektakuläre Wrack dennoch immer wieder Taucher zu gefährlichen Unterwasserausflügen an. ▸|

»Alfried Krupp«

Seenotkreuzer, Deutschland

Trotz modernster Technik, ausgefeilter Sicherheitssysteme und hervorragender Ausbildung passieren dennoch immer wieder Unglücke mit Verletzten und Toten unter den Rettungsmannschaften. Der 1. Januar 1995 ist ein solcher Tag, an dem abermals zwei Seeleute eines Seenotkreuzers[1] vom Einsatz nicht mehr zurückkehrten. Der auf Borkum stationierte Seenotkreuzer »Alfried Krupp« war bei orkanartigem Sturm ausgelaufen, um mitzuhelfen einen über Bord gegangenen holländischen Rettungskollegen zu suchen. Nachdem dieser durch einen Hubschrauber gefunden und geborgen wurde, wurde die »Alfried Krupp« auf dem Rückmarsch selbst Opfer der See.

Anlässlich der 25. Wiederkehr dieses tragischen Ereignisses gab die Deutsche Gesellschaft zur Rettung Schiffbrüchiger (DGzRS)[2] am 1. Januar 2020 eine Pressemitteilung heraus, worin das Geschehen vom 1./2. Januar 1995 geschildert wird. Nachfolgend der Abdruck.

»Für die Seenotretter an Bord der ALFRIED KRUPP ist der 25. Jahrestag des Unglücks ein Tag, an dem sie innehalten. Doch auch an diesem Tag steht der Such- und Rettungsdienst an erster Stelle: Wie stets sind vier Besat-

Foto: DGzRS

Der Seenotkreuzer »Alfried Krupp« in seinem ursprünglichen Aussehen.

Die nach ihrem Unglück am 1. / 2. Januar 1965 schwer beschädigte »Alfried Krupp«.

zungsmitglieder auf ihrem Posten, wenn das »Mayday«, der Notruf, reinkommt, um dann genauso selbstverständlich und knapp wie alle Jahre »Wir kommen...« zu antworten – bei jedem Wetter, rund um die Uhr.

Das Unglück der ALFRIED KRUPP war eines der schwersten in der fast 155-jährigen Geschichte der DGzRS. In der sehr stürmischen Nacht vom 1. auf den 2. Januar 1995 waren die Borkumer Seenotretter ausgelaufen, um sich an der Suche nach einem Kollegen der DGzRS-Schwestergesellschaft Koninklijke Nederlandse Redding Maatschappij (KNRM) zu beteiligen. Er war bei einem Einsatz für einen manövrierunfähigen türkischen Frachter über Bord des Seenotrettungsbootes der KNRM-Station Lauwersoog gegangen.

	»Alfried Krupp«	»Glückauf«
Schiffstyp	Seenotkreuzer	Tochterboot
Bauwerft	Fr. Lürssen, Vegesack, Deutschland	Fassmer Werft, Berne, Deutschland
Eigner	DGzRS, Bremen, Deutschland	DGzRS, Bremen, Deutschland
Stapellauf	14. Juni 1988	14. Juni 1988
Verdrängung (t)	103	unbekannt
Länge × Breite × Tiefgang (m)	27,50 × 6,53 × 1,63	8,18 × 2,80 × 0,82
Besatzungsstärke	4	–
Antrieb	3 × Dieselmotor	1 × Dieselmotor
Antriebsleistung (PS)	1 × 1633, 2 × 830	180
Wellen	3	17
Geschwindigkeit (kn)	24	

Auf dem Rückweg von diesem Einsatz geriet die ALFRIED KRUPP westlich von Borkum gegen 22:14 Uhr in eine schwere Grundsee. Wie konstruktionsbedingt vorgesehen, richtete sich der Seenotrettungskreuzer anschließend von selbst wieder auf. Maschinist Theo Fischer (51) aus Ditzum war allerdings nicht mehr an Bord. Vormann Bernhard Gruben (53) aus Neuharlingersiel hatte das Manöver im oberen Fahrstand schwer verletzt überstanden. Die Rettungsmänner Diederich Vehn und Bernhard Runde waren ebenfalls verletzt.

Die ALFRIED KRUPP war manövrierunfähig und setzte selbst einen Notruf ab. Ihre Maschinen hatten sich aus Sicherheitsgründen automatisch abgeschaltet. Der Mast war von der Gewalt des Wassers abgeknickt, die Scheiben eingedrückt, Wasser ins Deckshaus eingedrungen.

Ein Such- und Rettungshubschrauber der Marine versuchte, die Seenotretter vom Vorschiff der ALFRIED KRUPP abzubergen. Doch es gelang ihnen nicht, das rettende Seil mit der Schlinge zu greifen. Vormann Gruben schickte seine Männer zurück ins sichere Deckshaus. Ihn selbst riss eine weitere Sturzsee von Bord, die plötzlich über dem Seenotrettungskreuzer zusammenbrach.

Dem Norderneyer Seenotrettungskreuzer OTTO SCHÜLKE gelang es unter extremen Bedingungen, die ALFRIED KRUPP auf den Haken zu nehmen und nach Eemshaven zu schleppen. Drei Tage lang suchten mehrere DGzRS-Einheiten und andere Schiffe nach den beiden vermissten Seenotrettern – vergeblich. Bernhard Grubens Leiche wurde Ende Februar am Strand von Juist, die des Maschinisten Theo Fischer Mitte August nördlich von Borkum geborgen.

Seit Gründung der DGzRS 1865 sind insgesamt 45 Seenotretter in Ausübung ihres Dienstes ums Leben gekommen. Das Unglück der ALFRIED KRUPP hat eindrucksvoll gezeigt, dass der Mensch auch trotz modernster Technik zuweilen schwächer ist als die Naturgewalten.

Der Seenotrettungskreuzer wurde repariert und wieder in Fahrt gesetzt. Seitdem hat er ungezählte weitere erfolgreiche Einsätze gefahren.« (Pressemitteilung DGzRS vom 1. Januar 2020)

Im Frühjahr 1995 erfolgte dann die aufwendige Reparatur und der Umbau des Seenotkreuzers auf der Werft Abeking & Rasmussen in Lemwerder. Unter Wegfall des geschlossenen unteren Fahrstands erhielt er nun einen einzigen geschlossenen Fahrstand sowie als erster Seenotkreuzer eine verbreiterte Heckform, die sogenannte Delta-Form. Das heißt: Die breiteste Stelle des Schiffes ist das Heck. Diese umfangreichen Umbauten geben zum einen der Besatzung mehr Schutz vor Wind und See sowie dem Schiff eine bessere Kursstabilität bei hoher See von achtern.

Die »Alfried Krupp« gehörte zu den sechs Einheiten der »Berlin«-Klasse, die in zwei Baulosen in den Jahren 1985 – 1989 (4) und 1992 – 1993 (2) als Ersatz für ältere Seenotkreuzer in Fahrt kamen. Das auch als 27 m-Klasse bezeichnete Seenotkreuzer-Sextett bestand aus den Einheiten »Berlin«, »Hermann Helms«, »Alfried Krupp«, »Vormann Steffens«, »Arkona« und »Bremen«.

Als Schweißkonstruktion ganz aus seewasserbeständigem Aluminium in bewährtem Netzspantensystem und mit zweiter Außenhaut gefertigt, zeichnet sich die Klasse besonders durch ihre hohe Seetüchtigkeit und ihren selbstaufrichtenden Eigenschaften aus.

Zur 30. Wiederkehr des Unglücks der »Alfried Krupp« präsentierte die DGzRS eine Filmdokumentation, die auf der Website der Seenotretter (seenotretter.de/retter-in-seenot) und auf dem YouTube-Kanal der DGzRS (youtube.com/dieseenotretter) zu sehen ist. Die abgebildete Computeranimation aus dem Film zeigt die Rettung der »Alfried Krupp« (li.) durch die »Otto Schülke« (re).

Foto: DGzRS

Die neue Brückengestaltung der »Alfried Krupp«.

Nach 32 Einsatzjahren stellte die »Alfried Krupp« 2020 außer Dienst und wurde durch den neuen am 19. April 2020 an der Elbphilharmonie in Hamburg getauften Seenotrettungskreuzer »Hamburg« ersetzt. Seit Ende 2023 befindet sich die »Alfried Krupp« im Such- und Rettungsdienst der uruguayischen Marine.

Die Ende 1967 in Dienst gestellten Neubauten »Bernhard Gruben« und »Theo Fischer« wurden nach DGzRS Tradition nach den auf See gebliebenen Seenotrettern benannt. Auch erinnert ein Gedenkstein auf Borkum an die verstorbenen Rettungsmänner der Orkannacht von 1995.

[1] heutiger Sprachgebrauch Seenotrettungskreuzer
[2] Die Seenotretter wird als Kurzfassung verwendet.

Foto: DGzRS

»Prestige«

Tanker, Bahamas

Im November 2002 befand sich der unter der Flagge der Bahamas fahrende und mit 42.820 BRT vermessene Öltanker »Prestige« mit einer Ladung von 77.000 t Schweröl auf dem Weg von Ventspils in Lettland nach Singapur.

Am Nachmittag des 13. November havarierte der Einhüllentanker in einem Sturm 28 Seemeilen vor Kap Finisterre im Nordwesten von Spanien. Die Maschine war ausgefallen und durch ein Leck drang Wasser in zwei auf Steuerbord gelegene Ballasttanks. Das Schiff bekam 24 Grad Schlagseite. Um ein Kentern zu verhindern, wurden zwei an Backbord gelegene Ballasttanks geflutet. Dadurch stieg die Belastung auf den Rumpf. Aus einem 35 m langen Riss liefen 5000 t Öl aus. Jetzt drohte ein Durchbrechen des Tankers.

Das in Seenot geratene Schiff trieb auf die Küsten von Galicien zu. Es zog eine 18 Seemeilen lange und gut 200 m breite Ölspur hinter sich her. Vier Schlepper konnten aber bald den Havaristen auf den Haken nehmen. Zudem gelang es das Leck provisorische abzudichten und die ausgefallene Maschine des Tankers wieder funktionsfähig zu bekommen.

Spanische Behörden verweigerten dem Schiff jedoch einen Hafen anzulaufen. Sie nahmen fälschlicherweise an, die Auswirkungen einer möglichen Ölpest auf spanische Küstenabschnitte auf diese Weise minimieren zu können. Tatsächlich wäre ein verschmutzter Hafen das weitaus kleinere Übel gewesen, als das was in den kommenden Tagen folgen sollte. Austretendes Öl hätte man dort größtenteils mit einer Ölsperre auffangen und dann abpumpen können.

Stattdessen fuhr die schon mittlerweile bis auf drei Seemeilen an die Küste herangetriebene »Prestige« nun wieder notgedrungen auf die hohe See. Da das Schiff in dem herrschenden schweren Wetter weiterhin auseinander zu brechen drohte, wurden am 14. November vorsorglich Teile die Besatzung mit Hubschraubern abgeborgen.

Am 15. November wurde die Maschine wieder gestoppt, da man befürchtete, dass deren Vibrationen die Gefahr des Auseinanderbrechens erhöhen könnte. Schlepper brachten die »Prestige« immer weiter seewärts. Einen Abstand von 120 Seemeilen zur Küste wollte man mindestens erreichen. Die Restbesatzung wurde am Abend dann ebenfalls vorsorglich von Bord geholt.

Die »Prestige« trieb nun in den Folgetagen in einer stürmischen Wetterlage manövrierunfähig vor der spanischen Nordwest-Küste umher und verlor immer mehr von ihrer Ladung. Währenddessen wurde am 16. November der Kapitän der »Prestige« verhaftet. Die spanische Justiz warf ihm Umwelt-

Der havarierte Öltanker »Prestige« wird auf die hohe See geschleppt.

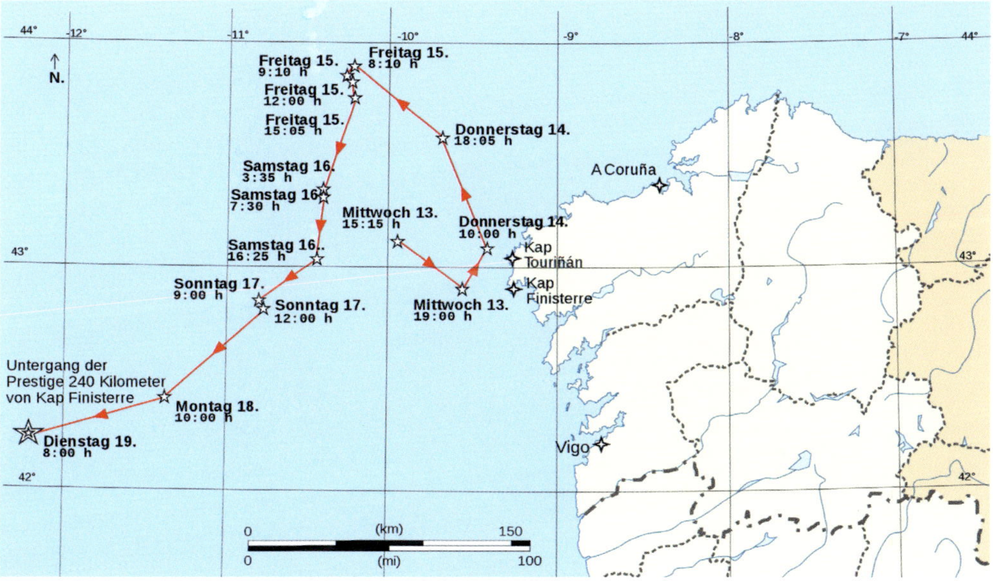

Die Route der »Prestige« in den Tagen vor dem Untergang.

verbrechen und Behinderung der Bergungsarbeiten vor. Derweil erreichte ein Ölteppich die spanische Küste. Doch das waren nur die Vorboten.

Am 19. November um 08:00 Uhr morgens zerbrach der Rumpf der »Prestige« 130 Seemeilen westlich von der spanischen Westküste in zwei Teile, die am Nachmittag dann gesunken sind. Eine sich nun erst richtig ausbreitende dicke und über 7800 Quadratkilometer große Ölschicht hatte eine verheerende Ölpest an der Küste zur Folge.

Tanker „Prestige" zerbrochen – Umweltkatastrophe droht

Tagelang trieb der Öltanker „Prestige" vor der Küste Portugals und Spaniens. Gestern brach das mit 77 000 Tonnen Schweröl beladene Schiff in zwei Teile und versank FOTO: DPA/EFE POOL

Der Untergang der »Prestige« war tage- und wochenlang in den Schlagzeilen der Presse.

Bei der Havarie der »Prestige« liefen insgesamt rund 64.000 t Schweröl aus. Giftiger Ölschlamm verseuchte und verschmutzte 2900 Kilometer der französischen und spanischen Küste, besonders an der Costa da Morte. dem westlich von A Coruña und dem Kap Finisterre gelegene Teil der spanischen Nordwest-Küste. Tausende Helfer kämpften gegen die Verschmutzung, die das Meer und die Küstenregionen stark beeinträchtigte. Dabei wurden neben der mechanischen Beseitigung auch Chemikalien und biologische Reinigungsmittel eingesetzt. Die von der »Prestige« verursachte Ölpest gilt als eine der größten Umweltkatastrophen in der Geschichte Spaniens. Durch das ausgelaufene Öl starben allein etwa 250.000 Seevögel.

In einem höchstinstanzlichen Verfahren wurde Kapitän Apostolos Mangouras am 26. Januar 2016 in Madrid zu einer Haftstrafe von zwei Jahren verurteilt, weil er den Seeunfall billigend in Kauf nahm, indem er den Tanker in eine bedrohliche Situation führte,

Fotos: Adela Leiro

Fotos: Adela Leiro

Reinigungsarbeiten an der verseuchten Küste und einer der 250.000 grausam zu Tode gekommenen Seevögel.

obwohl er genau über dessen strukturelle Schwächung wusste. Die Londoner Versicherungsgesellschaft Protection & Indemnity Club und der liberianische Schiffseigentümer Mare Shipping Incorporated wurden ebenfalls für die Schäden haftbar gemacht und zu hohen Entschädigungszahlungen verurteilt.

Das Wrack der »Prestige« liegt 166 Seemeilen vor der spanischen Küste in 3600 m Tiefe. In den zwei Jahren nach dem Untergang konnten die meisten Lecks mit Hilfe von Unterwasserdrohnen abgedichtet werden. Die im Wrack verbliebenen 13.000 t Öl wurden abgepumpt und durch eine mikrobakterienhaltige Lösung ersetzt, die die Zersetzung von Ölresten beschleunigt. Die rund 100 Millionen Euro teure Aktion wurde am 12. September 2004 erfolgreich abgeschlossen.

Der Tanker »Prestige« wurde bei Hitachi Shipbuilding and Engineering Co. in Maizuru, Japan geabut. Der Stapellauf des Schiffes fand am 10. Dezember 1975 statt. Das Schiff hatte eine Länge von 243,90 m, eine Breite von 34,55 m und einen Tiefgang von 14,07 m. Mit einer Maschinenleistung von 20.286 PS erreichte die »Prestige« eine Geschwindigkeit von 15 kn.

Da die »Prestige« kein Doppelhüllenschiff war, hätte sie nach den im April 2001 verabschiedeten strengeren MARPOL-Regeln (marine pollution, Internationales Übereinkommen von 1973 zur Verhütung der Meeresverschmutzung durch Schiffe), welche die schrittweise Eliminierung von Öltankschiffen ohne Doppelrumpf betrifft, spätestens am 11. März 2005 außer Betrieb genommen werden müssen.

4 Feuer im Schiff

»Saale«

Passagierschiff, Deutschland

Die »Saale« war ein Passagierschiff des Norddeutschen Lloyd (NDL), das im Nordatlantik im Passagierdienst verkehrte und auf der Route Bremen – Southampton – New York zum Einsatz kam. Es beförderte auf dieser Strecke zwischen 1886 und 1900 Passagiere, Fracht und Post. Die »Saale« gehörte zu der aus elf Schnelldampfern bestehenden »Flüsse«-Klasse des NDL, der damals die weltweit größte Schnelldampferflotte betrieb.

Am 30. Juni 1900 lag die »Saale« zusammen mit den NDL-Schiffen »Main«, »Kaiser Wilhelm der Große« und »Bremen« an der Anlegepier der Reederei in New York, Hoboken. Auf einer benachbarten Pier brach gegen 16:00 Uhr in einem Stapel Baumwollballen ein Feuer aus, das auf nahebei stehende Fässer mit Öl und Terpentin übergriff. Starker Wind begünstigte die Ausbreitung der Flammen auf die gesamte Anlage. Innerhalb von wenigen Minuten brannten alle Holzgebäude auf dem Gelände lichterloh. Für die an der Anlegestelle liegenden Schiffe bestand akute Gefahr.

Sofort wurde alles unternommen, um die Dampfer in das Hafenbecken und weg vom Feuer zu ziehen. Doch nur die »Kaiser Wilhelm der Große« konnte genügend schnell durch Schlepper vom Pier weggezogen werden und kam lediglich mit geringen Schäden und ohne Verlust von Menschenleben davon.

Bei »Main« und »Bremen« war es ebenfalls noch möglich die allerdings schon brennenden Schiffe mit Schleppern von der Pier zu entfernen und aus der Gefahrenzone zu bringen. Sie trieben dann schwer beschädigt auf dem Hudson River und gerieten auf Grund. Auf der »Bremen« gab es zwölf Tote. Beide Schiffe wurden später aufwendig repariert und wieder in Dienst gestellt.

Die »Saale« stand schon nach kurzer Zeit in großem Umfang in Flammen. Die Leinen wurden los geschnitten, sodass das Schiff auf den Hudson River hinaustrieb. Nachdem das Schiff bis in die Upper New York Bay trieb, wurde es von Schleppern zu einer Sandbank gezogen, wo es komplett ausbrannte und dann auf die Sandbank absank.

Die Menschen, die sich an Deck befanden, konnten sich nur mit einem Sprung in den Hudson River retten, wobei jedoch einige er-

Schnelldampfer »Saale«.

Foto: W. Sanders & Sohn

tranken. Diejenigen, die unter Deck in ihren Kabinen waren, hatten keine Chance. Im Schiff waren einerseits die Fluchtwege durch das Feuer versperrt und andererseits waren die Bullaugen der »Saale« mit einem Durchmesser von 30 Zentimeter nicht groß genug, als dass ein erwachsener Mensch sich hätte durchzwängen können. Augenzeugen berichteten hinterher, dass in zahlreichen Bullaugen des Schiffs Menschen hingen und um Hilfe schrien. Viele Passagiere erstickten auch im Rauch oder kamen direkt in den Flammen qualvoll um.

Nachdem das Schiff wieder schwimmfähig gemacht worden war, wurden die verkohlten Überreste von 99 – nach anderer Quelle 109 – Menschen aus dem Rumpf geborgen, darunter auch der Kapitän der »Saale«. Als Konsequenz bekamen die neueren Schiffe des NDL größere Bullaugen, die groß genug waren, dass im Notfall auch eine erwachsene Person durchpasste.

Die Ursache der größten Brandkatastrophe in der Schifffahrtsgeschichte konnte nie ermittelt werden. Die Spekulationen gehen von Selbstentzündung der Baumwolle über eine wegegeworfene Zigarettenkippe bis hin zu Brandstiftung.

Insgesamt brannten vier Dampfer, drei weitere wurden schwer beschädigt. Daneben wurden 27 Schlepper sowie Fähren, Barkassen und andere kleinere Schiffen im Hafen von Hoboken beschädigt oder zerstört. Die exakte Zahl der Toten konnte nie genau festgestellt werden, da viele Opfer bis zur Unkenntlichkeit verbrannten und andere nie gefunden werden konnten. In den unterschiedlichen Quellen und Berichten reichen die Zahlen der Opfer von 173 bis zu 400.

»Saale«	
Schiffstyp	Passagierschiff
Bauwerft	Fairfield Shipbuilding and Engineering Company, Glasgow, England
Eigner	Norddeutscher Lloyd, Bremen, Deutschland
Stapellauf	21. April 1886
Vermessung (BRT)	4965
Länge × Breite × Tiefgang (m)	133,99 × 14,66 × 5,33
Besatzungsstärke	190
Passagiere	I. Klasse: 224, II. Klasse: 90, Zwischendeck: 660
Antrieb	1 × Dampfmaschine
Antriebsleistung (PS)	1 × 8000
Wellen	1
Geschwindigkeit (kn)	17

Die »Saale« wurde von der Reederei als Totalverlust abgeschrieben. Nach Hebung, Reparatur und Umbau diente das Schiff in den USA noch bis zu seinem Abbruch im Jahr 1924 der Luckenbach Transportation & Wrecking Company unter dem Namen »J. L. Luckenbach« als Frachtdampfer.

»Europa« und »Bremen«

Passagierschiffe, Deutschland

Der Schnelldampfer »Europa« des Bremer Norddeutschen Lloyds entstand auf der Hamburger Werft Blohm+Voss und lief am 15. August 1928 vom Stapel. Ein ¾ Jahr später, das Schiff befand sich noch in der Endausrüstung, stellte ein Kontrollposten am Morgen des 26. März 1929 Brandgeruch fest. Die Werksfeuerwehr war in wenigen Minuten vor Ort. Doch die Löscharbeiten gestalteten sich schwierig.

In dem Schiff lagen überall noch sehr viele brennbare Materialien der unterschiedlichsten Art, die noch eingebaut werden sollten. Türen waren noch nicht vorhanden und so wurde das Feuer durch den entstehenden Luftzug auch noch regelrecht angefacht.

In Folge wurde fast die gesamte Feuerwehr Hamburgs zu dem Brandort beordert. Von der Wasserseite unterstützten Feuerlöschboote die Bemühungen den sich immer schneller ausweitenden Brand zu bekämpfen.

Durch das viele Löschwasser, das sich bald im Schiff nach und nach ansammelte, drohte die »Europa« zu kentern und wurde vorsorglich geräumt. Man musste deshalb das teilweise schon ausgebrannte Schiff fluten und auf Grund setzen, bevor die Feuerwehrleute wieder zurück an Bord kommen konnten. Erst am Abend gegen 19:00 Uhr bekam man den Brand, dessen Ursache später nicht ermittelt werden konnte, unter Kontrolle.

Die »Europa« lag bis zum unteren Passagierdeck mit den Speisesälen im Hafenbecken unter Wasser. Alle darüber liegenden Decks waren vollkommen ausgebrannt. Ihr Schicksal schien besiegelt. Man befürchtete den Totalverlust des Neubaus.

Aber die Werft ging schon am nächsten Tag entschlossen an die Arbeit, um das Passagierschiff zu retten. Ersatz für die ausgeglühten Stahlplatten – wie sich später herausstellte waren dies 7100 t – wurden bestellt und die Hebung des Schiffes vorbereitet. Ohne fremde Hilfe gelang dies am 19. April 1929. Glücklicherweise ließen sich die entstandenen Schäden in monatelanger Arbeit wieder beseitigen.

Am 22. Februar 1930 verließ die »Europa« die Werft und führte vom 15. bis 18. März ihre Werftprobefahrten durch, die eigentlich schon ein Jahr früher geplant und durch den Brand notgedrungen in Verzug geraten sind.

Zu ihrer Jungfernfahrt nach New York verließ das Passagierschiff am 19. März Bremerhaven. Schon auf dieser Fahrt konnte sich die »Europa« das in der nordatlantischen Passagierschifffahrt so begehrte Blaue Band sichern (20. März – 25. März 1930 / 27,91 kn). Drei Jahre später gewann sie die Trophäe zum zweiten Mal (27. Juni – 2. Juli 1933 / 27,92 kn).

Die Antriebsanlage des Schnelldampfers »Europa«, die diese Erfolge ermöglichte, bestand aus vier Getriebeturbinensätzen, die jeweils eine Hochdruck-, Mitteldruck- und Niederdruckturbine umfassten. Ihre Gesamtleistung von 105.000 PS ermöglichten dem Vier-Wellen-Schiff eine Geschwindigkeit von mehr als 27 kn. Den hierfür benötigten Dampfdruck von 22 bar erzeugten 24 ölbefeuerte Kessel.

Der auf der Werft Blohm & Voss im Hamburger Hafen am 26. März 1929 brennende Passagierdampfer »Europa«.

Foto: Bundesarchiv / Bild 102-09251 / CC-BY-SA 3.0

Der Passagierdampfer »Europa« des Norddeutschen Lloyd.

Die Passagierschiffe »Europa« und das Schwesterschiff »Bremen« waren die letzten deutschen Schnelldampfer auf der klassischen Nordatlantik-Route. Bis zum Jahre 1939 kamen sie hier für den Norddeutschen Lloyd zum Einsatz. »Sie bildeten den Höhepunkt des deutschen Schiffsbaus zwischen den Kriegen. Mit ihnen eroberte sich der Norddeutsche Lloyd abermals eine führende Stellung unter den großen Nordatlantik-Reedereien. Fortschrittlich in der schiffbautechnischen Konzeption und völlig neuartig in der Formgebung, setzten die beiden Schiffe neue Maßstäbe im Passagierschiffbau. »Europa« und »Bremen« waren die ersten Handelsschiffe mit dem heute so selbstverständlichen Wulstbug.« (Kludas, Die großen deutschen Passagierschiffe, Seite 160)

Die Inneneinrichtung des Schnelldampfers war, wie auch nicht anders zu erwarten, einmalig und erstklassig. Rauchsalon, Gesellschaftsräume und Kabinen der I. und II. Klasse waren von namhaften Architekten und Künstlern gestaltet worden.

Eine besondere Ausrüstung der »Europa« war das Bordflugzeug. Über ein Katapult gestartet, wurde der Flieger gegen Ende der Reise mit Post vorausgeschickt, die so rund einen Tag früher als das

Das Wasserflugzeug vom Typ Junkers Ju 46 beim Katapultstart von der »Europa«.

Foto: Archiv Autor

Schiff selbst ankam. Diese Beschleunigung des Postverkehrs zwischen Europa und Amerika mittels des Bordflugzeugs erwies sich als großer Erfolg. Eine solche Einrichtung gab es ansonsten nur noch auf dem Schwesterschiff »Bremen« und dem französischen Passagierschiff »Ile de France«.

Den Zweiten Weltkrieg überstand die »Europa« unbeschadet als Wohnschiff der Kriegsmarine in Bremerhaven. Im Jahre 1940 war sie als Truppentransporter für die als Unternehmen Seelöwe geplante Invasion in England vorgesehen. Der 1942 angedachte Umbau zu einem Flugzeugträger kam ebenfalls nicht zur Umsetzung. Im Mai 1945 wurde das Schiff von den Amerikanern als Kriegsbeute beschlagnahmt und als Truppentransporter verwendet. Im Mai 1946 gelangte das Schiff als Reparationsleistung nach Frankreich, sozusagen als Ersatz für den 1942 in Verlust geratenen Schnelldampfer »Lafayette« ex »Normandie«. Die »Europa« erhielt nun mit »Liberté« einen neuen Namen.

Im Dezember 1946 riss sich das zur Ausrüstung in Le Havre befindliche Passagierschiff in einem Sturm los, kollidierte mit einem im Hafen liegenden Wrack, schlitzte sich dabei die Außenhaut auf und sank – nun zum zweiten Mal in ihrem Schiffsleben – auf ebenem Kiel im flachen Hafenwasser. Die im April 1947 geho-

Foto: Bibliothek für Zeitgeschichte

Das Passagierschiff »Liberté« ex »Europa«.

Foto: Bibliothek für Zeitgeschichte

Passagierschiff »Bremen«.

	»Europa«	»Bremen«
Schiffstyp	Passagierschiff	Passagierschiff
Bauwerft	Blohm+Voss, Hamburg, Deutschland	Deschimag AG Weser, Bremen, Deutschland
Eigner	Norddeutscher Lloyd, Bremen, Deutschland	Norddeutscher Lloyd, Bremen, Deutschland
Stapellauf	15. August 1928	16. August 1928
Vermessung (BRT)	49.746	51.656
Länge × Breite × Tiefgang (m)	285,52 × 31,12 × 10,25	286,10 × 31,06 × 10,33
Besatzungsstärke	965	966
Passagiere	I. Klasse: 860, II. Klasse: 500, III. Klasse: 600, Touristenklasse: 305	I. Klasse: 811, II. Klasse: 500, III. Klasse: 617, Touristenklasse: 300
Antrieb	4 × Dampfturbine	4 × Dampfturbine
Antriebsleistung (PS)	4 × 26.250	4 × 26.250
Wellen	4	4
Geschwindigkeit (kn)	27	27

Foto: Archiv Autor

Nach einer Brandstiftung steht die »Bremen« am 16. März 1941 in Flammen.

Foto: Archiv Autor

bene »Liberté« musste aufwendig in Stand gesetzt werden. Sie kam erst 1950 für die Reederei Compagnie Générale Transatlantique, deren Hauptsitz sich in Paris befand, in Fahrt. Auf der Nordatlantik-Route der Reederei zählte dann die »Liberté«, genau wie es vor dem Krieg als »Europa« schon der Fall gewesen war, zu den beliebtesten Passagierschiffen.

Doch die fliegende Konkurrenz brachte nach und nach das Aus für die großen Passagierschiffe, so auch für die »Liberté«. Im Jahre 1958 hatten erstmals mehr Passagiere das Flugzeug als das Schiff für die Atlantiküberquerung genutzt. Im November 1961 beendete die »Liberté« ex »Europa« ihre letzte planmäßige Reise. In rund 20 Dienstjahren als Passagierschiff hatte sie auf dem Nordatlantik unter zwei Flaggen etwa 1,2 Millionen Passagiere befördert. Im Jahr 1962 begannen die Abwrackarbeiten an dem Schiff.

Ein Feuer vernichtet das Schwesterschiff »Bremen«

Nur einen Tag nach der »Europa« lief das Schwesterschiff »Bremen« am 16. August 1928 bei der Deschimag AG Weser in Bremen vom Stapel. Ein knappes Jahr später war das seinerzeit größte Schiff der deutschen Handelsmarine fertig gestellt und an den Auftraggeber, den Norddeutschen Lloyd, abgeliefert. Schon auf ihrer Jungfernreise, die am 16. Juli 1929 begann und von Bremerhaven nach New York führte, errang die »Bremen« das Blaue Band (17. Juli – 22. Juli 1929 / 27,83 kn).

Das letzte Mal legte der Schnelldampfer »Bremen« am 30. August 1939 unter den drohenden Anzeichen des Zweiten Weltkriegs in New York ab. Passagiere waren keine an Bord. Es gelang unerkannt an den englischen Suchgruppen vorbei über einen Zwischenstopp in Murmansk nach Bremerhaven zu gelangen, wo man am 13. Dezember 1939 festmachen konnte.

Der Schnelldampfer »Bremen« wurde anschließend in Bremerhaven von der Kriegsmarine als Wohnschiff genutzt. Ab Sommer

1940 war das Schiff als Transporter für das Unternehmen Seelöwe – die nicht über das Planungsstadium hinausgekommene Landung in England – vorgesehen. Dann folgte wieder die Verwendung als Wohnschiff.

Ein Schiffsjunge legte am Nachmittag des 16. März 1941 aus Rache für eine ungerechte Behandlung durch einen Vorgesetzten Feuer in dem sogenannten Jagdzimmer, in dem Matratzen eingelagert waren. Die Löschversuche der Besatzung blieben wirkungslos. Die Flammen griffen schnell auf benachbarte Räumlichkeiten über. Großalarm wurde für die lokalen Feuerwehren ausgelöst. In kürzester Zeit brannten mehrere Decks des Schiffes. Am Morgen des 17. März erreichten Feuerwehren aus Hamburg und Hannover den Brandort, konnten das Schiff aber auch nicht mehr retten. Erst am 18. März erloschen die Flammen, nachdem man die »Bremen« auf Grund gesetzt hatte und das Feuer in den oberen Decks keine Nahrung mehr fand. Für die total ausgebrannte »Bremen« blieb, nachdem zuvor noch alle brauchbaren Teile ausgebaut worden waren, nur noch die Verschrottung übrig. ▶|

»Lafayette«

Passagierschiff, USA

Die Eleganz und die Vielzahl an Innovationen, die das französische Passagierschiff »Normandie« zu bieten hatte, machten den Schnelldampfer ab Mitte der 1930er Jahre sehr schnell zu einem der beliebtesten Schiffe auf der Nordatlantik-Route. Die Welt hatte sich von der Wirtschaftskrise wieder erholt und

Foto: US National Archives

Das im New Yorker Hafen am 9. Februar 1942 brennende Passagierschiff »Lafayette«.

Foto: US Navy

Nach einem Feuer ist das Passagierschiff »Lafayette« im Hafen von New York gekentert.

das Passagiergeschäft war wieder angestiegen. Die »Normandie«, wie auch andere große Passagierschiffe, feierten erneut Triumphe.

Nach 139 Atlantik-Überquerungen lief die »Normandie« Ende August 1939 in New York ein. Wegen der drohenden Kriegsgefahr beließ die Reederei Compagnie Générale Transatlantique, international auch kurz French Line genannt, ihr Flaggschiff lieber dort im Hafen, als es auf See den Kriegsgefahren auszusetzen und stellte es außer Dienst. Seine Restbesatzung von lediglich 113 Personen blieb an Bord.

Nach der Kapitulation Frankreichs forderte die Vichy-Regierung die »Normandie« zurück, doch die Vereinigten Staaten kamen dieser Forderung nicht nach. Stattdessen beschlagnahmten die USA nach ihrem Kriegseintritte das Schiff. Die amerikanische Marine wollte das einstige Luxusschiff nun als Truppentransporter für 15.000 Soldaten herrichten lassen.

Am 16. Dezember 1941 wurde die französische Trikolore ein letztes Mal eingeholt, und das Schiff erhielt unter dem Sternenbanner den neuen Namen »Lafayette«, die Kennung AP-53 und einen grauen Anstrich. Da es in New York kein passendes Trockendock gab, sollten die geplanten Umbauarbeiten in New York am Pier 88 erfolgen.

Am 9. Februar 1942, dem Tag der Katastrophe, wurden Schneid- und Schweißarbeiten an etwa 110 Stellen des Schiffes durchgeführt. So auch im Großen Salon. In diesem Saal waren zum Zeitpunkt der Arbeiten mehrere tausend Schwimmwesten in großen Ballen gelagert. Gefüllt waren die Westen mit ölimprägniertem Kapok und daher besonders leicht entflammbar. Ein Feuerlöschschlauch war zwar bei Beginn der Schweißarbeiten als vorsorglicher Brandschutz ausgelegt worden, jedoch nicht an die Feuerlöschleitung angeschlossen.

Bei den letzten Schneidarbeiten gegen 14:30 Uhr wurde der Asbestschild, der den

Funkenflug abschirmen sollte, etwas zu früh weggezogen und weißglühende Stahlfragmente regneten auf die Schwimmwesten, die sofort Feuer fingen. Eine wirkungsvolle Brandbekämpfung konnte zum Zeitpunkt der Brandentstehung nicht durchgeführt werden, da man nicht sorgfältig genug Vorsorgemaßnahmen getroffen hatte und Feuerlöschmittel nicht im ausreichenden Maße bereitgestellt hatte. Auch in der Brandbekämpfung ausgebildetes Personal war nicht vorhanden. Dies alles zusammen führte nun zu einer raschen Ausbreitung der Flammen. Man verlor bald die vollständige Kontrolle über das sich schnell weiter ausbreitende Feuer. Innerhalb kürzester Zeit standen mehrere der luxuriös mit leicht entflammbaren Materialien ausgestatten Decks in Flammen.

Die alarmierte New Yorker Feuerwehr reagierte binnen kürzester Zeit und führte innerhalb einer Stunde insgesamt 43 Feuerwehreinheiten an die Pier. Von der Wasserseite kamen Feuerlöschboote zum Einsatz. Zur Brandbekämpfung wurden jetzt riesige Löschwassermengen eingesetzt, die vorwiegend in die oberen Decks eindrangen. Allein die Feuerlöschboote pumpten insgesamt 3500 t Wasser auf das Schiff, das sich wegen der unzureichenden Abflusswege überwiegend in den höher gelegenen Decks staute.

Infolge des eingesetzten Löschwassers gelang es zwar gegen Abend das Feuer unter Kontrolle zu bringen, aber die »Lafayette« wurde wegen der riesigen eingepumpten Wassermassen zunehmend instabil und das Schiff begann nach Backbord zu krängen.

Foto: US Navy

Der Zustand der »Lafayette« im Jahre 1943. Die Aufbauten sind teilweise schon demontiert.

Foto: Archiv Autor

Der französische Schnelldampfer »Normandie« auf einer zeitgenössischen Postkartendarstellung.

Durch tiefe liegende Öffnungen am Rumpf, wie zum Beispiel offenstehende Bullaugen, drang nun in Folge weiteres Wasser in das Schiff und die Schlagseite begann sich kontinuierlich zu erhöhen. Gegen Mitternacht betrug die Neigung schon 40 Grad. Alle Mannschaften wurden von Bord beordert. Ab 01:40 Uhr war das Poltern von zahllosen Gegenständen und von dem beweglichen Mobiliar zu vernehmen, das seinen Weg nach Backbord suchte und so die Krängung noch mehr erhöhte. Um 02:45 Uhr legte sich der Rumpf auf die Seite und die »Lafayette« kenterte an der Pier. Dass gekenterte Schiff blieb dann dort zunächst liegen.

Erst im August 1943 begann die langwierige Hebung der »Lafayette«, was sich bis Mitte September hinzog. Aus Kostengründen wurde sie nicht mehr repariert. Feuer und Wasser hatten zu hohe Schäden am Schiff angerichtet. An den geplanten Umbau zu einem Truppentransporter war nicht mehr zu denken. Im Jahre 1946 erfolgte der Verkauf zur Verschrottung des einst schönsten Ozeandampfers aller Zeiten und der einzigen französischen Trägerin des Blauen Bandes, das die »Normandie« zweimal für sich gewinnen konnte. (30. Mai – 3. Juni 1935 / 29,98 kn und 29. Juli – 2. Aug. 1937 / 30,58 kn). Für die kurze Schleppfahrt zur Abwrackwerft erhielt die ehemalige »Normandie« mit »Lipsett« ihren dritten Namen.

»Normandie«	
Schiffstyp	Passagierschiff
Bauwerft	Chantiers et Ateliers de St. Nazaire, St. Nazaire, Frankreich
Eigner	Compagnie Générale Transatlantique, Le Havre, Frankreich
Stapellauf	29. Oktober 1932
Vermessung (BRT)	79.280
Länge × Breite × Tiefgang (m)	313,58 × 36,40 × 11,20
Besatzungsstärke	1345
Passagiere	I. Klasse: 848, II. Klasse: 670, III. Klasse: 454
Antrieb	4 × Dampfturbine, 4 × Elektro-Fahrmotor
Antriebsleistung (PS)	4 × 41.250
Wellen	4
Geschwindigkeit (kn)	29

Foto: Archiv Autor

Die »Hanseatic« auf Kreuzfahrt.

»Hanseatic«

Passagierschiff, Deutschland

Auf dem von der Hamburg-Atlantik-Linie bereederten Passagierfahrtschiff »Hanseatic« brach am 7. September 1966 im Hafen von New York im Maschinenraum ein Feuer aus. Ursache war eine undichte Brennstoffleitung. Der Brand wütete stundenlang, weil sich – wohl infolge eines vorangegangenen Bedienungsfehlers – der Zustrom von Dieselöl nicht abstellen ließ. In der hölzernen Inneneinrichtung des Schiffes fand das Feuer ebenfalls reichlich Nahrung und breitete sich schnell auf dem Schiff aus.

Die Hafenfeuerwehr brauchte zehn Stunden, um den Brand unter Kontrolle zu bringen. Am Ende war das Schiff äußerlich zwar kaum, technisch jedoch schwer beschädigt. Durch den Qualm und die Löscharbeiten wurden auch die Passagiereinrichtungen in Mitleidenschaft gezogen. Das Schiff musste zum

Foto: Archiv Autor

Passagierschiff »Empress of Scotland«.

Die »Hanseatic« beim Anlegemanöver.

Totalschaden erklärt werden. Eine Wiederherstellung wäre zu kostenintensiv gewesen und man entschied sich für das Abwracken.

Am Haken der Hochsee- und Bergungsschlepper »Atlantic« und »Pacific« der Hamburger Bugsier-, Reederei- und Bergungsgesellschaft begann am 22. September 1966 die letzte Reise der »Hanseatic« über den Atlantik nach Hamburg, wo die Bevölkerung die »schöne Hamburgerin« – so wurde das Schiff häufig liebevoll bezeichnet – mit großer Anteilnahme begrüßte.

Die Abbrucharbeiten übernahm die Abwrackwerft Eisen & Metall in Hamburg-Altenwerder. Teile der versteigerten Inneneinrichtung fanden damals Verwendung als Ausstattung des Hamburger Kaufhofrestaurants. Aus Teilen des Doppelbodens entstand ein Hochseeschwerlastponton für eine Hamburger Firma.

Als »Empress of India« lief die »Hanseatic« am 17. Dezember 1929 bei der Fairfield Shipbuilding & Engineering Co. Ltd. Im schottischen Govan in der Nähe von Glasgow vom Stapel. An die Canadian Pacific Steamships abgeliefert kam das Schiff in deren Transpazifikdienst Vancouver – Yokohama in Fahrt. Im Zweiten Weltkrieg fand die »Empress of Japan« als Truppentransporter Verwendung und wurde nach dem Kriegseintritt der USA in »Empress of Scotland« umbenannt.

Ende 1957 stand das Passagierschiff zum Verkauf an. Die günstige Gelegenheit nützend erfolgte schon am 17. Januar 1958 sein Ankauf durch die Hamburg-Atlantik-Linie. Am 21. Januar traf es unter dem Interimsnamen »Scotland« im Hamburger Hafen ein. Nahtlos folgten Umbau und Modernisierung bei den Howaldtswerken in Hamburg. Unter anderem wurde die etwas altmodisch wirkende Silhouette des Dreischornsteinschiffes den Vorstel-

»Hanseatic«	
Schiffstyp	Passagierschiff
Bauwerft	Fairfield Shipbuilding & Engineering Co. Ltd., Govan, Großbritannien
Eigner	Hamburg-Atlantik-Linie, Hamburg, Deutschland
Stapellauf	17. Dezember 1929
Vermessung (BRT)	30.030
Länge × Breite × Tiefgang (m)	205,15 × 25,45 × 9,09
Besatzungsstärke	454
Passagiere	I. Klasse: 85, Touristenklasse: 1167, auf Kreuzfahrten: 600
Antrieb	2 × Getriebeturbine
Antriebsleistung (PS)	2 × 12.000
Wellen	2
Geschwindigkeit (kn)	20

lungen der Reederei angepasst. Das Schiff erhielt ein völlig neues Erscheinungsbild sowie moderne, der Zeit und den Publikumswünschen entsprechende Inneneinrichtungen. Anstelle des eingesparten dritten Schornsteins wurde ein Schwimmbecken eingebaut.

Am 27. Juli 1958 war das jetzt auf den Namen »Hanseatic« umgetaufte Schiff klar zur Jungfernreise. Bis 1966 beschäftigte die Reederei die »Hanseatic« sowohl im Liniendienst nach New York als auch für Kreuzfahrten in die Karibik und in das Mittelmeer. Der Slogan von »der schönen Hamburgerin« als dem »Schiff der guten Laune« erwies sich als zutreffende und Gewinn einbringende Werbung, bis das Kreuzfahrtschiff durch das oben erwähnte Großfeuer zum Totalverlust wurde.

»K-8«

Atom-U-Boot, Sowjetunion

Das nuklear angetriebene U-Boot (Atom-U-Boot) »K-8« war die dritte Baunummer des Projekts 627A, in der NATO als »November«-Klasse bezeichnet, der sowjetischen Marine. Es ging im April 1970 durch eine Brandhavarie verloren und war der erste Totalverlust eines sowjetischen nuklear angetriebenen U-Bootes.

Das U-Boot war Anfang 1970 im Rahmen des Flottenmanövers OKEAN im Mittelmeer. Mit einer seiner Aufgaben war die Beobachtung der dort aktiven amerikanischen Kriegsschiffe. Am 1. April wurde die »K-8« zu ihrem Stützpunkt in der Nordflotte zurückbefohlen. Die Meerenge von Gibraltar wurde getaucht passiert und am 8. April, es war der 51. Seetag des Bootes, befand sich »K-8« bereits in der Biskaya. Gegen Abend kam es auf dem in etwa 120 m Tiefe fahrenden U-Boot zu einer Brandentwicklung in den Abteilungen III und VII.

Der weitere Ablauf des Geschehens bis zum Untergang des Bootes ist in dem Internet-Lexikon Wikipedia wie folgt beschrieben:

»Der Kommandant ließ »K-8« sofort auftauchen. In Abteilung III konnte die Besatzung den Brand schnell löschen, musste die Abteilung aber wegen der beim Brand freigesetzten giftigen Dämpfe verlassen. In Abteilung VII speiste sich das Feuer mittlerweile auch aus den dort verwendeten Schmierölen, sodass es nicht zu löschen war und die Seeleute die Abteilung ebenfalls evakuieren mussten. Nach dem Abschalten der beiden Kernreaktoren dauerte es noch 40 Minuten, bevor der Brand in Abteilung VII durch den Sauerstoffentzug infolge der Abschottung erstickte.

Die Dieselgeneratoren, welche die Stromerzeugung für die Schiffssysteme nach der Reaktorabschaltung übernommen hatten,

Risszeichnung des Projekts 627A (»November«-Klasse).
Foto: Mike 1979 Russia / CC-BY-SA 3.0

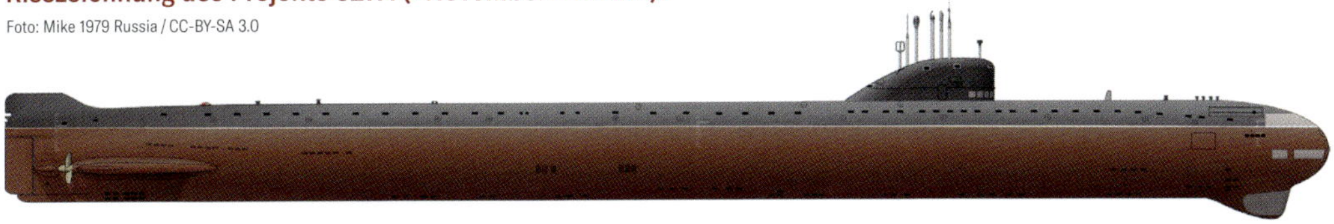

waren der Dauerbeanspruchung nicht gewachsen und mussten wegen Überhitzung ebenfalls abgeschaltet werden. Die Seeleute in Abteilung VIII waren vom Rest des Bootes abgeschnitten und konnten zunächst nicht befreit werden, da sich die Zugangsluken infolge von Überdruck nicht öffnen ließen.

Bei der Untersuchung der Schäden am Schiff kam es beim Betreten von Abteilung III zu einem erneuten Aufflammen des Brandes an der Sonarstation. Der Brand wurde gelöscht. 15 Matrosen wurden schließlich aus Abteilung VIII befreit, acht weitere Seeleute waren dort bereits an einer Rauchvergiftung gestorben und auch die Geretteten starben innerhalb der nächsten zwei Stunden an den Folgen der Vergiftung.

»K-8« trieb ohne Energieversorgung und Kommunikation hilflos in der Biskaya. Nach Aussagen der Besatzung soll ein kanadischer Frachter das Boot im Halbkreis umfahren haben, um dann seinen Kurs fortzusetzen und sich mit voller Fahrt zu entfernen, ohne Hilfe zu leisten. Am nächsten Tag kam ein bulgarischer Frachter in Sicht. Er übermittelte schließlich den Hilferuf von »K-8« über seine Funkstation an sowjetische Stellen und übernahm einen Teil der Besatzung des U-Bootes, die für die Schiffssicherung nicht benötigt wurden. Mehrere Hilfsschiffe wurden entsandt.

Ohne Stromversorgung war es nicht möglich, die Druckluftvorräte auf »K-8« wieder aufzufüllen, sodass die Tauchzellen nicht mehr reguliert werden konnten. Das Heck des Bootes lag immer tiefer im Wasser und im hinteren Schiffsteil – wohl über ein Leck an einem der Verschlüsse eines Hecktorpedorohrs – drang Wasser ein.

Gegen 22:30 Uhr des 11. April wurde die Lage kritisch und weitere Seeleute wurden auf ein Rettungsschiff gebracht.

Alle Versuche, das Boot in Schlepp zu nehmen, scheiterten am schweren Seegang. 22 verbliebene Besatzungsmitglieder versuchten unter der Führung des Kapitäns, das Boot zu retten. Wenig später war eine einzelne rote Leuchtrakete zu sehen, dann verschwand »K-8« in der Dunkelheit von den Radarschirmen des Rettungsschiffes. Zwei schwere Erschütterungen wurden auf dem Rettungsschiff wahrgenommen, möglicherweise Folgen von Dekompressionsexplosionen.

Einige Stunden später suchte man am 12. April nach Sonnenaufgang die vermeintliche Untergangsstelle ab und barg die Leiche eines Offiziers aus dem Meer. Die Leiche des Kommandanten wurde ebenfalls gesichtet, sie versank jedoch, bevor man sie an Bord holen konnte. 30 Seeleute der »K-8« waren an den Folgen der Brände, meist durch Rauch-

»K-8«	
Schiffstyp	Atom-U-Boot
Bauwerft	Werft 402, Severodvinsk, Sowjetunion
Eigner	sowjetische Marine
Stapellauf	31. Mai 1959
Verdrängung (↑/↓) (t)	4500 / 5300
Länge × Breite × Tiefg. (m)	109,30 × 9,10 × 7,70
Tauchtiefe (m)	300
Besatzungsstärke	80
Antrieb	2 × Druckwasserreaktor, 2 × Dampfturbine
Antriebsleistung (PS)	2 × 17.500
Wellen	2
Geschwindigkeit (↑/↓) (kn)	16 / 30
Bewaffnung	8 × 53,3 cm-Torpedorohr (Bug), 4 × 40,6 cm-Torpedorohr (Heck)

vergiftungen, gestorben. Die 22 Mann starke Schiffssicherungsgruppe um den Kommandanten starb beim Untergang des Bootes.« (https://de.wikipedia.org/wiki/K-8_(U-Boot))

Nach einer anderen Quelle soll der Brand in den Abteilungen III und IV ausgebrochen sein und sich dann auf die Abteilungen VII und VIII ausgedehnt haben und dann außer Kontrolle geraten sein. Das erste Hilfsschiff sei am frühen Morgen des 10. Aprils bei dem Havaristen angekommen. Der Untergang, der 52 Soldaten das Leben gekostet hatte, wurde von sowjetischer Seite bis 1991 geheim gehalten.

Bei den U-Booten der »November«-Klasse handelte es sich um die ersten nuklear angetriebenen U-Boote der sowjetischen Marine. Als Angriffs-U-Boote waren sie sowohl für die Seeziel- als auch für die U-Bootbekämpfung konzipiert und für weit reichende Operationen ausgelegt. Im sowjetischen Sprachgebrauch wurden sie als atomgetriebene Torpedo-Unterseeboote bezeichnet. Insgesamt wurden in den Jahren 1958 bis 1964 in drei Varianten 14 Einheiten gebaut und in Dienst gestellt, die zum Teil noch bis Ende der 1980er und Anfang der 1990er Jahre im Dienst standen.

»Seawise University«

Passagierschiff, Hongkong

Am 9. Januar 1972 war im Hongkonger Hafen Großalarm. Das dort liegende Passagierschiff »Seawise University« stand lichterloh in Flammen. Bei diesem Schiff handelte es sich um die ehemalige englische »Queen Elizabeth«, die 1970 von dem Hongkonger Unternehmer und Großreeder Chao Yung Tung gekauft worden war und der den ehemaligen Luxusdampfer unter einem enormen Kostenaufwand zu einer schwimmenden Universität umbauen wollte.

Als Luxusschiff war die »Queen Elizabeth« 1968 außer Dienst gestellt worden, wurde nach Port Everglades in Florida, USA

Das Passagierschiff »Seawise University« steht am 7. Januar 1972 in Flammen.

verkauft und dort unter dem Namen »Elizabeth« als Hotelschiff und Touristenattraktion genutzt. Doch hier schrieb der ehemalige Schnelldampfer rote Zahlen. Nach der Stilllegung kam es zu dem erneuten Verkauf. Auf eigenem Kiel verlegte Schiff nach Hongkong. Es kam im Juli 1971 dort an und wurde in »Seawise University« umbenannt. Der neue Name ist ein Wortspiel mit den Initialen des neuen Eigentümers (C.Y.'s University).

Doch die Pläne von C.Y. Tung sollten nicht aufgehen. Auf das Schiff wurde mit einer Brandstiftung ein Sabotageakt verübt. Am 9. Januar 1972 brachen gleichzeitig mehrere Feuer auf dem kurz vor der Beendigung der Umbauarbeiten befindlichen Schiff aus. Die schiffseigene Feuerwehr bekam die Flammen nicht in Griff. Schnell waren fünf der elf Decks der »Seawise University« vom Feuer betroffen. Durch die Explosion eines Ölkessels wurden die Flammen zusätzlich angefacht. Bald standen auch die Aufbauten in hellen Flammen.

Als die Hongkonger Feuerwehr eintraf, sah sie sich vor eine praktisch nicht mehr lösbare Aufgabe gestellt. Erst am frühen Morgen des 10. Januars waren die Hauptbrandherde gelöscht. Durch die Unmenge von Löschwasser, das in das brennende Schiff gepumpt wurde, und die durch das Feuer entstandenen Schäden war das stark in Mitleidenschaft gezogene Schiff kaum noch schwimmfähig. Es legte sich schließlich auf die Seite und versank im Hafenschlick.

Dort blieb es zunächst mal liegen. Ab 1975 erfolgte der Abbruch. Einige Teile des ausgebrannten Wracks wurden verschrottet, der Rest blieb dort liegen, wo er gerade lag. Im Jahr 1998 wurde über diesen Teil des Hafenbeckens Land aufgespült und ein Containerterminal errichtet.

Vor dem Zweiten Weltkrieg war der Schnelldampfer »Queen Elizabeth« nach der »Queen Mary« der zweite große Passagierschiffneubau der Cunard Line. Sein Bau erfolgte auf der Werft John Brown & Company in Clydebank bei Glasgow. Die britische Regierung griff tief in ihre Taschen und subventionierte in der wirtschaftlich schwierigen Zeit mit fünf Millionen Pfund den Schiffsneubau. Der Stapellauf fand am 27. September 1938 statt. Mit 83.673 BRT und 314,25 m Länge war die »Queen Elizabeth« das seinerzeit größte Schiff der Welt. Bei den Passagierschiffen hielt sie diesen Rekord bis in die 1990er Jahre.

Bei Kriegsbeginn war das Schiff noch nicht komplett ausgerüstet. Sozusagen im Rohbau hatte es den Atlantik überquert. Aus Neutralitätsgründen wurde die »Queen Eli-

Foto: Barry Loigman / CC-BY-SA 2.5

Die halb gekenterte und auf Grund liegende »Seawise University«.

»Queen Elizabeth«	
Bauwerft	John Brown & Company, Clydebank, Großbritannien
Eigner	Cunard Line, Liverpool, Großbritannien
Stapellauf	27. September 1938
Vermessung (BRT)	83.673
Länge / Breite (m)	314,25 × 36,00 × 12,00
Besatzungsstärke	1296 Personen
Passagiere	I. Klasse: 823, III. Klasse: 662, Touristenklasse: 798
Antrieb	4 × Dampfturbine
Antriebsleistung	4 × 39.500
Wellen	4
Geschwindigkeit	29 kn

Ein Bild aus besseren Tagen.

Foto: Bibliothek für Zeitgeschichte

zabeth« in New York nur insofern weiter gebaut, dass sie richtig seetüchtig wurde, um dann anschließend im australischen Sydney zum Truppentransporter ausgerüstet zu werden. Am 13. November 1940 lief das Schiff nachts heimlich aus New York aus und verlegte durch den Südatlantik via Kapstadt nach Singapur. Dort erhielt es schon einmal eine Bewaffnung von mehreren altmodischen Flugabwehr-Geschützen eingebaut und die Maschinenanlage wurde überholt. Im Februar ging die Reise weiter nach Sydney zur Endausrüstung als Truppentransporter, die dann im April 1941 abgeschlossen war.

Nach dem Krieg – wieder zum »richtigen« Passagierschiff zurückgebaut – kam die »Queen Elizabeth« im transatlantischen Personenverkehr im Liniendienst zum Einsatz. Als das schnellere Flugzeug Ende der 1950er Jahre die großen Passagierschiffe als Hauptreisemittel ablöste und für diese nun ein rentabler Einsatz nicht mehr möglich war, wollte man nach einer Modernisierung und einem Umbau zum reinen Kreuzfahrtschiff die »Queen Elizabeth« weiter in Fahrt behalten. Doch für diesen Zweck erwies sich das Schiff damals als noch zu groß. Der Reederei blieb 1968 nur die Außerdienststellung und der Verkauf übrig, denn ein Gewinn war mit dem Schiff nicht mehr zu erzielen.

Über Florida ging nun die Reise nach Hongkong, wo die einst luxuriöse und beim Reisepublikum beliebte »Queen Elizabeth« als »Seawise University« am 9./10. Januar 1972 ein unrühmliches Ende in den Flammen fand.

»K-278 Komsomolez«

Atom-U-Boot, Sowjetunion

Die »K-278 Komsomolez« war ein nuklear angetriebenes U-Boot (Atom-U-Boot) des Projekts 685, das in der NATO als »Mike«-Klasse bezeichnet wurde. Sie war ein Einzelschiff und gilt als Testplattform für neuere Technologien. Die 1984 in Dienst gestellte Einheit sank am 7. April 1989 nordwestlich von Norwegen. Beim Untergang kamen 42 Besatzungsmitglieder ums Leben.

Am 7. April 1989 befand sich die »K-278 Komsomolez« in einer Tiefe von 150 m auf dem Rückmarsch nach Seweromorsk, als in der Abteilung VII ein Feuer ausbrach, das schnell auf die benachbarte Abteilung VI übergriff. Ausgetretenes Getriebeöl der Hydraulik der Ruderanlage hatte auf einer heißen Oberfläche Feuer gefangen und den Großbrand ausgelöst. Mit rasender Geschwindigkeit waren weitere Sektionen durch das Feuer betroffen, das Kurzschlüsse in den Kontroll- und Steuerungssystemen auslöste. Im Boot herrschten sehr schnell extrem hohe Temperaturen. Als direkte Folge wurde die automatische Notabschaltung des Reaktors eingeleitet und damit aber auch die Energieversorgung, mit all ihren Folgen für die Bootssysteme, gekappt.

Innerhalb weniger Minuten war es jedoch der Besatzung noch gelungen die »K-278 Komsomolez« an die Oberfläche zu bringen. In den havarierten Räumen kam es dann aber zu Undichtigkeiten in der Druckluftanlage. Die ausströmende Luft fachte das Feuer zusätzlich an. Gleichzeitig verursachte die starke Hitzeentwicklung ein Leckwerden der achteren Tauchzellen. Die Schwimmlage des U-Bootes wurde instabil.

Während die Besatzung dennoch über Stunden weiter versuchte das Feuer zu bekämpfen, explodierten plötzlich Sauerstoff- und Getriebeöltanks, was zu Beschädigungen des Rumpfes führte. Das Boot verlor nun seinen noch vorhandenen Restauftrieb. Ein Großteil der Besatzung konnte noch rechtzeitig das Boot verlassen, bevor es erst langsam und dann immer schneller über den Achtersteven versank. Ohne ausreichende Rettungsmittel trieben die Männer im eiskalten Wasser des Nordmeeres.

»K-278 Komsomolez«	
Schiffstyp	Atom-U-Boot
Bauwerft	Werft 402, Severodvinsk, Sowjetunion
Eigner	sowjetische Marine
Stapellauf	9. Mai 1983
Verdrängung (↑/↓) (t)	5750 / 7810
Länge × Breite × Tiefg. (m)	120,00 × 11,50 × 9,00
Tauchtiefe (m)	1000
Besatzungsstärke	68
Antrieb	1 × Druckwasserreaktor, 2 × Dampfturbine
Antriebsleistung (PS)	2 × 30.000
Wellen	2
Geschwindigkeit (↑/↓) (kn)	14 / 30,5
Bewaffnung	6 × 53,3 cm-Torpedorohr (Torpedos), 2 × 65,0 cm-Torpedorohr (Flugkörper)

Der Kommandant sowie vier weitere Besatzungsmitglieder versuchten sich mit der Notfallkapsel aus dem sinkenden Boot zu retten. In 1500 m Tiefe gelang es ihnen die Rettungskapsel zu lösen, die dann regelrecht an die Oberfläche schoss. Ein Mann wurde beim Öffnen des Luks herausgeschleudert. Durch die offene Luke drang viel Wasser in die Rettungskapsel und brachte sie mit den übrigen Insassen wieder zum Sinken.

Die Besatzung hatte ihren Notfall noch über Funk weitermelden und die Kommandobehörde der

Atom-U-Boot »K-278 Komsomolez«.

Fotos: US Navy

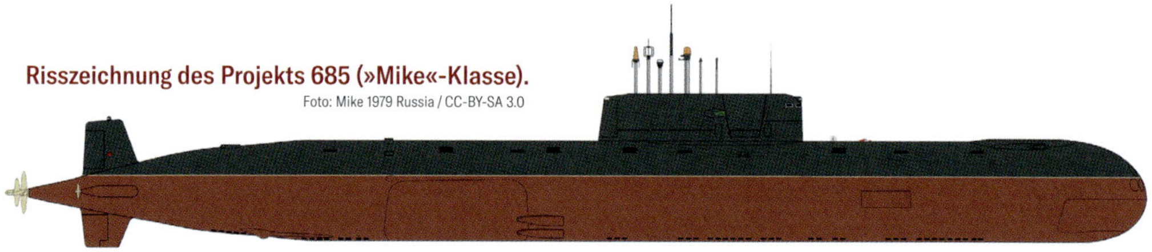

Risszeichnung des Projekts 685 (»Mike«-Klasse).
Foto: Mike 1979 Russia / CC-BY-SA 3.0

Nordflotte alarmieren können. Rettungsflugzeuge waren schnell vor Ort und warfen Rettungsinseln ab, allerdings nicht genug für die 50 im kalten Wasser treibende Männer. Die später an der Unfallstelle eintreffenden Rettungsschiffe fischten die Überlebenden aus dem Wasser. An Bord waren 68 Besatzungsmitgliedern und ein Politoffizier. Von diesen Personen starben 42 während und nach dem Unglück, die meisten durch Unterkühlung im kalten Wasser.

Die »K-278 Komsomolez« war mit der neuesten sowjetischen U-Boottechnologie ausgerüstet. Sie war ein Zweihüllen-U-Boot mit einem Druckkörper aus Titan, der eine Tauchtiefe von 1000 m ermöglichte.

Sie liegt nun auf Position 73° 43' 17" N und 13° 15' 51" O rund 100 Seemeilen südwestlich der Bäreninsel im Nordmeer vor der Küste Norwegens in einer Tiefe von etwa 1858 m. Die Untergangsstelle befindet sich in einem der fischreichsten Gebiete der Welt. Norwegische Untersuchungen aus dem Jahr 2008 konnten glücklicherweise keine signifikante Radioaktivität beim Wrack der »K-278 Komsomolez« feststellen. Ist dies aber mal der Fall, so würde das der Fischereiindustrie große Verluste bescheren und die Meeresumwelt extrem belasten. ▶|

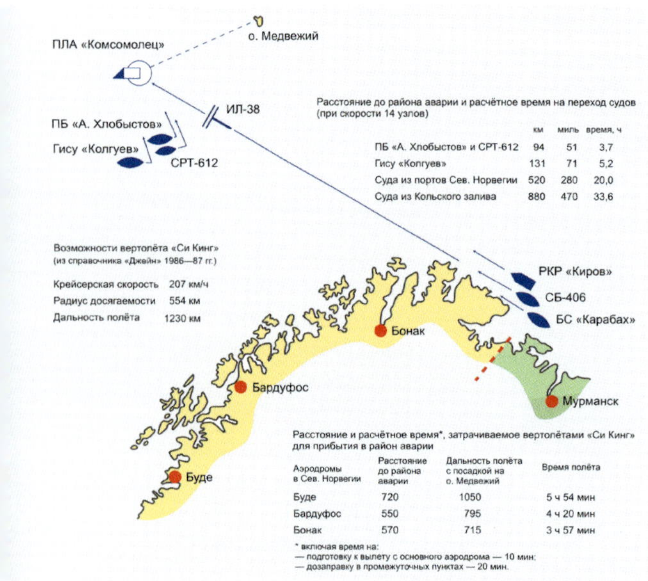

Foto: Evgeniy Katyshev

Kartenausschnitt mit der Unglücksposition von »K-278 Komsomolez« und den zur Hilfe eilenden Rettungsschiffen.

»Scandinavian Star«

Fähre, Bahamas

In der Nacht vom 6. auf 7. April 1990 war die RoRo-Fähre »Scandinavian Star« im Skagerrak auf dem Weg von Oslo nach Frederikshavn in Dänemark. Die Abkürzung RoRo steht für Roll on Roll off, das bedeutet: Fahrzeuge und bewegliche Güter können eigenständig auf das Schiff fahren und es ebenso wieder verlassen. Das im Linienverkehr zwischen den beiden Häfen eingesetzte Schiff fuhr für die dänischen DA-NO Linjen unter der Flagge der Bahamas. An Bord des am 19. Januar 1971 vom Stapel gelaufenen, mit 10.513 BRT vermessenen und rund 142 langen Schiffes befanden sich 383 Passagiere und 99 Besatzungsmitglieder.

Die »Scandinavian Star« war erst am 30. März 1990 von der Reederei übernommen worden, nachdem sie vorher unter einem anderen Eigner in der Karibik für Kreuzfahrten eingesetzt war. Am 7. April 1990 führte schon auf der ersten Überfahrt im neuen Einsatzgebiet ein Brand zu einer Katastrophe mit 159 Toten.

Die »Scandinavian Star« im Hafen von Lysekil. Restbrände müssen noch gelöscht werden.

In der Unglücksnacht kam es auf der Fähre scheinbar zu mehreren Brandanschlägen. Gegen 01:55 Uhr wurden einige brennende Decken entdeckt, die von einem Passagier gelöscht werden konnten. Das Schiff befand sich zu dieser Zeit mitten im Skagerrak.

Kurz danach entzündete wohl ein Brandstifter gegen 02:00 Uhr einen Stapel von Papier, Bettwäsche und Bettdecken im Steuerbordgang auf Deck 3. Dieser zweite Brand breitete sich schnell aus. Innerhalb weniger Minuten stand der ganze Steuerbordgang in Flammen. Rasch dehnte sich das Feuer auf den Treppenaufgang aus und erreichte in den folgenden Minuten die Decks 4, 5 und 6.

Der Brand wurde zuerst von Passagieren entdeckt, die manuelle Feuermelder aktivierten und so die Brücke alarmierten. Dort wurde sofort ein Generalalarm, der wenig später in einen Feueralarm geändert wurde, ausgelöst. Allerdings ertönten die Alarmsignale nur recht kurz und dazu auch noch in einer geringen Lautstärke. Der Kapitän informierte zusätzlich über die Lautsprecheranlage, dass an Bord ein Feuer ausgebrochen sei und ließ die von Hand fernbedienten feuersicheren Türen schließen, um das Ausbreiten des Brandes zu verhindern. Allerdings geschah diese Maßnahme nicht konsequent genug. Es wurden nur die Türen der Decksbereiche geschlossen, aus denen zuvor die Feuermeldungen gekommen waren. Auf dem gesamten Schiff hätten die Feuerschutztüren geschlossen werden müssen. Weiterhin ließ der Kapitän die Feuerlöschpumpen und das Feuerlöschsystem aktivieren.

Weitere Maßnahmen des Kapitäns waren die Reduzierung der mit 21 kn anliegenden Geschwindigkeit und kurz darauf das Aufstoppen des Schiffes. Aus Radarbeobachtungen anderer Schiffe weiß man, das die »Scandinavian Star« gegen 02:30 Uhr keine Fahrt mehr machte und in dem leichten Wind in der See trieb.

Gegen 02:24 Uhr sendete der Funkoffizier der Fähre einen Mayday Notruf. Gleichzeitig bat der Kapitän die »Stena Saga« um Hilfe. Dieses schwedische Fährschiff lief auf gleichem Kurs wie die »Scandinavian Star« und befand sich nur etwa vier Seemeilen voraus

Die ausgebrannte RoRo-Fähre »Scandinavian Star«.

entfernt. Die »Stena Saga« traf eine Viertelstunde nach dem Hilferuf als erstes Schiff an der Unglücksstelle ein. Die Evakuierung der Passagiere mit den Rettungsbooten wurde eingeleitet.

Zu diesem Zeitpunkt hatten sich aber schon die meisten Fahrgäste längst in ihren Kabinen zur Ruhe begeben. Nur etwa 60 Prozent gelang es, die Kabinen wirklich noch zu verlassen und sich mit mehr oder weniger großen Anstrengungen auf dem Bootsdeck einzufinden. Viele wurden in den Kabinen vom Rauch überrascht und kamen durch die giftigen Gase ums Leben.

An Bord existierte kein Notfallplan, weder für Evakuierungs- noch für Brandbekämpfungsmaßnahmen. Erschwerend wirkte, dass die aus verschiedenen Nationalitäten bestehende Besatzung in der Brandabwehr ungeübt und überfordert war. Kaum ein Besatzungsmitglied beherrschte eine skandinavische Sprache, viele auch nur begrenzt Englisch.

Eine ganz andere Situation bei den landseitigen Rettungsstationen in Norwegen, Schweden und Dänemark. Sie veranlassten nun professionelle Hilfeleistung durch eine Vielzahl von Schiffen, ohne die es zu einem noch schlimmeren Ausgang der Katastrophe gekommen wäre. Der erste Rettungsschubschrauber traf gegen 03:35 Uhr ein. Der größte Teil der überlebenden Passagiere hatte zu diesem Zeitpunkt mit den bordeigenen Rettungsbooten die »Scandinavian Star« bereits verlassen. Die restlichen Personen wurden jetzt mit den Hubschraubern von dem Schiff abgeborgen.

Auf der »Scandinavian Star« begann ein außergewöhnlicher Löscheinsatz durch die in Brandbekämpfung ausgebildeten und geübten Besatzungsmitglieder der am Ort des Geschehens eingetroffenen Rettungsschiffe. Professionelle Feuerwehrleute mit Brandbekämpfungsausrüstung wurden durch Hubschrauber eingeflogen.

Die ersten Helfer gingen um 05:30 Uhr an Bord, durchsuchten das Schiff auf eventuelle noch zurückgebliebene Personen, was allerdings nicht der Fall war. Es begannen umfangreiche Löscharbeiten durch die zahlreichen nun vor Ort befindlichen Feuerwehrleute. Von außen erhielten diese Unterstützung durch Wasserwerfer von Löschfahrzeugen.

Zeitweise bestand durch die in den oberen Decks eingebrachten Wassermengen Gefahr für die Stabilität des Schiffes. Das an Bord zurückbeorderte Maschinenpersonal der »Scandinavian Star« konnte mit Hilfe der Lenzpumpen dieses Wasser wieder außenbords pumpen und so diese Gefahr beseitigen.

Um 11:55 Uhr wurde am 7. April damit begonnen das Schiff mit langsamer Fahrt nach dem schwedischen Hafen Lysekil abzuschleppen. Die Löscharbeiten wurden während dessen fortgesetzt und waren gegen 16:00 Uhr zunächst mal abgeschlossen. Um 21:17 war die ausgebrannte »Scandinavian Star« am Kai festgemacht. Wie bereits erwähnt, gab es durch diese Brandhavarie auf der Fähre 159 Tote.

Aus dem Untersuchungsbericht vom Januar 1991 ging hervor, dass das Unglück von sehr komplexer Natur war. Zu den Ursachen gehörten wohl Mängel in der Reedereiorganisation, Schwächen in der Technik des Schiffes sowie Fehler und Unterlassungen der Schiffsführung. Außerdem war die Vorbereitung der »Scandinavian Star« auf ihre erste Reise nach dem Ankauf unter großem Zeitdruck erfolgt. Es war wohl wenig Zeit vorhanden gewesen, um sich eingehend mit den Sicherheitseinrichtungen des Schiffes zu befassen. Zu einer wichtigen Empfehlung der Untersuchungskommission gehörte die Ausrüstung mit Rauchmelde- und Sprinkleranlagen.

Unabhängig von der Ursache der Brände stellten die Ermittler aber auch fest, dass unsichere synthetische Baumaterialien, zu wenig Feueralarme und eine mangelhafte Auslegung der Notausgänge die Hauptgründe dafür waren, dass 159 Menschen an Bord nicht rechtzeitig evakuiert werden konnten.

Nach dem Unglück wurden der dänische Reeder, dessen Geschäftsführer und der Kapitän wegen der von ihnen zu verantwortenden Sicherheitsmängel zu je sechs Monaten Haft verurteilt.

Im Dezember 1992 änderte die Weltschifffahrtsorganisation IMO (International Maritime Organization) angesichts der »Scandinavian Star«-Katastrophe die SOLAS-Vorschriften für den Brandschutz auf Schiffen. SOLAS steht für Safety of Life at Sea, ein von der UN-Schifffahrtsorganisation ständig auf dem Laufenden gehaltener Regelkatalog, der seinen Ursprung in der »Titanic«-Katastrophe hat. So wurde nach dem Brand der »Scandinavian Star« weltweit die Einführung von automatischen Brandmeldeanlagen, Feuerlöschsystemen sowie automatisch schließbaren Feuerschutztüren und Lüftungsschächten für Passagierschiffe mit mehr als 36 Fahrgästen vorgeschrieben.

Ursprünglich hatten die Ermittler einen dänischen Lastwagenfahrer zum Täter erklärt, weil dieser als Pyromane vorbestraft gewesen war. Der Mann war selbst bei dem Brand ums Leben gekommen. Dieses Ergebnis wird seitdem angefochten. Eine Expertenkommission hatte aber auch den Verdacht geäußert, dass Mitglieder der Crew das Feuer gelegt haben könnten, um einen Versicherungsbetrug zu begehen.

Der Fall wurde 2014 neu aufgerollt. Dokumente im Umfang von 60.000 Seiten wurden noch einmal durchgegangen und 70 Zeugen wurden befragt. Experten entkräfteten jetzt unter anderem den Verdacht, dass das Feuer an mehreren Stellen auf dem Schiff ausgebrochen ist. Wahrscheinlicher sei demnach, dass die Flammen nach dem ersten großen Feuer wegen der enormen Hitze und den leicht entflammbaren Baumaterialien auf die anderen Bereiche der Fähre schnell übergreifen konnten. Im Jahr 2016 wurden die Ermittlungen wieder eingestellt.

Nach dem Brand wurde die »Scandinavian Star« 1994 versteigert, in »Regal Voyager« umbenannt und in Italien wieder aufgebaut. In den folgenden Jahren kam sie hauptsächlich in Charter verschiedener Reedereien wieder als Fähre zum Einsatz. Im Jahr 2004 wurde die ehemalige »Scandinavian Star« an eine indische Abwrackwerft in Alang verkauft, wo noch im Mai desselben Jahres mit der Verschrottung begonnen wurde. ▶|

Foto: Archivi C.N.R. Palaermo

Die »Achille Lauro« in Palermo während der Umbauphase im Jahre 1965.

»Achille Lauro«

Passagierschiff, Italien

Das italienische Passagierschiff »Achille Lauro« war am 19. November 1994 in Genua zu einer dreiwöchigen Kreuzfahrt nach Haifa, Port Said, den Seychellen und Durban ausgelaufen. In der Nacht vom 29. auf 30. November 1994 befand sich das Schiff mit 572 Passagieren und 408 Besatzungsmitgliedern an Bord im Indischen Ozean etwa 35 Seemeilen östlich von Somalia und dem sogenannten »Horn von Afrika«.

Ein Bordfest war noch im vollen Gange, als gegen 01:30 Uhr der erste beißende Brandgeruch durch die feiernden Gäste wahrgenommen wird. Im Maschinenraum war ein Brand ausgebrochen. Kurz danach standen die Maschinen still.

In den Maschinenraum eingebrachter Stickstoff konnte wegen nicht geschlossener Schotten das Feuer nicht löschen. Auch die automatische Löschanlage habe für die Brandbekämpfung nicht ausgereicht. Der Brand geriet außer Kontrolle und griff nach und nach auf mehrere Decks des Schiffes über. Das durch die Feuerlöschpumpen in den Rumpf eingebrachte Wasser führte dazu, dass das Schiff instabil wurde und etwa zehn Grad Schlagseite nach Backbord bekam.

Der Kapitän forderte mit ruhiger Stimme in einer Durchsage die Passagiere auf, sich auf die oberen Decks zu begeben. Zuerst läuft alles ruhig ab. Doch mit immer dichter werdendem Rauch entsteht ein Gedränge und die Menschen geraten in Panik. Schließlich erreichen doch alle Passagiere angsterfüllt das Bootsdeck.

Während dessen versuchte offenbar die Besatzung noch immer das Feuer in Griff zu bekommen. Erst um 05:39 Uhr – nach anderer Quelle 05:54 Uhr – sendet die »Achille Lauro« einen SOS-Notruf, den die norwegische Rettungswacht in Stavanger via Satelliten empfängt.

Die somalischen Behörden waren angeblich nicht zu erreichen. In Kooperation mit der englischen Leitzentrale in Falmouth wurden dann über tausende von Kilometer hinweg die Rettungsarbeiten koordiniert. Der englische Tanker »Lima«, der im Arabischen Meer unterwegs war, diente dabei als Verbindungsschiff.

An der sich nun abspielenden Rettungsaktion waren zwölf Schiffe beteiligt. Darunter auch der amerikanische Lenkwaffenkreuzer »Gettysburg« und die amerikanische Fregatte »Halyburton«. Eines der ersten Schiffe, die den Havaristen erreichen konnten, war das unter panamaischer Flagge fahrende

Frachtschiff »Hawaiian King«. Etwa 800 Personen konnten von dem Schiff aufgenommen und in Sicherheit gebracht werden. Weitere Schiffbrüchige der »Achille Lauro« wurden mit Rettungsbooten von Bord gebracht und dann von den übrigen durch den SOS-Notruf alarmierten und herbeigeeilten Schiffen übernommen.

Die geretteten Schiffbrüchige wurden in den Folgetagen zu unterschiedlichen Orten an Land in Sicherheit gebracht. Zielhäfen waren Dschibuti, Mombasa und die Seychellen. Von dort wurden sie dann nach Rom zurückgeflogen. Insgesamt waren sie in gutem Gesundheitszustand. Bei dem Unglück kamen glücklicherweise nur zwei Personen ums Leben. Eine durch Herzinfarkt und eine durch die beim Besteigen des Rettungsbootes zugezogene schwere Kopfverletzung. Acht weitere Personen erlitten Verletzungen.

Der Kapitän und die Besatzung der »Achille Lauro« blieben zunächst an Bord. Sie hatten den Kampf um ihr Schiff noch nicht aufgegeben. Vorübergehend gelang ihnen auch das Eindämmen der Flammen. Ein amerikanischer Marinepilot, der das brennende Schiff am Nachmittag überflogen hatte, berichtete aber, dass die hintere Hälfte des führerlos im Meer treibenden Schiffes voll in Flammen stehe. Das Feuer sollte noch zwei weitere Tage weiter an Bord wüten.

Die Reederei hatte trotz allem ihr Schiff noch immer nicht abgeschrieben und orderte Schlepper zur Unglücksstelle. In den frühen Morgenstunden des 2. Dezember 1994 nahm der niederländische Hochsee- und Bergungsschlepper »Solano« die »Achille Lauro« auf den Haken, um sie in Küstennähe zu verbringen. Am selben Abend erschütterte eine starke Explosion das Schiff, das sofort eine extreme Schlagseite bekam und innerhalb von zehn Minuten auf Position 2° 0' N und 47° 0' O sank.

Nach langwierigen Untersuchungen der Unfallursache wurden erst zehn Jahre später der Kapitän, der 1. Offizier und der Leitende

Foto: Archivi C.N.R. Palaermo

Beim Umbau der »Achille Lauro« in Palermo bricht ein Brand auf dem Schiff aus.

Ingenieur von einem Gericht in Neapel wegen nachgewiesener Verfehlungen zu Gefängnisstrafen zwischen zweieinhalb und dreieinhalb Jahren verurteilt. Nach einem noch bis 2006 währenden Rechtsstreit wurden die Urteile von einem höheren Gericht bestätigt.

Die »Achille Lauro« lief am 1. Juli 1946 für den Rotterdamschen Lloyd als »Willem Ruys« vom Stapel. Im November 1947 war das Schiff fertiggestellt und am 2. Dezember desselben Jahres brach sie zu ihrer Jungfernfahrt von Rotterdam nach Indonesien auf. Nach der Unabhängigkeit Indonesiens im Jahr 1949 gingen die Passagierzahlen immer

»Achille Lauro«	
Schiffstyp	Passagierschiff
Bauwerft	N.V. Koninklijke Maatschappij De Schelde, Vlissingen, Niederlande
Eigner	Flotta Lauro, Neapel, Italien
Stapellauf	1. Juli 1946
Vermessung (BRT)	23.112
Länge × Breite × Tiefgang (m)	192,80 × 25,10 × 8,90
Besatzungsstärke	400
Passagiere	900
Antrieb	8 × Dieselmotor
Antriebsleistung (PS)	8 × 4000
Wellen	2
Geschwindigkeit (kn)	22

02. DEZ. 1994

Die Löschversuche von Kapitän Giuseppe Orsi (kl. Foto) waren vergeblich: Die „Achille Lauro“ brannte auch gestern r

Feuer nach dem letzten Wal

Lob für die Besatzung der „Achille Lauro“: Trotz Panik an Bord fast al

Das brennende Passagierschiff »Achille Lauro« war häufiges Thema in der Berichterstattung der Presse.

02. DEZ. 1994

Brennend treibt die „Achille Lauro“ vor der Küste. Foto: rtr

Foto: Archiv Autor

mehr zurück, so dass die »Willem Ruys« ab 1958 auf der Route nach Kanada und später nach Australien und Neuseeland eingesetzt wurde. Im Januar 1965 erfolgte wegen eingebrochener Passagierzahlen der Verkauf und die Übergabe an die italienische Lauro Linie und die Umbenennung nach dem Reeder und Politiker Achille Lauro.

Nach der Übernahme wurde das Schiff modernisiert und es wurden zahlreiche Umbauten vorgenommen, die das Aussehen des Schiffes erheblich veränderten. Es erhielt schmale hohe Schornsteine anstelle der bisherigen breiten und flachen. Außerdem wurden die Aufbauten verlängert und ein schnittiger Bug angebaut. Der bisher graue Rumpf bekam einen blauen Anstrich.

Das Passagierschiff »Achille Lauro« war über sein gesamtes weiteres Schiffsleben ein unglückliches Schiff. Während der Umbauarbeiten starben drei Menschen durch ein Feuer. Im Jahre 1971 rammte die »Achille Lauro« ein italienisches Fischerboot. Dabei kam ein Besatzungsmitglied ums Leben. Jahre später kam es zu einer Kollision mit einem libanesischen Frachter, bei der vier Menschen den Tod fanden. Auf einer Kreuzfahrt zu den Kanarischen Inseln starben zwei Arbeiter bei Instandsetzungsarbeiten, wieder durch Feuer. Im Oktober 1985 geriet die »Achille Lauro« mit spektakulären Schlagzeilen in die Weltpresse. Palästinensische Terroristen hatten das auf einer Mittelmeerkreuzfahrt befindliche Schiff für einige Tage in ihre Gewalt gebracht und entführt. Ein Passagier wurde bei diesem Terroranschlag ermordet. Tragischer Höhepunkt wurde dann der Brand und der Untergang im November 1994.

»Pallas«

Frachtschiff, Bahamas

Die 2500 t große Holzladung des mit 7997 BRT vermessenen und unter der Flagge der Bahamas fahrenden Motorschiffes »Pallas, das sich auf der Reise vom schwedischen Hudiksvall nach Casablanca in Marokko befand, geriet am 25. Oktober 1998 vor der dänischen Nordseeküste aus ungeklärter Ursache in Brand. Es herrschte zu diesem Zeitpunkt ein heftiger Südweststurm mit bis zu elf Windstärken und vier Meter hohen Wellen.

Infolge eines Kurzschlusses war vermutlich am Nachmittag in einem Laderaum des Vorschiffs ein Schwelbrand entstanden.

Am Abend schlugen helle Flammen aus der Decksladung. Damit stand fest, dass die Holzladung brannte. Gegen 19:00 Uhr wurde die dänische Küstenwache darüber informiert. Der Kapitän steuerte nun vor dem Wind auf die Küste zu. Einerseits wollte er damit der Küste näherkommen, um eine eventuell nötige Rettung aus der Luft zu erleichtern, andererseits wollte er mit achterlichem Wind ein Übergreifen des Feuers auf das Achterschiff verhindern. Als zusätzliche Maßnahme ließ er Kohlendioxid in den Laderaum leiten, das dem Feuer den Sauerstoff entziehen sollte.

Diese Maßnahme hatte nur begrenzten Erfolg. Mit Feuerlöschschläuchen versuchte die Besatzung eine Brandbekämpfung. Ebenfalls ohne Erfolg. Das Feuer rückte immer näher an die achteren Aufbauten der »Pallas«. Der Kapitän ließ die Laschings der Decksladung kappen. In einem gewagten Manöver legte er das Schiff quer zum Wind. Die anrollenden Brecher sollten die Decksladung über Bord spülen. Ein Teil der brennenden Ladung rutsche dann auch wie gewünscht außenbords. Doch der Erfolg war wieder nur begrenzt und nicht anhaltend. Gegen Mitternacht tobte bereits auf ¾ der Decksfläche unaufhaltsam das Feuer.

Nun blieb kein Ausweg mehr. Der Notruf »mayday, mayday, motorvessel Pallas, C6LO9, fire on deck, 17 persons on board, request immediate assistance in position twenty nautical miles west of Esbjerg« wurde gesendet. Von dänischer und deutscher Seite wurden Rettungsmaßnahmen eingeleitet.

Die von der »Pallas« ausgehende Hitze der mittlerweile meterhohen Flammen war enorm. Der angekommene dänische Seenotkreuzer konnte sich deshalb nicht bis an das Schiff heranwagen. Ebenso ein in der Nähe befindlicher voll beladener Tanker. Die Hubschrauber der dänischen und deutschen Marineflieger kreisten ab 01:10 Uhr über der Szene ohne eingreifen zu können.

Die 17-köpfige Besatzung hatte sich glücklicherweise am Heck in Sicherheit bringen können. Die Rettungsinseln trieben nach dem Werfen davon, da die Halteseile aus Kunststoff an der heißen Bordwand schmolzen. Das Rettungsboot ging beim Aussetzversuch zu Bruch. In ihren Überlebensanzügen blieb den Männern nur noch der Sprung in die kalte See übrig. Sie trieben schnell vom Schiff ab. Erst jetzt konnten die Hubschrauber eingreifen und die Mannschaft nach und nach aus dem

Frachtschiff »Pallas«.

Foto: Wasserstraßen und Schifffahrtsverwaltung

Die brennend vor der deutschen Küste treibende »Pallas«.

Wasser fischen. Bei der dramatischen Rettungsaktion erlitt der Koch einen tödlichen Herzinfarkt. Ein anderes Besatzungsmitglied wurde schwer verletzt.

Nach der Rettung der Besatzung unternahmen die dänischen Dienststellen keine weiteren Maßnahmen zur Brandbekämpfung oder auch Bergungsversuche. Die Reederei der »Pallas« Bogazzi Servizi Navali in Viareggio, Italien wurde noch darauf hingewiesen, seinerseits die Bergung des Schiffes zu veranlassen.

Die »Pallas« vertrieb am 26. Oktober 1998 führerlos aber mit laufender Maschine in die deutsche Ausschließliche Wirtschaftszone in Richtung der Insel Sylt. Gegen Mittag des 26. Oktober 1998 begannen die zum Unfallort beorderten bundeseigenen Mehrzweckschiffe »Mellum« und »Neuwerk« nach ihrem Eintreffen mit der Brandbekämpfung, die sich jedoch nur auf das Kühlen der Außenhaut und die Bekämpfung der Oberdecksbrände durchführen ließ. Die Herstellung einer Schleppverbindung scheiterte mehrmals. Auch die mittlerweile am Unfallort ankommenden Schlepper hatten trotz zahlreicher Versuche keinen diesbezüglichen Erfolg.

Ein am 27. Oktober mit einem Hubschrauber auf dem Havaristen abgesetztes Besatzungsmitglied der Bergeflotte konnte schließlich einen Anker der »Pallas« werfen. Der ausgebrachte Anker vermochte es allerdings nicht die Drift des Schiffes zu stoppen. Der brennende Frachter vertrieb so zwangsläufig weiter, ehe er schließlich immer noch brennend am 29. Oktober 1998 südwestlich von Amrum festkommt. In den nächsten Tagen traten aus ersten Rissen der Außenhülle Öl aus. Am 6. November wurde das Schiff zum Wrack erklärt und brach tags darauf bei Abschleppversuchen vor Amrum auseinander. Nach vier dramatischen Wochen und unter der ständigen Gefahr einer möglichen größeren Ölpest wurde das als Schwelbrand immer noch vorhandene Feuer am 22. November 1998 endgültig gelöscht.

An Bord des Havaristen befanden sich insgesamt rund 760 Kubikmeter Betriebsstoffe (Diesel- und Schweröl als Treibstoff, daneben Hydraulik-, Schmier- und Altöl), davon 657 Kubikmeter Schweröl. 566 Kubikmeter konnten aus den Tanks abgesaugt werden. Weitere 55 Kubikmeter nahmen Ölbekämpfungsschiffe vom Wasser auf oder wurden von Stränden entfernt. Die »Pallas« verlor somit etwa 139 t Öl, das aufgrund der rauen Wetterbedingungen weitgehend unbehindert ins Meer gelangte und später in ein Vogelschutzgebiet verdriftete. Insgesamt verendeten etwa 12.000 – nach anderer Quelle 16.000 – Seevögel.

Zehn Monate nach der Havarie des vor Amrum gestrandeten Holzfrachters »Pallas«

sind die Sicherungsarbeiten an dem Wrack am 30. August 1999 endgültig abgeschlossen worden. Das Wrack liegt nun gesichert im Wattenmeer und soll im Laufe der Jahre im Sand versinken.

Sowohl die dänischen wie auch die deutschen Behörden hatten die Gefahrenlage falsch eingeschätzt. Zu dieser Überzeugung kommt das Seeamt in Cuxhaven, das Ende August 1999 seinen Untersuchungsbericht vorgelegt hatte. Warum es überhaupt zu dem Feuer auf dem Holzfrachter gekommen ist, konnte dagegen nicht ermittelt werden.

Der Zustand des Wracks Anfang August 1999.

»Das Vorgehen nach der Havarie der »Pallas« wurde in der Öffentlichkeit kontrovers diskutiert und gewann starke politische Brisanz. Mehrere Untersuchungskommissionen und das Seeamt versuchten, die vielfach umstrittenen Angaben zum Hergang und Umfang der Havarie zu klären. Nach dem Unglück begannen intensive Diskussionen über die Sicherheit der Schifffahrt in der Nordsee und anderen Gewässern. Die mangelnde Koordination der Sicherheitskräfte wurde ebenso kritisiert wie allgemein unzureichende Sicherheitsrichtlinien, hier insbesondere für den Schiffsverkehr im sensiblen Ökosystem des Wattenmeers. Dabei war öffentlichen

Fehlte nur das Glück?

„Pallas"-Havarie: Seeamt stellt auch Mängel fest

Cuxhaven/Husum – Am Ende fehlte beim „Pallas"-Unglück „ein Quäntchen Glück." Als der Seeamts-Vorsitzende Jochen Hinz in Cuxhaven den Spruch seiner Behörde verkündete, war ihm klar, dass diese Einschätzung „manchem nicht gefallen wird". Denn von Problemen, Wirrwarr und Gerangel ist in dem Spruch an keiner Stelle die Rede. Trotzdem sind im Verlauf der fünftägigen Verhandlung Schwachstellen im Sicherheitssystem für die Deutsche Bucht sichtbar geworden.

Eine der größten Schwachstellen in dem durch moderne Technik gekennzeichneten System scheint der Mensch zu sein. Als das Küstenwachzentrum Cuxhaven am Morgen des 26. Oktobers 1998 um 00.49 Uhr darüber informiert wurde, dass die Besatzung vor Esbjerg den brennenden Holzfrachter „Pallas" verlässt, nahm niemand das Drama so richtig wahr. Stundenlang wurde die Gefahrenlage unterschätzt, stellte das Seeamt fest. Erst der Nautiker vom Dienst erkannte bei Arbeitsbeginn um 07.19 Uhr die ganze Tragweite. Drei Minuten später lief die Hilfsmaschinerie an, die erst drei Tage später wieder zur Ruhe kam. Da saß die „Pallas" vor Amrum auf Grund.

Nur an dieser Stelle erlaubte sich das Seeamt einen Blick auf mögliche persönliche Motive. Dass die deutschen Behörden am Anfang tatenlos dem in Richtung Sylt treibenden Geisterschiff zuschauten, sei „im Vertrauen geschehen, die Dänen hätten alles im Griff". Doch das Gegenteil war der Fall: Nach der vorbildlichen Rettungsaktion für die Besatzung des Frachters überließen die dänischen Behörden das brennende Schiff sich selbst.

Für Hinz ist der Norden der Deutschen Bucht die „offene Flanke" im internationalen Sicherheitssystem. Während das „Pallas"-Drama seinen Anfang nahm, lief im Westen bereits eine andere Aktion: Vor der holländischen Küste trieb der Erzfrachter „Ruby XL" – fünf Mal so groß wie die „Pallas" und mit erheblich mehr Öl an Bord – nach Maschinenschaden hilflos auf Land zu. Der niederländische Küstenwach-Schlepper „Waker" stand nicht bereit, deshalb griffen die deutschen Schiffe „Neuwerk" und „Oceanic" ein. Von den Notschleppern des Bundes blieb mit der „Mellum" zunächst nur eines, das der „Pallas" zu Hilfe eilen konnte. Dass schwer beladene Frachtschiffe mit randvollen Treibstofftanks aus technischen Gründen oder witterungsbedingt Probleme bekommen können, gehört nach den Tagebuch-Aufzeichnungen der Revierzentralen und Lotsen fast zum Alltag in der Deutschen Bucht. Experten fragen sich, ob die vom Seeamt gerügten Zustände auf der „Pallas" tatsächlich eine Ausnahme in der internationalen Seefahrt sind. Nicht funktionierende Feuerschutzklappen, eine falsch gestaute Decksladung, eine unbrauchbare Rettungsboot-Aufhängung und abgerostete Ankerketten auf der „Pallas" – der enorme Kostendruck im Seeverkehr und ein grobmaschiges Kontrollverfahren könnten weitere Schwachstellen im Sicherheitssystem sein.

Entgegen der Kritik konnten Hinz dagegen keine Probleme im Krisenmanagement der Wasser- und Schifffahrtsverwaltung feststellen. Nach monatelangen Ermittlungen, festgehalten auf 1800 Aktenseiten und zahlreichen Gutachten, und der fünftägigen Anhörung von 36 Beteiligten, Zeugen und Sachverständigen kam das Seeamt vielmehr zur Überzeugung: „Die harte Kritik wird den Umständen vor Ort nicht gerecht."

Hingegen sieht sich die Schutzgemeinschaft Deutsche Nordseeküste (SDN) durch den Schiedsspruch in ihren Forderungen nach einem effektiven neuen Sicherheitssystem für die Deutsche Bucht bestätigt. Wenn trotz des Einsatzes die Folgen offenbar nicht zu verhindern waren, müsste der Fehler „im System liegen", sagte SDN-Sprecher Hans von Wecheln gestern in Husum. Die Schutzgemeinschaft teile auch nicht die Schlussfolgerung des Seeamtes, die Strandung sei „durch viel Pech letztlich nicht zu verhindern gewesen", erklärte ihr Sprecher. Denn wenn Einzelnen kein Vorwurf zu machen sei, seien Konzept und Struktur mangelhaft. (dpa)

Ein politisches Mahnmal aus Stahl: Das Geisterschiff „Pallas" deckte nach der Havarie vor Amrum sämtliche Schwachstellen im internationalen Sicherheitssytem in der Deutschen Bucht auf. Foto FB

Zeitungsbericht zum abschließenden Spruch des Seeamtes in der Verhandlung zur Havarie "Pallas". | Quelle: *Kieler Nachrichten vom 23.08.1999* und gutachterlichen Stellungnahmen zu entnehmen, dass die Regelungen des Grundgesetzes[1] zu den Zuständigkeiten im Katastrophenschutz zur See auf die Koordination des Hilfseinsatzes erschwerende Wirkung gehabt habe. Nicht zuletzt führte dieses Unglück 2003 zur Gründung des Havariekommandos.« ist im Internet-Lexikon Wikipedia zu lesen.

(https://de.wikipedia.org/wiki/Pallas)

[1] Das Grundgesetz regelt die grundlegenden politischen Strukturen und Rechte nicht aber spezifische Ereignisse wie Schiffsunglücke. Das »Pallas«-Unglück war ein Ereignis, das zwar zu Anpassungen im Bereich des See- und Umweltschutzrechts führte, aber nicht zu einer Änderung des Grundgesetzes.

»Felicity Ace«

Autotransporter, Panama

Der unter der Flagge Panamas fahrende Autotransporter »Felicity Ace« der japanischen Reederei Mitsui O.S.K. Lines – eine der größten Reedereien der Welt mit Sitz in Tokio – war im Februar 2022 auf dem Weg in die USA. Am 10. Februar 2022 war das Schiff des Eigners Snowscape Car Carriers von Emden Hafen ausgelaufen. Sein Zielhafen war Davisville in Rhode Island.

Das Spezialschiff war mit 3928 Autos, hauptsächlich Neuwagen von VW, Audi, Bentley, Lamborghini, Seat und Porsche beladen. Darunter befanden sich auch über 100 Porsche-Elektroautos des Typs Taycan.

Am 16. Februar 2022 geriet die »Felicity Ace« etwa 90 Seemeilen südwestlich der Azoren aus unbekannter Ursache in Brand. Bereits eine Stunde nach der Entdeckung des auf einem der Fahrzeugdecks gegen 11:30 Uhr ausgebrochenen Feuers wurde das Schiff evakuiert. Die unverletzt gebliebene 22-köpfige Besatzung wurde von dem griechischen Tanker »Resilient Warrior« aufgenommen und danach mit einem Hubschrauber zu den Azoren geflogen.

Anschließend trieb die »Felicity Ace« mit Schlagseite eine Woche lang im Atlantik. Dabei legte sie nach amtlichen Angaben eine Strecke von etwa 270 Seemeilen zurück. Von dem portugiesischen Patrouillenschiff »Setubal« wurde der brennende Frachter begleitet und überwacht.

Der Plan war zunächst, das brennende Schiff erst in einem Hafen zu löschen. Anschließend wurde in Betracht gezogen, dass Spezialisten der mit der Bergung beauftragten niederländischen Bergungsfirma Smit das Feuer durch einen Löscheinsatz auf hoher See so rasch wie möglich unter Kontrolle bringen sollten.

Autotransporter »Felicity Ace«.

Am 21. Februar 2022 erreichten zwei Bergungsschlepper das brennende Schiff und begannen es mit ihren Feuerlöschmonitoren von außen zu kühlen. Drei Tage später war das Feuer ausgebrannt. Ob dies das Ergebnis des Löscheinsatzes war oder ob das Feuer von selbst ausgegangen ist, bleibt unklar. Da sich einige E-Autos an Bord der »Felicity Ace« befanden, war es vor allem entscheidend, das Schiff herunterzukühlen.

Nachdem der Brand gelöscht war, konnte die Bergungsspezialisten von Smit das Schiff entern und stabilisieren. Zudem wurde eine Schleppverbindung hergestellt, sodass das Schiff nicht mehr weiter führerlos trieb. Doch ein tatsächlicher Bergungserfolg sollten ihnen nicht gegönnt sein.

Am 1. März 2022 wurde das Kentern und Sinken der »Felicity Ace« gemeldet. Ein Sprecher von Mitsui O.S.K. Lines (MOL) sagte, das Schiff habe eine Schlagseite von 45 Grad nach Steuerbord entwickelt und sei gegen 09:00 Uhr Ortszeit etwa 220 Seemeileneilen vor den Azoren bei rauer See unerwartet gekentert. MOL konnte nicht bestätigen, ob es zu einer Ölverschmutzung gekommen war. Die portugiesische Marine gab an, dass ölige Rückstände und Wrackteile an der Oberfläche sichtbar seien. Die Wassertiefe in diesem Seegebiet beträgt rund 3000 bis 3500 m, was eine Bergung praktisch unmöglich macht.

Die Reederei des Schiffes und die Versicherungen machen geltend, das Feuer sei von einer entzündeten Lithium-Ionen-Batterie eines der transportierten Porsche-Fahr-

»Felicity Ace«	
Schiffstyp	Autotransporter
Bauwerft	Shin Kurushima Dockyard, Imabari, Japan
Eigner	Snowscape Car Carriers, Tokio, Japan
Stapellauf	2. Juli 2005
Vermessung (BRZ)	60.118
Länge × Breite × Tiefgang (m)	199,99 × 32,26 × 9,73
Besatzungsstärke	22
Antrieb	1 × Dieselmotor
Antriebsleistung (PS)	1 × 20.517
Wellen	1
Geschwindigkeit (kn)	20
Anmerkungen	Fahrzeugkapazität 5232 PKW, 10 Fahrzeugdecks, 1 Heckrampe

Fotos: Portugiesische Marine

Fotos: Portugiesische Marine

Fotos: Portugiesische Marine

»Felicity Ace« treibt brennend im Atlantik.

zeuge ausgegangen. Diese Batterie soll sich aufgrund eines technischen Defekts selbst entzündet haben. Porsche und Volkswagen bestreiten dies und halten die Vorwürfe für unbegründet. Die Kläger fordern Schadenersatz in dreistelliger Millionenhöhe. Das Landgericht Stuttgart soll hier entscheiden, wer für den Schaden verantwortlich ist und wer dafür aufkommen muss.

Im Mittelpunkt steht dabei die Frage, ob ein Elektroauto den Brand verursachte oder ob die Fahrzeuge durch ein bereits bestehendes Feuer in Flammen aufgingen. »Was ist Henne und was ist Ei?«, lautet hier die Frage. Beide Parteien stritten zu Beginn der Verhandlung auch darüber, auf welchem Deck der Brand ausbrach und wie verlässlich die bisherigen Aussagen von Besatzungsmitgliedern seien. Mit Stand Juli 2025 war in der Sache noch keine Entscheidung gefallen und noch kein Urteil gesprochen.

Nach dem verheerenden Brand auf dem Autotransporter »Felicity Ace« hatte der Gesamtverband der Deutschen Versicherungswirtschaft (GDV) bereits bessere Löschanlagen auf solch riesigen Transportschiffen gefordert. »Bei Warenwerten bis zu 500 Millionen Euro an Bord sollte bei diesen Schiffen in mehr Sicherheit investiert werden«, sagte damals der GDV-Hauptgeschäftsführer.

»Freemantle Highway«

Autotransporter, Panama

Der Autotransporter »Fremantle Highway« erlangte besondere Bekanntheit und füllte wegen eines Großbrandes an Bord im Juli 2023 die Schlagzeilen der Presse. In der Nacht vom 25. auf 26. Juli 2023 war gegen Mitternacht auf einem der Decks des unter Panamaflagge fahrenden Autotransporters ein heftiges Feuer ausgebrochen. Das von Bremerhaven kommende Schiff befand sich zu diesem Zeitpunkt auf einer der vielbefahrenen großen Schifffahrtsstraßen der Nordsee und rund 15 Seemeilen vor der niederländischen Wattenmeer Insel Ameland. Via Suezkanal war Singapur sein Reiseziel.

Löscharbeiten an dem brennenden Autotransporter »Freematle Highway«.

Foto: Niederländische Küstenwache

Die ausgebrannte »Freemantle Highway« wird nach Eemshaven abgeschleppt.

Geladen hatte der Havarist nach Angaben der japanischen Reederei K-Line 3783 neue PKW, darunter 498 Elektroautos sowie weitere schwere rollende Ladung. In den Bunkern befanden sich 1600 t Schweröl und 200 t Marinediesel. Von diesen Brennstoffmengen drohte die größte Gefahr für die sich in der Nähe des Havarieortes befindenden ausgedehnten Flächen des Wattenmeers, sollte der brennende Frachter leck schlagen oder sinken.

Als auch die zur Hilfe herangekommener Bergungsschlepper keine Änderung der Brandsituation erreichten, wurde entschieden, die 24 Besatzungsmitglieder zu evakuieren. Dabei kam ein Seemann ums Leben und 16 trugen Verletzungen davon.

Nach der Evakuierung wurde das Schiff lediglich von außen mit Seewasser gekühlt, da das Einbringen von Löschwasser in die Decks und in den Rumpf die Stabilität gefährdet und dann das Risiko des Kenterns bestanden hätte. Während dessen wütete das Feuer im Schiff weiter. Eine Umweltkatastrophe, die es auf jeden Fall zu vermeiden gab, zeichnete sich ab. Zwischenzeitlich wurde auch ein Auseinanderbrechen des Schiffs befürchtet.

Nachdem es gelungen war, eine Leinenverbindung herzustellen, begann am 30. Juli das riskante Manöver, die »Fremantle Highway« neun Seemeilen weiter nördlich der Schifffahrtstraße und in größere Entfernung zum Wattenmeer zu schleppen. Dort wurde sie zunächst von mehreren kräftigen Schleppern auf Position gehalten.

Ein vorhergesagte Wetterverschlechterung veranlasste die niederländische Wasserbehörde Rijkswaterstraat das Schiff möglichst schnell in einen sicheren Hafen zu bringen, denn bei dem zu erwartenden starken Wind wäre das geschleppte Schiff wegen seiner hohen Bordwände nur schwer zu beherrschen gewesen. »Das Schiff sei zwar schwer beschädigt, aber sonst intakt, das Feuer erloschen«, erklärte ein Sprecher der Behörde, aber es bestehe das Risiko, dass die Flammen wieder auflodern könnten. Außerdem würden die

Die in den oberen Decks schwer beschädigte »Freemantle Highway« im Hafen von Eemshaven.

Foto: Damen

Ausgebrannte Fahrzeuge im Innern der »Freemantle Highway«.

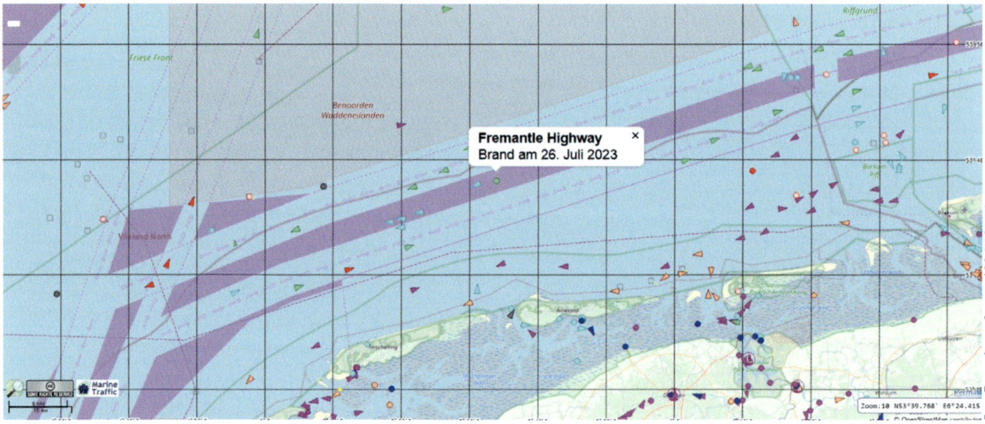

Foto: Team of open Seamap / CC-BY-SA 2.0

Die Havarie Position der »Freemantle Highway am 26. Juli 2023.

Risiken von Öllecks durch Risse an den Bordwänden oder die Möglichkeit eines Kenterns bei der Wetterverschlechterung zunehmen.

Der Schleppverband mit dem havarierten Autofrachter nahm am Morger des 3. August Fahrt auf und traf mittags wohlbehalten in Eemshaven ein, wo das Löschwasser sowie die Brennstoffbunker abgepumpt und das Schiff teilweise entladen wurde. Die durch das Feuer herabgestürzten Decks bedeuteten allerdings eine Erschwernis bei diesen Arbeiten, die am 19. August 2023 begonnen wurden. Die nicht verbrannten Fahrzeuge der unteren Decks konnten von dem Autotransporter gefahren werden. Die verbrannten Autos blieben dabei wie geplant an Bord. Teilweise waren diese Fahrzeuge und das Schiff miteinander verschmolzen. Die Schäden an Bord waren massiv. Beweise für eine spätere Ursachenermittlung konnten kaum gesichert werden.

Zunächst war angenommen worden, dass das Feuer durch Entzündung der Batterie eines der Elektroautos ausgelöst worden war, weil es sich so rasch ausbreitete und letztlich mit Bordmitteln nicht mehr zu bekämpfen war. Die Brandursache ist aber laut der niederländischen Küstenwache unbekannt. Laut dem Bergungsunternehmen war der Hauptbrandort auf einem Deck, auf dem Benziner standen. Die Elektroautos waren auf einem anderen Deck geparkt und waren demnach von Feuer kaum betroffen. Ob die genaue Brandursache aber jemals geklärt werden kann, ist fraglich.

Vom 21. bis 23. September 2023 wurde die »Fremantle Highway« nach Rotterdam zur Damen Verolme Shiprepair in Botlek geschleppt. Absicht war, den Autotransporter nicht zu verschrotten, sondern wiederherzurichten. Das Abschleppen in eine preisgünstige chinesische Reparaturwerft wurde von den niederländischen Behörden aus Sicherheitsgründen untersagt.

Neuer Eigner des Schiffes ist das Unternehmen Koole Contractors. Der General Manager für maritime Projekte bei Koole erklärte, dass von Experten untersucht wird, welche Teile der Struktur durch die Hitze geschwächt wurden. Alte Teile werden also entfernt und durch neue ersetzt. Die Reparaturarbeiten beschränken sich dabei auf den oberen Teil des Schiffes, da die unteren Decks durch den Brand kaum beschädigt wurden. Das Unternehmen hält den Schaden für wirtschaftlich reparabel, weil die wichtigsten Teile des Schiffes, Motoren und Pumpensysteme, weitgehend unversehrt blieben. Man hoffe bis Ende Januar 2025 die Reparaturarbeiten beenden zu können.

Einer Meldung vom Sommer 2024 zufolge soll das Schiff in den Niederlanden nur so weit fahrtüchtig gemacht werden, um es unter seinem neuen Namen »Floor« für weitere Reparaturarbeiten nach China zu bringen.

»Freemantle Highway«	
Schiffstyp	Autotransporter
Bauwerft	Imabari Zosen, Japan
Eigner	Luster Maritime / Higaki Sangy, Japan
Stapellauf	30. September 2013
Vermessung (BRZ)	59.525
Länge × Breite (m)	199,97 × 32,26
Besatzungsstärke	24
Antrieb	1 × Dieselmotor
Antriebsleistung (PS)	1 × 16.642
Wellen	1
Geschwindigkeit (kn)	21
Anmerkung	Fahrzeugkapazität 6220 PKW

Danach soll das Schiff verkauft werden. Interessenten für den Autofrachter gibt es wohl auch schon.

»Morning Midas«

Autotransporter, Liberia

Am 26. Mai 2025 verließ der unter der Flagge von Liberia fahrende Autotransporter »Morning Midas« den chinesischen Hafen Yantai in Richtung Lázaro Cárdenas an der mexikanischen Pazifikküste. Das Schiff war von einer Tochtergesellschaft des chinesischen Fahrzeugherstellers SAIC Motor gechartert. An Bord des von Zodiac Maritime bereederten Schiffes der Londoner Hawthorn Navigation

Foto: US Coast Guard

Das Containerschiff »COSCO Hellas« übernahm die Besatzung der brennenden »Morning Midas«.

Foto: US Coast Guard

Der brennende Autotransporter »Morning Midas«.

Ltd. befanden sich etwa 3100 Kraftfahrzeuge, darunter 65 Elektroautos und 681 Fahrzeuge mit Hybridantrieb.

Am 3. Juni 2025 brach circa 300 Seemeilen südlich der Aleuten am Heck ein Großbrand aus. »Zuerst war Rauch aus einem Deck mit Elektrofahrzeugen zu sehen«, berichtete ein Sprecher von Zodiac Maritime, dem Betreiber des unter liberianischer Flagge fahrenden Autotransporters. »Die Besatzung leitete sofort Notfallmaßnahmen zur Brandbekämpfung mit den bordeigenen Feuerlöschsystemen ein. Trotz ihrer Bemühungen konnte die Situation jedoch nicht unter Kontrolle gebracht werden.« Ob das Feuer dort tatsächlich seinen Ursprung hatte, konnte jedoch nicht bestätigt werden.

Nach den erfolglosen Löschversuchen zwang die Intensität des Feuers schließlich alle 22 Besatzungsmitglieder das Schiff zu verlassen. In Absprache mit der amerikanischen Küstenwache geschah dies mit dem bordeigenen Rettungsboot. Unterdessen schickte die US Coast Guard in der Nähe befindliche Handelsschiffe zum Brandort. Das Containerschiff »COSCO Hellas« übernahm die schiffbrüchige aber unverletzt gebliebene Besatzung der »Morning Midas«.

Das brennende Schiffswrack trieb nun unbemannt und führerlos mit einer Geschwindigkeit von etwa zwei Seemeilen pro Stunde in nordöstliche Richtung, Es wurde von der Küstenwache aus sicherer Entfernung beobachtet, da die Gefahr einer Explosion der Lithium-Ionen-Batterien in den Fahrzeugen befürchtet wurde.

Flugzeuge der amerikanischen Küstenwache hatten den Frachter mehrfach überflogen. Ob die weiterhin brennende »Morning Midas« noch mit Hilfe von Schleppern in einen Hafen geschleppt werden kann, wurde jedoch als unwahrscheinlich eingeschätzt.

Laut Angaben der Küstenwache zeigten die aktuellen Luftaufnahmen erhebliche Brandschäden an mehreren Fahrzeugdecks. Besonders der Bugbereich sei stark von Hitzeeinwirkung betroffen. Das Ausmaß sei an den grau verbrannten Außenlackierungen deutlich zu erkennen. Auf der Backbordseite erstrecken sich die Schäden vom Wasserspiegel bis hinauf zur obersten Decksebene.

Dennoch beauftragte die Reederei Zodiac Maritime ein Bergungsunternehmen für die Brandbekämpfungs- und Bergungsmaßnahmen. Dessen Mitarbeiter erreichten am 9. Juni 2025 an Bord eines Schleppers die Unglücksstelle. Die Bergungseinheit hatte Dutch Harbor auf Unalaska Island, Aleuten am 6. Juni verlassen. Weitere Bergungsfahrzeuge, alle mit der Fähigkeit zur Brandbekämpfung, waren auf dem Marsch zur Unglücksstelle.

Am 12. Juni konnte von einem ersten Schlepper eine Schleppverbindung zu dem brennenden Schiff hergestellt werden. Es gab Befürchtungen, dass bei einem Verrutschen der brennenden Fahrzeuge das Schiff Schlagseite bekommen und dann im schlimmsten Fall kentern würde. Ein zweiter Schlepper erreichte am 16. Juni 2025 die »Morning Midas«. Weitere Schlepper folgten in den kommenden Tagen.

Die havarierte »Morning Midas« schien weiterhin schwimmfähig zu sein, jedoch war durch den seit Tagen andauernden Großbrand bereits ein immenser Schaden auf dem Schiff und auch am Rumpf entstanden. Ob der Autotransporter in diesem Zustand in einen Hafen geschleppt werden kann, wurde erneut angezweifelt und blieb weiterhin offen.

Doch der Zustand des rund 183 m langen Schiffes erschwerte auch die Bergungsarbeiten. Alle Bemühungen den Autotransporter zu retten blieben letztendlich erfolglos. Am 23. Juni 2025 gegen 16:35 Uhr Ortszeit sank die »Morning Midas«. Die durch das Feuer verursachten Schäden waren durch aufkommendes schlechtes Wetter noch verschlimmert worden. Infolge dessen konnte Wasser in das Schiff eindringen, was dann zum Untergang führte.

»Morning Midas«	
Schiffstyp	Autotransporter
Bauwerft	Xiamen Shipbuilding Industry, Volksrepublik China
Eigner	Hawthorn Navigation Ltd., London, Großbritannien
Stapellauf	2006
Vermessung (BRZ)	46.800
Länge × Breite (m)	182,80 × 31,50 × 9,00
Besatzungsstärke	22
Antrieb	1 × Dieselmotor
Antriebsleistung (PS)	1 × 19.334
Wellen	1
Geschwindigkeit (kn)	20 (?)
Anmerkung	Fahrzeugkapazität 4.902 PKW

Foto: US Coast Guard

Foto: US Coast Guard

Der brennende Autotransporter »Morning Midas«.

Der Ort des Untergangs liegt etwa 420 Seemeilen von der Küste Alaskas entfernt, und der Nordpazifik erreicht an dieser Stelle eine Tiefe von etwa 5000 m. An eine Bergung ist also nicht zu denken.

Durch die US Coast Guard wurden zunächst keine Zeichen der Meeresverschmutzung beobachte. Ein Austritt von Betriebsstoffen aus dem 19 Jahre alten Schiff konnte zunächst nicht festgestellt werden.

Ein offizieller Bericht zu der Brandursache stand bis zur Drucklegung dieses Buches verständlicherweise noch aus. Eine Untersuchung des Wracks der »Morning Midas« dürfte angesichts seiner Lage in der Tiefsee nahezu unmöglich sein. ▶|

5 Explosionen

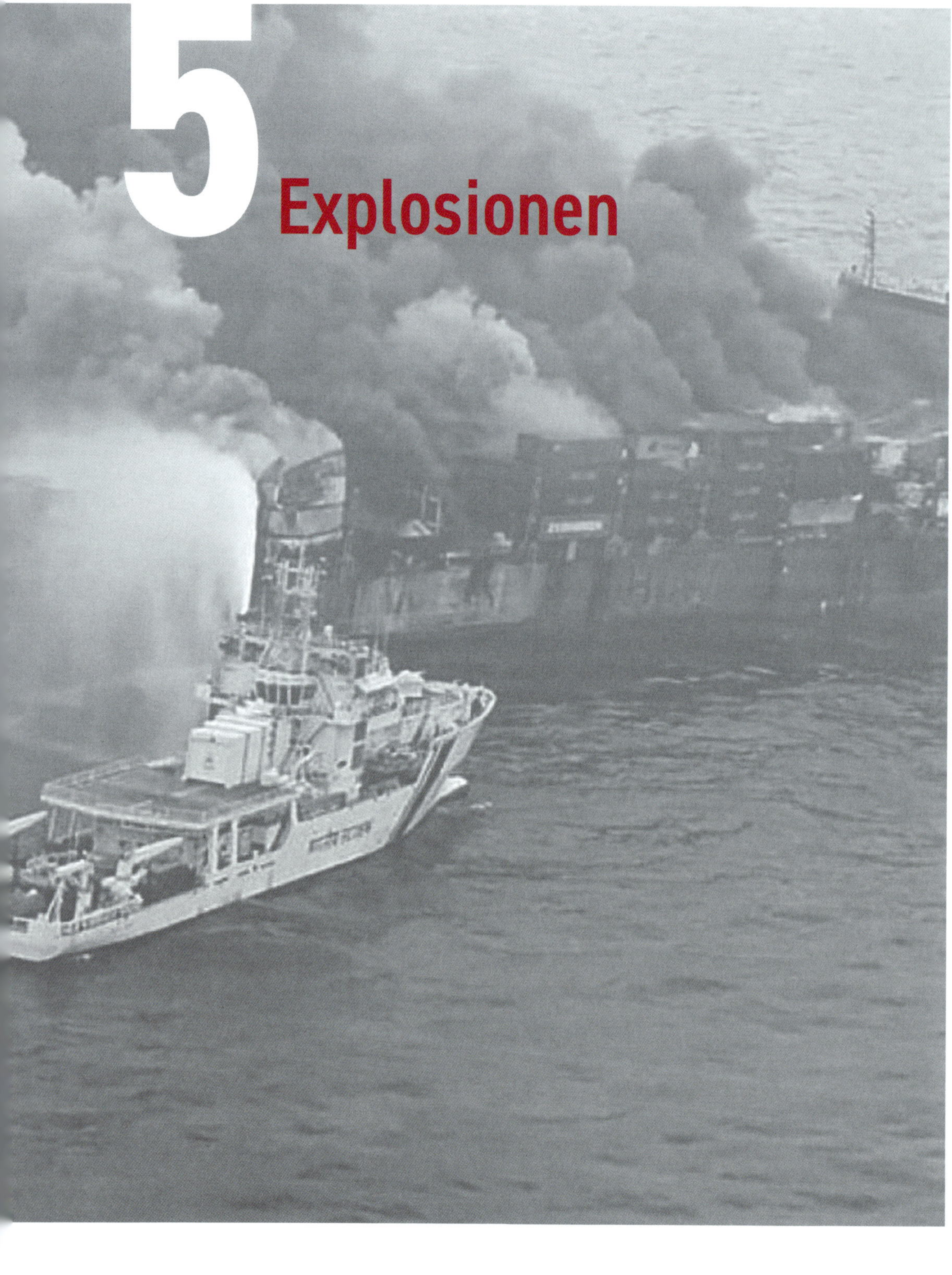

»Mont Blanc«

Frachtdampfer, Frankreich

Die Halifax-Explosion war eine Katastrophe, die sich am 6. Dezember 1917 in Halifax an der kanadischen Ostküste ereignete. Sie war die größte von Menschen verursachte Explosion vor dem Abwurf der Atombomben im Zweiten Weltkrieg. An diesem Unglück beteiligt waren das französische Frachtschiff »Mont Blanc« und das norwegische Frachtschiff »Imo«.

Am frühen Morgen des 6. Dezember 1917 gegen 07:30 Uhr Ortszeit wollte die »Mont Blanc« aus New York kommend in Halifax einlaufen und begegnete dabei der aus dem Hafen auslaufenden »Imo«. Bei der Einfahrt in den Hafen fuhren die beiden Schiffe in entgegengesetzter Richtung in einer Fahrtrinne aufeinander zu.

Die »Imo« war 1889 als »Runic« für die britische White Star Line gebaut worden. Im Jahr 1912 kaufte die norwegische Southern Pacific Whaling Company das 146 m lange Schiff. Der Frachtdampfer war von der Kommission für das Belgische Hilfswerk gechartert, hatte Halifax zum Kohlebunkern aufgesucht und wollte nach New York auslaufen.

Der französische Frachtdampfer »Mont Blanc«, Baujahr 1899, gehörte der Compagnie Générale Transatlantique und war mit rund 98 m Länge etwas kleiner als die »Imo«. Als Munitionstransporter hatte er eine hochbrisante Ladung an Bord, die aus 35 t Benzol, 63 t Schießbaumwolle, 2300 t explosive Pikrinsäure und 200 t TNT bestand. In Halifax sollte das Schiff sich einem Konvoi nach Europa anschließen.

Durch eine Kommunikationspanne wurde ein rechtzeitiges Ausweichmanöver versäumt. Als klar wurde, dass die beiden Fahrzeuge eindeutig auf Kollisionskurs lagen versuchten beide Kapitäne im Manöver des letzten Augenblicks ihre Schiffe noch mit voller Kraft zurück zu stoppen, aber es war schon zu spät. Die Kollision ließ sich dadurch nicht mehr vermeiden.

Die »Imo« rammte um 08:45 Uhr ihren Bug in den Hauptladeraum der »Mont Blanc«. Sie konnte sich nach dem Zusammenstoß wieder von dem Kollisionsgegner lösen, blieb

Frachtdampfer »Mont Blanc«.

Foto: Archiv Autor

Foto: Archiv Autor

Der Frachtdampfer »Imo« nach der Katastrophe.

Durch die Explosion zerstörte Häuser in Halifax.

Fotos: Archiv Autor

aber manövrierunfähig liegen und geriet auf Grund. Durch den Aufprall der beiden Schiffe zerbarsten auf der »Mont Blanc« einige der an Oberdeck gestauten Fässer mit Benzol. Die Flüssigkeit drang in die darunterliegenden Frachträume ein und entzündete die hochexplosive Pikrinsäure. Die Besatzung, wohl wissend welche gefährliche Ladung sich an Bord befand und die keine Möglichkeit sah, das Feuer einzudämmen, verließ in aller Eile das Schiff, das nun auf Halifax zutrieb.

Zwanzig Minuten nach dem Zusammenstoß der Schiffe entzündete sich die gesamte Ladung auf der »Mont Blanc«. Der Frachter explodierte und wurde dabei regelrecht atomisiert. Die Gesamtstärke der Explosion entsprach ungefähr 2,9 Kilotonnen TNT-Äquivalent oder 12 Terajoule.

Die gigantische Explosion löste einen riesigen Feuerball sowie eine Flut- und eine Druckwelle aus, die über den Hafen fegten und weite Teile der Stadt in Sekundenschnelle verwüsteten. In einem großen Umkreis gingen Scheiben zu Bruch und Bäume wurden entwurzelt. Etwa 1500 Gebäude – nach anderer Quelle 3000 – wurden niedergerissen und deren Trümmer über hunderte von Metern weggeschleudert. Eisenbahnwaggons flogen, als seien sie Spielzeuge, durch die Luft.

Der abgerissene 517 Kilogramm schwere Schaft des Ankers der »Mont Blanc« wurde fast vier Kilometer weit geschleudert. Ein Teil des Ankerschafts befindet sich noch heute nur wenige Meter von seiner Fundstelle entfernt und wurde als Gedenkstätte herge-

Das durch die Explosion des Munitionsschiffes »Mont Blanc« zerstörte Halifax.

Foto: William James

richtet. Ein auf dem Schiff eingerüstetes Geschütz flog 3,5 Kilometer durch die Luft.

Die Explosion konnte noch am Kap Breton gehört werden, das über 300 Kilometer nordöstlich von Halifax liegt. Rund zehn Minuten lang stand über dem Hafen von Halifax eine pilzförmige Wolke aus Rauch, Staub und Trümmern, aus der heraus ein ölig-rußartiger Niederschlag fiel.

Das gesamte Stadtviertel Richmond war dem Erdboden nahezu gleichgemacht. 250 Leichen waren so stark verstümmelt, dass eine Identifizierung unmöglich war. 25 Personen mussten Glieder amputiert werden und 37 Menschen erblindeten als Folge der Katastrophe. Viele Menschen blieben vermisst. Dem Schrecken der Explosion stand das sich anschließende Feuer um nichts nach. Es griff schnell auf Halifax und auf naheliegende Gebiete über.

Mehr als 25.000 Menschen wurden durch dieses Unglück mitten im kanadischen Winter obdachlos. Die Zahl der Toten wird in den Quellen unterschiedlich mit 2000 bis 3000 angegeben. Insgesamt 8000 Menschen wurden verletzt.

Das zusammengekommene kanadische Untersuchungsgericht gab zunächst der »Mont Blanc« die Hauptschuld an der Katastrophe. Allerdings wurden in einem späteren Verfahren im März 1920 beide Schiffe gleichermaßen verantwortlich gemacht.

Die mit dem Ankerschaft der »Mont Blanc« hergerichtete Gedenkstätte.

Die schwerbeschädigte »Imo« wurde wieder repariert und zum Walöltanker umgebaut. Vier Jahre später rammte sie einen Felsen vor den Falkland-Inseln und ging unter.

Auf Grund der tiefgreifenden und langanhaltenden Folgen wurde die Katastrophe am 2. Mai 2016 durch die kanadische Regierung, auf Vorschlag des Historic Sites and Monuments Board of Canada, zu einem nationalen historischen Ereignis erklärt. ▶|

»Mutsu«

Schlachtschiff, Japan

Das am 31. Mai 1920 vom Stapel gelaufene und am 24. Oktober 1921 in Dienst gestellte japanische Schlachtschiff »Mutsu« der »Nagato«-Klasse bildete zusammen mit seinem einzigen Schwesterschiff »Nagato« lange Jahre den Kern der japanischen Schlachtflotte. Nach dem Angriff auf Pearl Harbor wurde es hauptsächlich zu Ausbildungszwecken in sicheren Gewässern und zu Sicherungsaufgaben von Flugzeugträgerverbänden eingesetzt. Ab Mitte 1942 kam die »Mutsu« auch wieder bei Kampfeinsetzen in Verwendung. So fungierte sie zum Beispiel bei den Flottenoperationen um Guadalcanal als Sicherungsschiff für die japanischen Flugzeugträger. Vom 12. Januar bis 6. Februar 1943 absolvierte das Schlachtschiff zu Überholungs- und Instandsetzungsarbeiten eine Werftliegezeit und erfüllte danach wieder Ausbildungsaufgaben.

Am 8. Juni 1943 lag die »Mutsu« vor Hashirajima in der Hiroshima-Bucht vor Anker. Kurz nachdem die Besatzung zu Mittag gegessen hatte, ereignete sich in den achteren Munitionskammern eine schwere Explosion. Das Schiff wurde in zwei Teile zerrissen, von denen der vordere sofort sank, während sich ein Teil des Achterschiffs bis etwa 02.00 Uhr

Foto: Archiv Autor

Schlachtschiff »Mutsu«.

am nächsten Morgen über Wasser hielt. Nur 353 Besatzungsmitglieder konnten gerettet werden, während 1122 Seeleute ums Leben kamen.

Das Wrack des Schlachtschiffes »Mutsu« liegt auf Position 33° 58' N und 132° 24' O kieloben auf dem Meeresboden. Die Wassertiefe beträgt dort etwa 40 m. Das Wrack erhebt sich bis auf eine Tiefe von rund 20 m. Eine Untersuchungskommission kam zu keinem eindeutigen Ergebnis für die Ursache des Unglücks. Die Vermutungen gingen über einen die Explosion auslösenden Korditbrand oder einem anderweitigen Unfall bis hin zu Sabotage. Erst spätere Tauchgänge zum Wrack belegten eine Explosion der Munitionsvorräte ohne äußere Einwirkung. Dennoch bleibt auch mutwillige Sabotage bis heute als eine mögliche Ursache für die Zerstörung des Schiffes bestehen.

In 1972 wurden der Bugteil und die Spitze des Hecks mit den beiden Rudern gehoben und abgewrackt. Ausrüstungsteile und persönliche Gegenstände der Besatzung sowie eine Schraube, ein Hauptanker, diverse kleine Geschütze und ein Hauptgeschützrohr sind heute im Kure Maritime Museum in Kure als Exponate vorhanden.

»Mutsu«	
Schiffstyp	Schlachtschiff
Bauwerft	Marinewerft Yokosuka, Yokosuka, Japan
Eigner	japanische Marine
Stapellauf	31. Mai 1920
Verdrängung (t)	42.785
Länge × Breite × Tiefgang (m)	215,80 × 28,96 × 9,08
Besatzungsstärke	1333
Antrieb	4 × Dampfturbine
Antriebsleistung (PS)	4 × 20.000
Wellen	4
Geschwindigkeit (kn)	26
Fahrstrecke (sm / kn)	5500 / 16
Bewaffnung	8 × 40,6 cm-Geschütze, 18 × 14 cm-Geschütze, 8 × 12,7 cm-Geschütze, 20 × 2,5 cm-Geschütze, 8 × 53,3 cm-Torpedorohre

»Noworossijsk«

Schlachtschiff, Sowjetunion

Das sowjetische Schlachtschiff »Noworossijsk« lief am 15. Oktober 1911 als italienisches Schlachtschiff »Giulio Cesare« der »Conte di Cavour«-Klasse vom Stapel. Es stellte am 15. Mai 1914 in Dienst. Nach dem Zweiten Weltkrieg musste das Schiff als Reparationsleistung an die Sowjetunion ausgeliefert werden.

Die sowjetische Flotte übernahm am 6. Februar 1949 das Schlachtschiff und stellte es unter dem Namen »Noworossijsk« in Dienst. Nach einer Quelle war es Flaggschiff der Schwarzmeerflotte und nach anderen Quellen Artillerieausbildungsschiff. Möglich ist auch, dass beide Funktionen gleichzeitig oder nacheinander zutrafen.

Am 29. Oktober 1955 lag die »Noworossijsk« auf der Reede von Sewastopol, als sie

Foto: Archiv Autor

Schlachtschiff »Noworossijsk«.

gegen 01:30 Uhr morgens von einer gewaltigen Explosion unter ihrem Vorschiff erschüttert wurde. Die offizielle und auch wahrscheinlichste Ursache war eine noch aus dem Zweiten Weltkrieg stammende deutsche Magnetmine, die etwa sieben Meter unter dem Schiffskörper detonierte.

Die Wucht der Explosion verursachte am Schiffskörper einen Riss von 22 m Länge, der bis zur Barbette des Turms A reichte. Die Detonation tötete sofort zwischen 50 und 100 Soldaten der Besatzung. Die Opferzahl der bislang größten Katastrophe der sowjetischen Flotte stieg infolge mangelhafter Lecksicherungsmaßnahmen auf weit über 500 an. Einige Quellen nennen sogar Zahlen über 600. Außerdem ist der nicht rechtzeitig gegebene Befehl zum Verlassen des Schiffes als weitere Ursache für die hohe Opferzahl anzusehen. Unter den Toten befanden sich auch Soldaten anderer Schiffe, die bei der Lecksicherung unterstützten.

Um 04:00 Uhr hatte die »Noworossijsk« eine Schlagseite von fast 20 Grad erreicht. Um 04:15 Uhr kenterte das Schiff. Wie damals in der sowjetischen Marine üblich, wurde der Untergang lange Jahre – bis in die 1980er Jahre – geheim gehalten.

Im Mai 1957 gelang es die »Noworossijsk« zu heben. Sie wurde daraufhin in der Kasach-Bucht auf den Strand gesetzt und dann vor Ort abgebrochen. ▶I

»Giulio Cesare«	
Schiffstyp	Schlachtschiff
Bauwerft	Ansaldo, Genua, Italien
Eigner	italienische Marine
Stapellauf	15. Oktober 1911
Verdrängung (t)	25.086
Länge × Breite × Tiefgang (m)	175,88 × 27,98 × 8,40
Besatzungsstärke	1197
Antrieb	3 × Dampfturbine
Antriebsleistung (PS)	3 × 10.300
Wellen	4
Geschwindigkeit (kn)	21,5
Fahrstrecke (sm / kn)	4800 / 10
Bewaffnung	10 × 30,5 cm-Geschütze, 8 × 12 cm-Geschütze, 13 × 7,6 cm-Geschütze, 3 × 45 cm-Torpedorohre

»Mega Borg«

Tanker, Norwegen

Am Abend des 8. Juni 1990 befand sich das norwegische Tankschiff »Mega Borg« etwa 57 Seemeilen südöstlich vom texanischen Galveston im Golf von Mexiko, um seine Ladung Rohöl zu leichtern. Längsseits befand sich der kleinere italienische Tanker »Fraqmura«. Ge-

Foto: US Coast Guard

Foto: US Coast Guard

Der brennende Öltanker »Mega Borg« wird von Hilfsschiffen mit Seewasser gekühlt.

gen 23.30 Uhr ereignete sich eine Explosion im Pumpenraum der »Mega Borg«, die einen Brand auslöste, der sich bis in den Maschinenraum ausbreitete.

Die genaue Ursache der Explosion konnte nie zweifelsfrei nachgewiesen werden, es wird jedoch vermutet, dass eine Leckage in einem Pumpensaugrohr zunächst zur Gasbildung und schließlich zur Explosion führte, die im Pumpenraum den Ersten Offizier und einen Matrosen tötete. Im Maschinenraum starben ein Ingenieur und ein Schmierer. Der längsseits liegenden »Fraqmura« gelang bei dem Unglück noch ein rechtzeitiges Ablegemanöver. Sie wurde bei dem Unglück nicht in Mitleidenschaft gezogen.

Die amerikanische Küstenwache brachte schon kurz nach der Explosion zwei ihrer Kutter zur Beobachtung auf den Weg zur Unglücksstelle. Zusätzlich überwachten Flugzeuge der Küstenwache die Unfallstelle. Schon am Morgen des 9. Juni trafen auch die ersten Feuerbekämpfungsfahrzeuge am Unfallort ein. Insgesamt beteiligten sich über 50 Schiffe an den Maßnahmen. Die meiste Zeit konzentrierten sich die Bergungsschiffe lediglich darauf, mit Wasserwerfern den brennenden Rumpf mit Seewasser zu kühlen. Außerdem wurde das Achterschiff nach Lee gedreht, um dadurch möglichst das Anfachen des Feuers durch den Wind zu verhindern.

Am 10. Juni, nachdem sich die Hitze etwas abgebaut hatte, unternahm man den erfolgreichen Versuch, die Ventile zwischen den Öltanks und dem Maschinenraum, dem Brennpunkt des Feuers, von Hand zu schließen, um dem Brand die Nahrung zu entziehen. Später am Tag ereignete sich aber eine weitere Reihe von Explosionen an Bord der »Mega Borg«, die den Brand wieder verstärkten.

Erst am 13. Juni konnten im Maschinenraumbereich die eigentlichen Löscharbeiten mit der Anwendung von Schaum begonnen

»Mega Borg«	
Schiffstyp	Tanker
Bauwerft	Götaverken, Arendal, Norwegen
Eigner	A.S. Mosvolds Rederi, Farsund, Norwegen
Stapellauf	1975 (?)
Vermessung (BRT)	73.706
Länge × Breite × Tiefgang (m)	270,09 × 43,34 × 17,07
Besatzungsstärke	unbekannt
Antrieb	1 × Dieselmotor
Antriebsleistung (PS)	1 × 27.303
Wellen	1
Geschwindigkeit (kn)	16

Das Zentrum des Brandes lag im Heckbereich der »Mega Borg«.

werden, was den Brand sogar vorübergehend erstickte. Am 15. Juni war das Feuer schließlich gelöscht.

Während dieser Zeit tauchte das Achterschiff der »Mega Borg« ständig tiefer ein. Das Schiff bekam eine Schlagseite nach Backbord. Über den Achterschiffsbereich flossen rund 17.000 t brennendes Öl ins Meer. Die Behörden kamen zu dem Schluss, dass die Luftverschmutzung durch das brennende Öl weitaus weniger schwerwiegende Auswirkungen auf die Umwelt haben würde, als schwimmendes Öl.

Dennoch verschmutzte der abtreibende Ölteppich Ende Juni die südwestliche Küste von Louisiana und Teile der Küste von Texas. Im Verhältnis zu den anfangs aufgestellten Gefahrenszenarios – man dachte dabei in erster Linie an die durch die »Exxon Valdez« verursachten Ölverschmutzungen vom Vorjahr – hielten sich die Schäden aber insgesamt in Grenzen.

Die »Mega Borg« wurde nach dem Ende der Löscharbeiten eingeschleppt. Rund 129.083 Kubikmeter des transportierten Öls waren nach dem Brand noch in dem Schiff verblieben, die nun abgepumpt werden

Tankerbrand im Golf von Mexiko

Zeitungsausschnitt von der Tankerkatastrophe im Golf von Mexiko.

konnten. Der Havarist wurde später zum Abbruch verkauft.

Obwohl Einhüllentanker bei Unfällen allgemein als besonders umweltgefährdend gelten, war hier wohl das Gegenteil der Fall. Die »Mega Borg« wurde vermutlich dadurch vor dem Auseinanderbrechen bewahrt, da sie bei dem Brand im Kernbereich des Schiffes den Vorteil der besseren Wärmeabfuhr über die außengelegenen Ladetanks besaß.

Risszeichnung des Projekts 949A (»Oscar II«-Klasse).

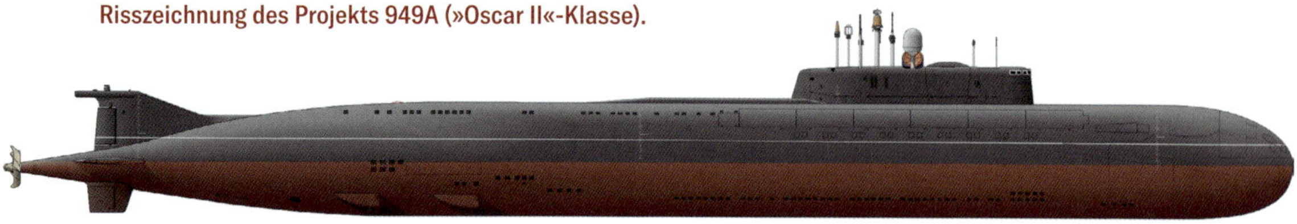

Foto: Mike 1979 Russia / CC-BY-SA 3.0

»K-141 Kursk«

Atom-U-Boot, Sowjetunion

Das nuklear angetriebene U-Boot (Atom-U-Boot) »K-141 Kursk« war eine Einheit des Projekts 949A. Das Bauprogramm der in der NATO als »Oscar II«-Klasse bezeichneten Angriffs-U-Boote umfasste eine Stückzahl von zwölf Einheiten, die von Mitte der 1980er bis Mitte der 1990er Jahre in Dienst gestellt wurden. Zwei weitere der in der sowjetischen Marine bzw. russischen Presse auch als Atom-Unterwasserflugkörperkreuzer bezeichneten Einheiten waren noch geplant. Davon wurde eine im Bau wieder abgebrochen und die andere schon gar nicht mehr auf Kiel gelegt.

Die »K-141 Kursk« lief am 16. Mai 1994 vom Stapel und stellte am 30. Dezember 1994 bei der russischen Nordflotte in Dienst. Am 12. August 2000 geriet während einer Übung im Nordmeer das Atom-U-Boot in Verlust. Alle zu diesem Zeitpunkt an Bord befindliche 118 Personen kamen dabei ums Leben.

Am 12. August 2000 nahm die »K-141 Kursk« an einem Manöver der russischen Nordflotte in der Barentssee teil. Um 11:28 Uhr Moskauer Zeit findet an Bord der »K-141 Kursk« eine Explosion statt, der zwei Minuten später eine weitere folgt. Seismografen in Norwegen zeichneten in dieser Zeit für das Seegebiet zunächst eine Erschütterung in Stärke 1,5 auf der Richterskala auf und dann eine zweite, wesentlich heftigere in Stärke von 3,5.

Bei der NATO, die das russische Manöver mit Aufklärungseinheiten beobachtete, war

Atom-U-Boot »K-266 Orel«, ein Schwesterschiff der »K-141 Kursk«.

Foto: Andrei Luzik / CC-BY-SA 4.0

schnell klar, dass ein U-Boot verunglückt sein muss. Doch nach alter sowjetischer Tradition schwieg die russische Führung.

Als sich das Verschwinden des U-Bootes nicht mehr geheim halten ließ, verbreitete die russische Marineführung die Behauptung, es habe eine Kollision mit einem NATO-U-Boot gegeben, das die »K-141 Kursk« bedrängt habe. Diese Behauptung wird noch wochenlang aufrechterhalten, auch wenn alle Sachverhalte dagegensprechen. Doch was war tatsächlich geschehen?

Die Torpedotechniker hatten den Bodenverschluss eines Torpedorohres, das mit einem Übungstorpedo beladen war, geöffnet, um Arbeiten am Torpedo durchzuführen. Der Torpedo hatte einen Antrieb mit hochexplosivem Flüssigtreibstoff. Aus unbekannter Ursache wurde der Torpedoantrieb aktiviert – nach einer anderen Theorie gab es eine Treibstoffleckage – dabei erhitzte sich der Torpedo auf Grund der fehlenden Kühlung, da er unbewässert im Rohr lag. Der Brennstoff entzündete sich explosionsartig mit extrem hoher Brenntemperatur. Das war die erste der beiden aufgezeichneten Explosionen.

In Folge brach ein Feuer aus, das sich schnell im Bugtorpedoraum ausbreitete. Zwei Minuten später kam es dann zu der zweiten gewaltigeren Explosion, denn die Gefechtstorpedos im Bugraum hatten durch das entstandene Feuer gezündet. Auf einen Schlag wurde ein Teil der Bugsektion komplett abgerissen. Zu alledem wurde durch die verheerende Druckwelle die sich nach achtern anschließende Sektion 2 der »K-141 Kursk« stark beschädigt. Dort befand sich die Operationszentrale mit den meisten Offizieren und dem Kommandanten.

Ein Großteil der Besatzung kam sofort ums Leben. Der Reaktor leitete automatisch eine Notabschaltung ein. Durch das eindringende Wasser sank das manövrierunfähige U-Boot in der Barentssee rund 100 Seemeilen nordöstlich von Murmansk etwa auf Position 69° 40' N und 37° 35' O auf einer Wassertiefe von 108 m auf Grund.

Mindestens 23 Besatzungsmitglieder überlebten zunächst im Inneren des Bootes in der Hecksektion, konnten sich aber nicht aus eigener Kraft aus dieser Tiefe befreien. Sie starben nach einigen Stunden an giftigen Gasen und / oder Sauerstoffmangel.

Das Wrack der »K-141 Kursk« wird erst in der folgenden Nacht entdeckt. Die Kommunikationspolitik der russischen Marineführung war jedoch katastrophal. Erst am 14. August erfuhr die Öffentlichkeit von dem Untergang der »K-141 Kursk«. Die Medien und die Angehörigen der Besatzung wurden über den Zustand des Bootes und den Verlauf der Rettungsarbeiten nur zögerlich und widersprüchlich informiert.

Die Rettungsmaßnahmen selbst liefen schleppend und unprofessionell an. Russische Rettungsmannschaften versuchten unter anderem mit Rettungs-U-Booten vergeblich eine Rettung durchzuführen. Die angebotene internationale Hilfe unter anderem von Großbritannien, Norwegen und den USA, und selbst Vorbereitungen dazu, waren zuvor von russischer Seite kategorisch abge-

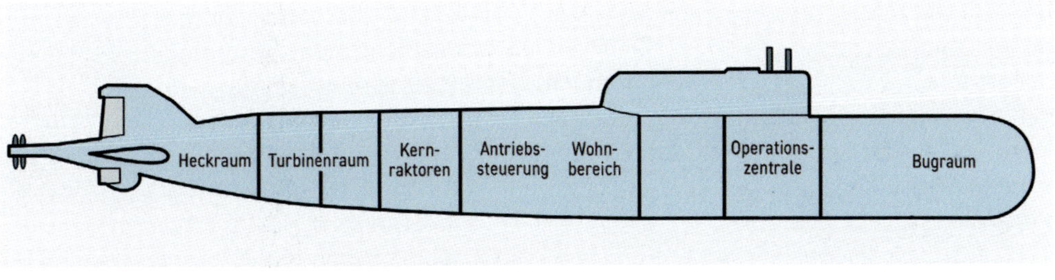

Foto: Jean-Claude Duss

Die Raumaufteilung auf dem Atom-U-Boot »K-141 Kursk«

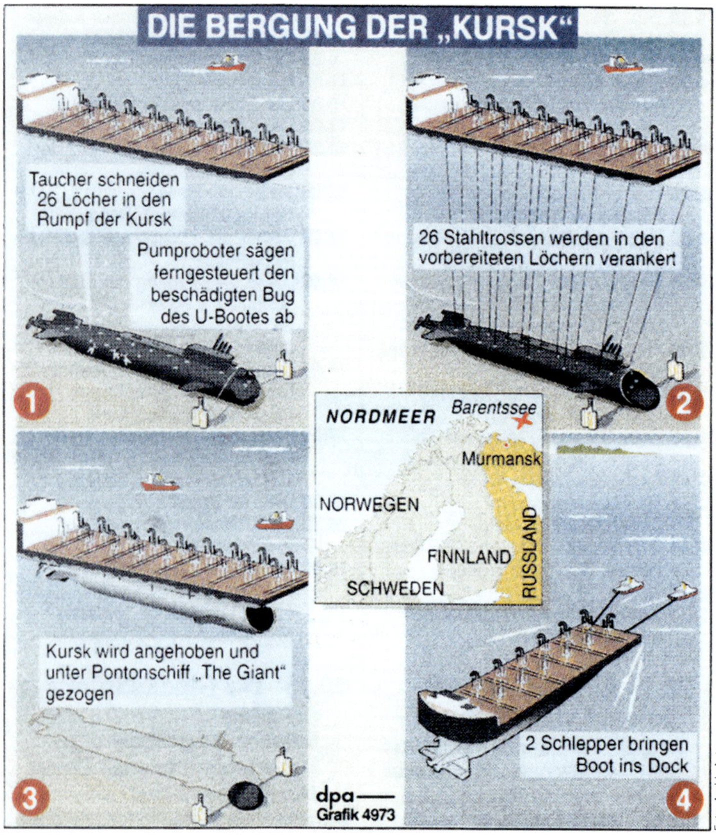

Foto: Archiv Autor

Ein gigantisches Pontonschiff soll die „Kursk" an die Oberfläche ziehen. In das Wrack bohren Taucherteams insgesamt 26 Löcher.

Zeitungsausschnitt mit der Darstellung des Hebe- und Bergevorgangs der »K-141 Kursk«.

lehnt worden. Auch die Deutsche Marine hatte sofort nach Bekanntwerden des Unglücks ein Rettungsteam aktiviert, das abflugbereit auf gepackten Koffern saß.

Erst als sich Präsident Wladimir Putin nach Tagen aus seinem Urlaub zurückbegibt und sich viel zu spät persönlich der Sache annimmt, kann das Rettungs-U-Boot »LR 5« aus Schottland in Marsch gesetzt werden. Doch »LR 5« sowie norwegische Rettungstaucher kommen zu spät und finden hinter der Rettungsschleuse der völlig überfluteten »K-141 Kursk« nur noch Tote vor.

Die Chronik der Tragödie des Atom-U-Bootes »K-141 Kursk« vom 12. bis 20. August 2000:

12. August: Norwegische Seismologen registrieren zwei Explosionen in der Barentssee – wohl das Unglück der »K-141 Kursk«. Vermutlich ist mehr als die Hälfte der Besatzung sofort tot.

13. August: Um 01:21 Uhr wird das U-Boot auf dem Meeresgrund etwa 100 Seemeilen nordöstlich von Murmansk entdeckt. Sieben Stunden später treffen Rettungsschiffe ein. Per Klopfzeichen bitten die eingeschlossenen Seeleute um Atemluft und berichten von überfluteten Kammern. Die Öffentlichkeit weiß noch nichts von dem Unglück.

14. August: Erst 48 Stunden nach dem Unglück gibt die russische Marine den Untergang. der »K-141 Kursk« bekannt. Die Klopfsignale aus dem Boot brechen ab.

15. August: Russische Rettungskapseln versuchen immer wieder vergeblich, an die Ausstiegsluken der »K-141 Kursk« anzudocken.

16. August: Nach tagelanger Verzögerung nimmt Russland das Hilfsangebot des Westens an. Das britische Rettungs-U-Boot »LR 5« und norwegische Taucher sind unterwegs zur Barentssee.

17. August: Die Rettung bleibt erfolglos. Vermutlich ist die Luke der »K-141 Kursk« beschädigt.

18. August: Russlands Präsident Putin kehrt nach scharfer Kritik an seiner Haltung aus dem Urlaub nach Moskau zurück.

19. August: Die russische Marine teilt mit, dass die gesamte Mannschaft der »K-141 Kursk« vermutlich tot ist. Erst jetzt treffen die britischen und norwegischen Retter ein.

20. August: Die russische Marine teilt mit, dass die »LR 5« nicht an die »K-141 Kursk« andocken kann, weil die Ausstiegsluke des U-Boots durch einen Riss beschädigt sei. Dies war die letzte Hoffnung.

Knapp ein Jahr später begann eine spektakuläre Bergungsaktion. Mit einer gigantischen Unterwasser-Seilsäge wurde der übrig gebliebene Bug der »K-141 Kursk« abgetrennt, angeblich weil er für eine Bergung zu instabil war. Die Bergung des Rumpfes durch die niederländischen Bergungsfirmen Mammoet und Smit erfolgte dann mit Hilfe von 26 Stahlseilen, die von Tauchern an speziell angefertigten Löchern im Rumpf befestigt wurden und mit deren Hilfe das Wrack am 8. Oktober 2001 gehoben werden konnte.

Die Überreste der »K-141 Kursk« wurden dann unter dem Ponton »Giant-4« fixiert und von dem Hochseeschlepper »Singapur« nach Murmansk geschleppt sowie anschließend in der Werft von Rosljakowo abgebrochen. Der Turm der »K-141 Kursk« steht seit 2009 als Mahnmal in Murmansk.

Im Mai 2002 wurde bei der Nordflotte ein Sonderkommando für die Hebung und Bergung des Bugs der »K-141 Kursk« gebildet, um die Ursache der Katastrophe zu untersuchen. Einzelne Bugtrümmer wurden im Laufe des Junis geborgen und analysiert. Teile, die am Meeresgrund zurückgelassen wurden, wurden gesprengt. Als Ergebnis der Untersuchung wurde bekanntgegeben, dass nur die Detonation eines Torpedos innerhalb des Kriegsschiffes die einzige Ursache für den Untergang des Atom-U-Bootes »K-141 Kursk« gewesen sein konnte.

Die »K-141 Kursk« ist das einzige von vier bei operativen Einsätzen gesunkenen Atom-U-Boote der sowjetischen Marine, das gehoben wurde. Bei den anderen drei handelte es sich um die »K-8« (April 1970), die »K-219« (Oktober 1986) und die »K-278 Komsomolez« (April 1989).

»K-141 Kursk«	
Schiffstyp	Atom-U-Boot
Bauwerft	Werft 402, Sewerodwinsk, Sowjetunion
Eigner	sowjetische Marine
Stapellauf	16. Mai 1994
Verdrängung (↑/↓) (t)	14.700 / 19.400
Länge × Breite × Tiefgang (m)	154,00 × 18,20 × 9,20
Tauchtiefe (m)	600
Besatzungsstärke	107
Antrieb	2 × Druckwasserreaktor, 2 × Dampfturbine
Antriebsleistung (PS)	2 × 49.000
Wellen	2
Geschwindigkeit (↑/↓) (kn)	15 / 31
Bewaffnung	4 × 65,0 cm-Torpedorohre, 4 × 53,3 cm-Tortpdorohre für Torpedos und Flugkörper

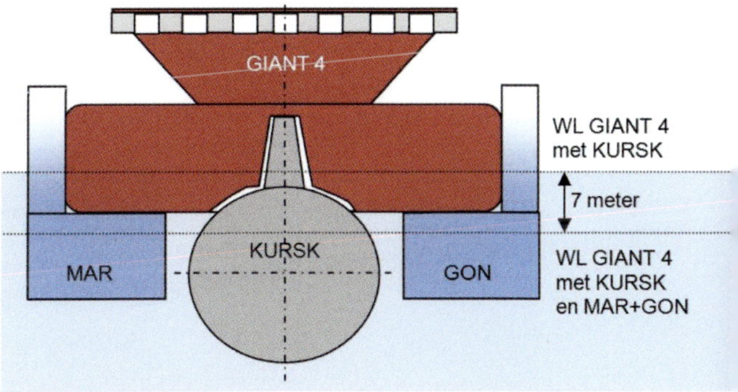

Foto: Janhuisman42 / CC-BY-SA 3.0

Prinzipskizze vom Hebeponton »Giant 4« und »K-141 Kursk«.

Foto: Insider / CC-BY-SA 4.0

Der Turm der »K-141 Kursk« steht seit 2009 als Mahnmal in Murmansk.

Foto: Brian Burnell

» Sindhurakshak«

U-Boot, Indien

Die »Sindhurakshak« war ein diesel-elektrisch angetriebenes konventionelles U-Boot der indischen Marine. Es zählt zu der aus zehn Einheiten bestehenden »Sindhughosh«-Klasse. Als U-Boot der russischen »Kilo I«-Klasse wurde die »Sindhurakshak« in Sankt Petersburg auf der Admiralitätswerft gebaut. Dort ist sie am 26. Juni 1997 vom Stapel gelaufen und nach der Ablieferung am 24. Dezember 1997 bei der indischen Marine in Dienst gestellt worden.

Das U-Boot lag im Stützpunkt von Mumbai an der Pier, als in der Nacht zum 14. August 2013 an Bord ein Feuer ausbrach und das U-Boot wenig später nach Explosionen an der Pier sank. Ein daneben liegendes Schwesterboot wurde in Mitleidenschaft gezogen, konnte aber mit nur leichten Schäden schnell aus dem Gefahrenbereich verholt werden. An Bord der »Sindhurakshak« befanden sich zum Zeitpunkt des Unglücks 18 Besatzungsmitglieder, von denen keiner überlebte.

Seitens der indischen Marine begannen sofort die Untersuchungen über die Ursache des Unglücks. Auf der Pier vor der bis zur Oberkante des Turms gesunkenen »Sindhurakshak« lagen Ladekabel. Erste Vermutungen konzentrierten sich dann auch auf eine Explosion von beim Laden der Batterien entstandenem Wasserstoffgas. Da die Batterien der »Sindhurakshak« für eine geplante Patrouillenfahrt aber erst drei Tage zuvor geladen worden waren, schloss die indische Marine diese Ursache schnell wieder aus. Auch für einen schwerwiegenden Materialfehler oder gar Sabotage sah man keine Anhaltspunkte.

Als wahrscheinlichste Variante für das Unglück galt bald die Verletzung von Sicherheitsregeln und Nachlässigkeit beim Umgang mit Munition im Frontbereich des für seine geplante Patrouille voll mit Torpedos und Flugkörpern beladenen Bootes.

Tatsächlich wurden im Hafenbecken auch zahlreiche Flugkörperteile gefunden. Die indische Marine hatte auch schon nur zwei Tage

»Sindhurakshak«	
Schiffstyp	U-Boot
Bauwerft	Admiralitätswerft, St. Petersburg, Russland
Eigner	indische Marine
Stapellauf	26. Juni 1997
Verdrängung (↑/↓) (t)	2325 / 3075
Länge × Breite × Tiefgang (m)	72,60 × 9,90 × 6,60
Tauchtiefe (m)	300
Besatzungsstärke	52
Antrieb	2 × Dieselmotor, 1 × Elektro-Fahrmotor, 2 × Hilfsantrieb
Antriebsleistung (PS)	2 × 1360, 1 × 5893, 2 × 102
Wellen	1
Geschwindigkeit (↑/↓) (kn)	10 / 17, mit Hilfsantrieb 3
Fahrstrecke (↑/↓) (sm / kn)	6000 / 7 – 400 / 3
Bewaffnung	6 × 53,3 cm-Torpedorohre für Torpedos und Flugkörper

nach dem Unglück für sämtliche Einheiten eine Überprüfung aller Sicherheitsmaßnahmen im Umgang mit Munition angeordnet.

Hier bleiben allerdings doch noch einige Fragen offen. Waren nachts tatsächlich Arbeiten an der Munition oder an den Munitionseinrichtungen durchgeführt worden? Eine doch etwas ungewöhnliche Zeit für solche Tätigkeiten. Oder galt es andere Ursachen für den Unfall zu vertuschen und zu verschleiern? Ohne Beweise oder Belege dafür zu haben hat der Verfasser, auch auf Grund seiner eigenen Erfahrungen als ehemaliger U-Bootfahrer, doch seine Zweifel.

Das Innere des Bootes war so zerstört und in großen Teilen unzugänglich, dass Taucher auch drei Wochen nach dem Unglück erst acht der 18 vermissten Besatzungsmitglieder geborgen hatten. Sämtliche Versuche, den Rumpf abzudichten und das U-Boot durch eingepresste Luft aufschwimmen zu lassen oder durch geschlossene Schotten abgedichtete Abteilungen zu lenzen, waren gescheitert. Außerdem stellte man fest, dass der Druckkörper an mehreren Stellen aufgerissen war.

Zur Hebung des U-Bootes wurden dann kommerzielle Spezialisten herangezogen. Es ging dabei primär um die Bergung der restlichen Toten, die Ermittlung der eigentlichen Ursache und letztendlich auch um die Freiräumung des Liegeplatzes an der Pier. Am 3. Juni 2014 hatte man diesbezüglich endlich Erfolg. Mit mehreren Pontons konnte die »Sindhurakshak« vom Grunde des Hafenbeckens gehoben und wieder schwimmfähig gemacht werden.

Die indische Marine entschied, dass die »Sindhurakshak« auf Grund der großen Schäden nicht wieder repariert und in Dienst gestellt werden sollte. Im März 2017 wurde sie aus dem Flottenregister der Marine gestrichen. Im Juni 2017 wurde das havarierte U-Boot auf die hohe See geschleppt und dort versenkt. Das Meer ist an dieser Stelle mehr als 3000 m tief. ▸|

»Wan Hai 503«

Containerschiff, Singapur

Vor der Südwestküste Indiens kam es am 9. Juni 2025 zu einem schweren Schiffsunglück. Auf dem unter singapurischer Flagge fahrenden Containerschiff »Wan Hai 503« brach nach mehreren sporadischen Explosionen gegen 12:30 Uhr rund 70 nautische Meilen vor Kochi im Inneren des Schiffs ein Großbrand aus. Was die Explosion verursachte, blieb unklar.

Das Schiff der taiwanesischen Containerlinienreederei Wan Hai Lines Ltd. mit Sitz in Taipeh war von Colombo in Sri Lanka nach Nhava Sheva bei Mum-

Containerschiff »Wan Hai 503«.

Foto: indische Küstenwache

Einheiten der indischen Küstenwache versuchen die brennende »Wan Hai 503« zu löschen. bzw. die Bordwände mit Seewasser abzukühlen. Der Bug- und Heckbereich des Schiffes sind von den Bränden weniger betroffen, als das Mittelschiff.

bai in Indien unterwegs. Es fuhr auf dem wöchentlichen China-Indien-Dienst CIX (China India Express), der gemeinsam von Wan Hai, Hapag-Lloyd, Evergreen und Interasia Lines betrieben wird. Es hat eine Stellplatzkapazität von 4333 TEU (Twenty-foot Equivalent Unit, Zwanzig-Fuß-Standardcontainer).

Nach dem Mayday-Ruf eilten mehrere zivile Schiffe dem Havaristen zu Hilfe. Die indische Küstenwache sowie die indische Marine schickten zum Löschen des Havaristen zahlreiche Einheiten an den Unglücksort.

Wie die indische Küstenwache mitteilte, konnten 18 der insgesamt 22 Besatzungsmitglieder von einem vorbeifahrenden Schiff aus den Rettungsbooten geborgen werden. Vier Seeleute, zwei Indonesier und jeweils ein Seemann aus Taiwan und Myanmar, wurden jedoch vermisst.

Die 20 Jahre alte »Wan Hai 503«, die nun mit einem verheerenden Brand unkontrolliert auf dem Meer circa 85 Seemeilen vor der indischen Südwestküste trieb, hatte nach den Explosionen leichte Schlagseite von etwa 10 bis 15 Grad bekommen und befand sich in einer kritischen Lage. Von Seiten der Rettungskräfte wurden alle Anstrengungen unternommen, um das Feuer zu bekämpfen und das Schiff zu stabilisieren. Dabei hatte die Eindämmung der Umweltgefahr eine hohe Priorität.

Auf Bildern, die von der indischen Küstenwache veröffentlicht wurden, war dichter schwarzer Rauch über dem Schiff zu sehen. Deutlich ließ sich auch erkennen, dass der 269 m lange und 32 m breite Frachter wohl als Totalverlust abzuschreiben ist. Lediglich der Bug- und Heckbereich blieben zunächst von den Flammen verschont.

Die Wucht der Explosionen musste enorm gewesen sein, denn an Bord wurden mehrere Container umher gewirbelt. Bilder, die in einer frühen Phase des Unglücks von der Brücke der »Wan Hai 503« aus aufgenommen wurden, zeigten, wie Container kreuz und quer an Bord liegen. Hunderte stehen in Flammen. Indische Behörden teilten weiterhin mit, dass mindestens 50 Container über Bord gegangen seien und unkontrolliert im Meer treiben. Laut den Ladungspapieren transportierte die »Wan Hai 503« in den Containern eine Vielzahl gefährlicher Güter, darunter hochentzündliche und selbstentzündliche sowie giftige und umweltgefährdende Stoffe.

Diese Mischung an gefährlichen Stoffen erschwerte die Brandbekämpfung und verhinderte, dass sich Schiffe dem Unglücksort gefahrlos nähern konnten. Fachleute warnten zudem, dass die Hitzeentwicklung die Containerstapel instabil machen und zum Einsturz bringen könnte.

Bei Redaktionsschluss zu diesem Buch war der Ausgang dieses Unglücks noch nicht bekannt. Wie mit Stand von Anfang Juli 2025 aber zu erfahren war, droht die »Wan Hai 503« zu sinken. Mit dem Totalverlust des Containerschiffs war ohnehin schon kurz nach dem Unglück gerechnet worden. Doch nun ist es wohl nur noch eine Frage der Zeit, bis dieser Fall eintritt und das Schiff versinkt.

Das Feuer wütete mit Stand Anfang Juli 2025 noch immer in einem der Laderäume und konnte dort bislang noch nicht gelöscht werden. Die Stahlstruktur des Schiffes dürfte mindestens in dem Bereich der Brände aufgrund der hohen Temperaturen instabil sein. Hinzu kommt, dass sich im Achterschiff der »Wan Hai 503« große Mengen an Löschwasser angesammelt haben, die das Heck bereits eintauchen ließen. Das Abpumpen von 500 bis 800 Kubikmeter Wasser brachte kaum eine Verbesserung in der Schwimmlage des Schiffes.

Die indischen Behörden hatten mittlerweile auch verfügt, dass Bergungsschlepper den Havaristen auf die offene See in den Bereich außerhalb der exklusiven indischen Wirtschaftszone schleppen sollen. Das Ansteuern eines indischen Hafens in der Nähe des Unglücksortes wurde nicht gestattet. Sobald die »Wan Hai 503« die indischen Gewässer verlassen hat, liegt dann die Verantwortung für das Schicksal des Frachters bei dem beauftragten Bergungsunternehmen sowie der Maritime and Port Authority von Singapur als Flaggenstaat des Schiffes. ▶|

Foto: indische Küstenwache

Auch zivile Bergungseinheiten bemühen sich um das brennende Containerschiff »Wan Hai 503«.

6 Technische Unzulänglichkeiten und menschliches Versagen

»K«-Klasse

U-Boote, Großbritannien

Die Admiralität der englischen Royal Navy stellte schon vor dem Ersten Weltkrieg die Forderung nach einem U-Boot, das in der Lage sein sollte die Überwasserverbände der Flotte zu begleiten und mit diesen gemeinsam zu operieren. Als hierfür notwendige Überwassergeschwindigkeit waren mindestens 21 kn gefordert. Da die daraufhin entwickelte und mit drei jeweils 1200 PS starken Dieselmotoren ausgerüstete »J«-Klasse mit ihren 19 kn an erreichter Höchstgeschwindigkeit die Vorgabe nicht erfüllte, kam es bei der nachfolgenden »K«-Klasse hinsichtlich des Antriebs zu einem vollkommen neuen Lösungsansatz. Für die Überwasserfahrt wurden nun Dampfturbinen vorgesehen, da sich mit diesen wesentlich höhere Leistungen erzielen ließen, als es bei den damals zur Verfügung stehenden Dieselmotoren der Fall war.

Im Jahre 1915 wurden 14 U-Boote auf Kiel gelegt, die in den Jahren 1916/1917 in Dienst stellten. 1916 erfolgten nochmals sieben Kiellegungen, von denen vier Boote 1917/1918 der Flotte zuliefen. Von den drei übrigen U-Booten gingen 1920 zwei in Dienst und eines wurde nicht mehr fertiggestellt. Das im Juni 1918 auf Kiel gelegte »K 26« nahm erst 1923 seinen Dienst auf. Insgesamt waren 27 Einheiten eingeplant, wovon allerdings nur die erwähnten 21 Boote tatsächlich gebaut und fertiggestellt wurden.

Die für ihre Zeit sehr großen U-Boote der »K«-Klasse waren zwar modern ausgelegt, aber schwer zu handhaben und kompliziert zu bedienen. Sie bekamen wegen vieler schwerer Unfälle, die teilweise auf konstruktive Schwächen zurückzuführen waren, einen sehr schlechten Ruf. In der Royal Navy erhielten sie sehr schnell den Beinamen »Calamity«-Class (deutsch: Unglück, Unheil). Die U-Boote konnten im Ersten Weltkrieg keine Erfolge erzielen. Alle Verluste sind die Folge von Unglücken. Kein einziges Boot ging durch Feindeinwirkung verloren. Die Geschichte der »Calamity«-Class ist größten Teils eine Aufzählung von Unfällen, von denen nachfolgend einige wenige Beispiele genannt werden.

Der bei den ersten Einheiten vorhandene flache und ebene Bug barg die Gefahr, dass das Boot bei hoher Geschwindigkeit unterschneiden und dann ungewollt aus »eigenem Antrieb tauchen« konnte. Um diesen dynamischen Abtrieb zu beseitigen, wurde ab »K 6« die Bugform wulstig ausgestaltet. Vollkommen beseitigen ließ sich das Problem jedoch nicht. Die Gefahr eines unkontrollierten Abtauchens blieb bestehen.

Bei einem Tauchtest im Dezember 1916 tauchte das am 22. September 1916 als erstes Boot der »K«-Klasse in Dienst gestellte »K 3«

Foto: Agence Rol

Eine Aufnahme des U-Bootes »K 2« aus dem Jahr 1924.

Foto: Archiv Autor

Das U-Boot »K 4« strandete im Januar 1917 auf Walney Island an der englischen Westküste.

unkontrolliert ab, stieß in 45 m Tiefe auf Grund und bohrte sich tief in den Schlamm, während das Heck mit im Leerlauf durchdrehenden Schrauben mehrere Meter aus dem Wasser ragte. Erst nach 20 Minuten gelang es der Besatzung ihr Boot aus seiner hilflosen Lage zu befreien. Bei diesem Vorfall war der zukünftige König Georg VI als Besucher an Bord eingeschifft.

»K 13« sank am 19. Januar 1917 noch vor seiner Indienststellung bei einer Erprobungsfahrt. Beim Tauchen ließen sich mehrere Ventilatoren des Maschinenraums nicht richtig schließen. Trotz der folgenden umfangreichen Rettungsmaßnahmen konnten nur 48 von den 80 an Bord befindlichen Personen gerettet werden. 32 Männer fanden den Tod. Der Rumpf wurde gehoben, instandgesetzt und dann unter neuem Namen als »K 22« am 18. Oktober 1917 wieder in Dienst gestellt.

Auf »K 2« kam es im Januar 1917 bei einer Testfahrt zu einer Explosion und einem Brand. Im gleichen Monat strandete »K 4« auf Walney Island an der englischen Westküste.

Am 18. November 1917 operierten »K 1«, »K 3«, »K 4« und »K 7« gemeinsam mit dem Kreuzer »Blonde« vor der dänischen Küste. Bei einem Ausweichmanöver kollidierten »K 1« und »K 4«. Die manövrierunfähige und sinkende »K 1« war nicht mehr zu retten und musste selbstversenkt werden. Die beschädigte »K 4« konnte in ihren Stützpunkt zurückkehren.

Am späten Abend des 31. Januar 1918 kam es im Firth of Forth im Rahmen eines Manövers zum schwersten Zwischenfall in der Geschichte der vom Unglück verfolgten »K«-Klasse. Innerhalb von 75 Minuten kollidierten mehrere U-Boote sowohl untereinander als auch mit an der Übung beteiligten Überwassereinheiten. Bei der Massenhavarie sanken »K 4« und »K 17«. Die U-Boote »K 6«, »K 7«, »K 14«, »K 22« und der Kreuzer »Fearless« erlitten erhebliche Schäden. Das dramatische Ereignis, bei dem 105 britische Seeleute ums Leben kamen, ging als »Battle of May Island« in die englische Marinegeschichte ein. Ursache waren dieses Mal keine Konstruktionsfehler oder technische Versager, sondern schlichtweg die falsche Konzeption in einem Einsatzverband Überwasserschiffe mit U-Booten zu mischen.

Foto: Oscar Parkes

Das U-Boot »K 15«. Deutlich zu erkennen der wulstig gestaltete Bug, der bei Überwasserfahrt ein ungewolltes Unterschneiden des Bootes verhindern sollte.

Auch nach dem Krieg blieb die »K«-Klasse nicht von schweren Unglücken verschont.

»K 5« ging am 20. Januar 1921 bei einem Flottenmanöver in der Biskaya mit der gesamten Besatzung unter ungeklärten Umständen verloren. Die wahrscheinlichste Erklärung ist, dass das U-Boot die Trimmung verlor, seine Zerstörungstiefe unterschritt und in Folge zerdrückt wurde.

»K 15« sank am 25. Juni 1921 auf seinem Liegeplatz in der Flottenbasis Portsmouth. Infolge eines Druckabfalls der Hydraulik wurden mehrere Luken undicht, wodurch Wasser in den Druckkörper eindringen konnte. Das Boot wurde wieder gehoben und 1924 zur Verschrottung verkauft.

Der letzte Unfall der »K«-Klasse ereignete sich 1924. Dabei kollidierten »K 2« und »K 12« im Hafen von Portland.

Bis Mitte der der 1920er Jahre stellten die verbliebenen U-Boote der »K«-Klasse nach und nach außer Dienst und wurden verschrottet. In einer englischen Quelle wird festgehalten: »They were simply too complicated and too dangerous to use with any modern degree of safety.«

»K«-Klasse	
Schiffstyp	U-Boot
Eigner	Royal Navy
Verdrängung (↑/↓) (t)	1980 / 2566
Länge × Breite × Tiefgang (m)	103,02 × 8,14 × 4,88
Tauchtiefe (m)	60
Besatzungsstärke	59
Antrieb	2 × Dampfturbine, 4 × Elektro-Fahrmotor, 1 × Dieselmotor
Antriebsleistung (PS)	2 × 5250, 4 × 350, 1 × 800
Wellen	2
Geschwindigkeit (↑/↓) (kn)	24,0 / 9,0
Fahrstrecke (↑/↓) (sm / kn)	12.500 / 10 - 40 / 4
Bewaffnung	2 × 10,2 cm-Geschütz, 1 × 7,6 cm-Geschütz, 8 × 45,7 cm-Torpedorohre

»M 2«

U-Boot, Großbritannien

Das U-Boot »M 2« gehörte zu einer vier Einheiten umfassenden Klasse, die von der englischen Royal Navy im Februar 1916 geordert wurde. Davon stellten jedoch nur drei Einheiten 1918 (1) und 1920 (2) in Dienst. Sie wurden wegen ihrer Größe und ihrer starken Artilleriebewaffnung auch als U-Monitore bezeichnet.

Der Kiel für »M 2« wurde am 13. Juli 1916 gelegt, am 19. Oktober 1919 war Stapellauf und die Indienststellung vollzog sich am 14. Feb-

Foto: Archiv Autor

Das U-Boot »M 2« mit Bordflugzeug.

Foto: Archiv Autor

Flugzeugstart auf »M 2«.

ruar 1920. Das Boot fand zunächst bei Erprobungen Verwendung. Im Jahr 1925 begann man das Boot mit einem Kostenaufwand von 60.000 Pfund zu einem Seeflugzeugträger umzubauen. An Stelle des 20,3 cm-Geschützes kamen ein druckfester Flugzeughangar, eine Startrampe und ein Kran vor dem Turmaufbau an Bord.

»M 2« lief am 26. Januar 1932 zu einer Übung in der West Bay 15 Seemeilen südlich von dem Heimatstützpunkt Portland aus. In einem letzten Funkspruch teilte der Kommandant um 10:11 Uhr dem U-Boot-Mutterschiff »Titania« mit, dass er um 10:30 Uhr eine Tauchübung vornehmen wolle. Danach wurde nichts mehr von dem U-Boot und seiner 60 Mann starken Besatzung gehört. Es blieb verschwunden.

»M 2«	
Schiffstyp	U-Boot
Bauwerft	Vickers, Barrow-in-Furness, Großbritannien
Eigner	Royal Navy
Stapellauf	19. Oktober 1919
Verdrängung (↑/↓) (t)	1594 / 1946
Länge × Breite × Tiefgang (m)	90,15 × 6,20 × 4,88
Tauchtiefe (m)	60
Besatzungsstärke	64
Antrieb	2 × Dieselmotor, 2 × Elektro-Fahrmotor
Antriebsleistung (PS)	2 × 1200, 2 × 800
Wellen	2
Geschwindigkeit (↑/↓) (kn)	15 / 8,5
Fahrstrecke (↑/↓) (sm / kn)	4500 / 10 – 80 / 2
Bewaffnung	4 × 45,7 cm-Torpedorohre, 1 × 30,5 cm-Geschütz (*)
Anmerkung	(*) später im Austausch gegen ein Bordflugzeug

Am 29. Januar gab die Royal Navy offiziell den Verlust des U-Bootes und der gesamten Besatzung bekannt. Am 3. Februar gelang es, das Wrack zu lokalisieren. Aufwändige Versuche das gesunkene U-Boot zu heben scheiterten. Lediglich das Flugzeug konnte geborgen werden, denn Taucher hatten bei den Arbeiten am Wrack festgestellt, dass der Hangar offenstand und sich das Flugzeug noch darin befand.

Zur Ursache des Unglücks wurden zwei Theorien entwickelt:

- Zum einen vermutete man, dass die Hangartüren nicht korrekt verschlossen waren und dadurch beim Tauchen ein Wassereinbruch verursacht wurde. Das Boot ist dann wohl außer Kontrolle geraten und gesunken.
- Ein zweiter Erklärungsversuch könnte beim späteren Auftauchvorgang zutreffen, denn ein Versagen der hinteren Tiefenruder wird hier für den Verlust des Bootes verantwortlich gemacht. Nach dem Auftauchen wurden während des Ausblasens der achteren Tauchzellen diese Tiefenruder wohl benötigt, um das U-Boot sicher an der Wasseroberfläche zu halten. Beim Versagen der Tiefenruder ist »M 2« dann über das Heck abgesunken. In Folge drang Wasser in den für einen vorgesehen Flugzeugstart schon geöffneten Hangar ein und brachte das

Das am 12. November 1925 durch eine Kollision verloren gegangene U-Boot »M 1«.

Boot wieder zum Sinken. Für diese Theorie spricht, dass das Abtauchen eines großen U-Boots von dem Kapitän eines Handelsschiffs beobachtet worden ist.

»M 2« liegt auf der Position 50° 34' 36" N und 2° 33' 56" W auf ebenem Kiel in 35 m Tiefe. Das U-Boot ist weitestgehend intakt und ein beliebtes Tauchziel.

Nach dem Verlust von »M 2« gab die Royal Navy die Konzepte des U-Bootflugzeugträgers und des U-Monitors auf. Zumal schon am 12. November 1925 mit »M 1« das Typboot der »M«-Klasse während eines Tauchmanövers durch Kollision mit einem Frachtschiff verloren gegangen war. Auch hier kam die gesamte Besatzung ums Leben.

»Squalus«

U-Boot, USA

Am 12. Mai 1939 lief das amerikanische U-Boot »Squalus« der »Sargo«-Klasse von Portsmouth aus, um vor den Isles of Shoals Tauchtests und Erprobungen durchzuführen. An Bord befanden sich 56 Besatzungsmitglieder sowie zwei zivile Techniker des Motorenherstellers General Motors (GM) und ein Schiffbauingenieur.

Bis zum Morgen des 23. Mai wurden 18 erfolgreiche Tauchfahrten durchgeführt. Bei der 19. Tauchfahrt ließ sich dann um 07:40 Uhr beim Alarmtauchen das Hauptlufteinlassventil des Maschinenraums nicht schließen, sodass der gesamte Heckbereich des U-Bootes voll Wasser lief und das Boot um 08:45 Uhr in 74 m Tiefe auf Grund sank.

Als das Wasser in den Maschinenraum strömte, wurde dessen druckfestes Schott geschlossen. Alle in diesem Teil des U-Bootes befindliche Personen, 24 Besatzungsmitglieder und die beiden GM-Techniker, ertranken. Die im vorderen Teil des Bootes eingeschlossenen 32 Besatzungsmitglieder und der Schiffbauingenieur blieben in der Luftblase am Leben.

Kurz nach dem Untergang sichtete das Schwesterboot »Sculpin« eine Kommunikationsboje an der Wasseroberfläche und konnte

Das U-Boot »Swordfish« war ein Schwesterboot der »Squalus«.

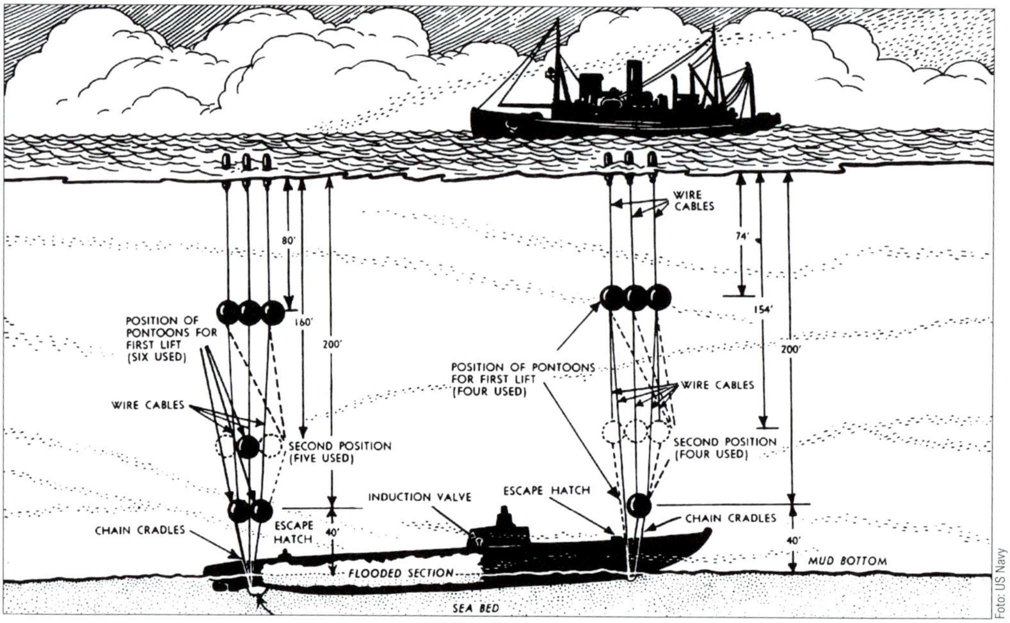

Foto: US Navy

Die Skizze zeigt das Verfahren und die technischen Einrichtungen zur Hebung der »Squalus«.

so Kontakt zu den Überlebenden an Bord der »Squalus« aufnehmen. Das U-Boot-Rettungsschiff »Falcon«, Schlepper und Bergungsschiffe sowie Bergungsspezialisten wurden alarmiert und eilten zum Unglücksort.

Mit Hilfe der Taucherglocke, die am 24. Mai von der »Falcon« aus zur »Squalus« abgelassen wurde, konnte als erstes ein Luftaustausch vorgenommen werden. Die verbrauchte Luft im U-Boot wurde durch eingepresste Frischluft ersetzt. Danach wurden die ersten sieben Mann an die Oberfläche gebracht. In zwei weiteren Tauchgängen holte man jeweils neun Mann und dann nochmals die restlichen acht an die Oberfläche. Diese Gruppe war am 25. Mai um 00:30 Uhr, also rund 40 Stunden nach dem Untergang, auf dem Bergungsschiff in Sicherheit.

»Squalus«	
Schiffstyp	U-Boot
Bauwerft	Electric Boat Cooperation, Groton, USA
Eigner	US Navy
Stapellauf	14. September 1938
Verdrängung (↑/↓) (t)	1450 t / 2350 t
Länge × Breite × Tiefgang (m)	94,40 × 8,20 × 4,00
Tauchtiefe (m)	80
Besatzungsstärke	70
Antrieb	4 × Dieselmotor, 4 × Elektro-Fahrmotor
Antriebsleistung (PS)	4 × 1375, 4 × 665
Wellen	2
Geschwindigkeit (↑/↓) (kn)	20 / 9
Fahrstrecke (↑/↓) (sm / kn)	10.000 / 10 – 85 / 5
Bewaffnung	8 × 53,3 cm-Torpedorohre, 1 × 10,2 cm-Geschütz

Weil es schon an Bord der Schwesterboote »Sturgeon« und der »Snapper« ähnliche Probleme mit dem besagten Ventil gegeben hatte, entschloss sich die US Navy, die »Squalus« zu heben. Dabei kam das 1920 zum Kranschiff umgebaute ehemalige Schlachtschiff »Kearsarge« zum Einsatz.

Bei dem ersten Versuch der »Kearsarge« geriet am 13. Juli das U-Boot außer Kontrolle, durchbrach mit dem Bug in steilem Winkel die Wasseroberfläche und sank dann wieder auf den Meeresgrund. Der zweite Versuch am 13. September war erfolgreich. Die »Squalus« konnte gehoben und nach Portsmouth

Foto: US Navy

Nach ihrer Hebung wurde die »Squalus« als »Sailfish« erneut in Dienst gestellt.

geschleppt werden. Dort wurde das U-Boot am 15. November formal außer Dienst gestellt, gründlich untersucht und wieder in Stand gesetzt.

Am 9. Februar 1940 erhielt das U-Boot mit »Sailfish« einen neuen Namen. Es wurde am 15. Mai erneut in Dienst gestellt. Im Zweiten Weltkrieg kam das Boot auf dem pazifischen Kriegsschauplatz zum Einsatz. Am 27. Oktober 1945 erfolgte für die »Sailfish« die Außerdienststellung. Im Juni des Jahres wurde der Rumpf zur Verschrottung verkauft. Der Turm blieb in der Portsmouth Naval Shipyard als Denkmal für die während des Tauchunfalls gestorbenen Besatzungsmitglieder erhalten. ▶|

»Thetis«

U-Boot, Großbritannien

Das fabrikneue englische U-Boot »Thetis« der »T«-Klasse sank wegen einer ganzen Reihe von Fehlern am 1. Juni 1939 bei seiner Abnahmefahrt und seinem ersten Tauchversuch. Von den an Bord eingeschifften Werfttechnikern und der Besatzung kamen insgesamt 103 Personen bei dem Unglück ums Leben.

Das Boot hatte gegen 14:00 Uhr in Birkenhead abgelegt, um in der Mündung des River Mersey seine ersten Tauchtests durchzuführen. Auf dem Begleitschlepper wurde beobachtet wie das Boot um 14:58 Uhr zunächst sehr langsam abtauchte und dann plötzlich nicht mehr zu sehen war.

Wie später ermittelt wurde, gab es beim Tauchen Schwierigkeiten wegen der falsch berechneten Trimmung. Daher das zunächst langsame Abtauchen des Bootes. Das folgende plötzliche Abtauchen war darauf zurückzuführen, dass die Besatzung unglücklicherweise zeitgleich mit dem Tauchversuch gerade das Torpedorohr fünf testen wollte und versuchte, dessen klemmenden inneren Verschluss zu öffnen. Da man davon ausging, dass das Rohr trocken sei, öffneten sie es mit

Das U-Boot »Thetis« lief am 29. Juni 1938 bei Cammell Laird in Birkenhead vom Stapel.

Foto: Bibliothek für Zeitgeschichte

Foto: Royal Navy

U-Boot »Thunderbolt«.

Gewalt. In Wahrheit klemmte der Verschluss nicht wegen eines mechanischen Defekts, sondern wegen des vorhandenen Wasserdrucks im Torpedorohr, dessen Außenklappe geöffnet war. Als sich dann endlich die Luke öffnen ließ, ergoss sich ein tonnenschwerer Wasserschwall in den Bugtorpedoraum. Infolge des Wassereinbruches wurde das Boot nun extrem vorlastig und sank unterstützt durch die wegen des Tauchvorgangs anliegende große Ruderlage der vorderen Tiefenruder sehr schnell mit steilem Winkel unkontrolliert ab. Weshalb die äußere Torpedorohrklappe von Rohr fünf geöffnet war, obwohl sie hätte geschlossen sein müssen, ist unbekannt.

»Thetis«	
Schiffstyp	U-Boot
Bauwerft	Cammell, Laird & Company, Birkenhead, Großbritannien
Eigner	Royal Navy
Stapellauf	29. Juni 1938
Verdrängung (↑/↓) (t)	1326 / 1575
Länge × Breite × Tiefgang (m)	84,20 × 8,10 × 3,60
Tauchtiefe (m)	95
Besatzungsstärke	56
Antrieb	2 × Dieselmotor, 2 × Elektro-Fahrmotor
Antriebsleistung (PS)	2 × 1250, 2 × 725
Wellen	2
Geschwindigkeit (↑/↓) (kn)	15 / 9
Fahrstrecke (↑/↓) (sm / kn)	8000 / 10 – 80 / 4
Bewaffnung	10 × 53,3 cm-Torpedorohre, 1 × 10,2 cm-Geschütz

Erst Stunden später wurde Alarm ausgelöst. Eine ganze Serie von Fehlern führte dann dazu, dass die mit dem Heck aus dem Wasser ragende »Thetis« erst um 07:30 Uhr des Folgetages entdeckt wurde. Das U-Boot lag seit dem misslungenen Tauchmanöver mit zwei gefluteten Bugsektionen mit dem Vorschiff auf Grund und hatte keine Chance, sich aus eigener Kraft zu befreien.

Umgehend fuhren Rettungskräfte zu dem U-Boot und machten sich mit Klopfzeichen bemerkbar. Beim ersten Rettungsversuch wurde die achtere Rettungsschleuse von zwei Seeleuten benutzt, die unbeschadet entkamen und die Rettungskräfte über die Situation des Bootes informieren konnten. Vier Männer kamen bei einem weiteren Rettungsversuch in der Schleuse ums Leben. Gegen 10:00 Uhr gelang es nochmals zwei Männern über die Rettungsschleuse aus dem U-Boot zu befreien. Sie waren die letzten, die das Boot lebend verließen.

An der Oberfläche versuchten derweil die Rettungskräfte verzweifelt in das U-Boot zu kommen. Man öffnete einige Luken und schnitt mit Schweißbrenner ein Loch in die Außenhaut. Zur vorsorglichen Sicherung des in instabiler Schwimmlage befindlichen U-Bootes konnte eine Stahltrosse am Boot befestigt werden, die jedoch nach einiger Zeit gerissen ist.

Bei einem weiteren Ausstiegsversuch unterlief der Besatzung ein fataler Fehler, als sowohl die innere als auch die äußere Luke der Ausstiegsschleuse gleichzeitig geöffnet wurden. Der folgende Wassereinbruch besiegelte das Schicksal der restlichen 99 Männer. Das Boot lief in kürzester Zeit voll und sank nun gänzlich.

Man versuchte inzwischen auch die »Thetis« mit Schwimmkörpern zu heben. Leider ohne Erfolg. Gegen 16:00 Uhr des 3. Juni, also 48 Stunden nach dem Unglück, hatte man offiziell die Rettungsversuche dann aufgegeben.

Neben den technischen Schwierigkeiten die »Thetis« auf die Schnelle zu heben, musste man mittlerweile auch davon ausgehen, dass angesichts der sich im Boot befinden großen Anzahl von Personen die Atemluft längst verbraucht war.

Das Wrack der »Thetis« wurde am 2. September 1939 gehoben. Die sterblichen Überreste der 99 toten Personen wurden auf See bestattet.

Nach Instandsetzung und Wiederaufbau stellte das U-Boot am 26. Oktober 1940 unter dem neuen Namen »Thunderbolt« erneut in Dienst. Am Morgen des 14. März 1943 wurde das U-Boot durch die italienische Korvette »Cigogna« vor Sizilien mit Wasserbomben versenkt. Es gab keine Überlebende.

Die U-Boote der englischen »T«-Klasse wurden in den Jahren 1936 bis 1945 in drei Baulosen mit leicht unterschiedlichen technischen Daten und mit insgesamt 55 Einheiten gebaut. Im Zweiten Weltkrieg operierten sie erfolgreich auf allen Kriegsschauplätzen, wo die Royal Navy in Kämpfe verwickelt war. Nach Kriegsende wurde eine große Anzahl der U-Boote in den Reservestatus überführt. Einige blieben im Dienst und durchliefen eine Modernisierungsphase. Andere wiederum wurden an befreundete Marine abgegeben. ▶|

»Thresher«

Atom-U-Boot, USA

Das amerikanische nuklear angetriebene U-Boot (Atom-U-Boot) »Thresher« war das Typboot der aus 14 Einheiten bestehenden U-Jagd-U-Booten der »Thresher«-Klasse. Die am 3. August 1961 in Dienst gestellte Einheit ging am 10. April 1963 etwa 190 Seemeilen vor Cape Cod an der Ostküste der Vereinigten Staaten bei Tauchtests verloren, wobei die gesamte Besatzung in Stärke von 129 Mann ums Leben kam. Damit war die »Thresher« das erste gesunkene Atom-U-Boot.

Am Morgen des 9. April 1963 legte die »Thresher« gegen 08:00 Uhr von der Pier in Portsmouth ab. Das Boot sollte nach einer Werftliegezeit erste Tauchtests in flachem

Atom-U-Boot »Thresher«.

Foto: US Navy

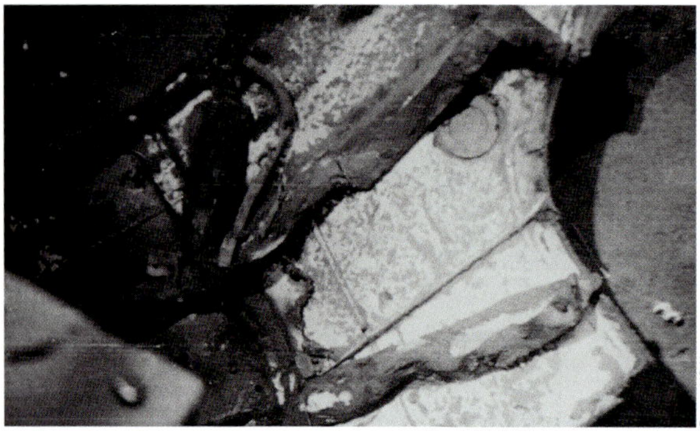

Fotos: US Navy

Bilder von der implodierten »Thresher«.

Wasser über dem Kontinentalschelf machen, um zu überprüfen, ob das Boot an einer der geschweißten Stellen lecke oder es sonstige Probleme gäbe. Neben der militärischen Besatzung befanden sich 17 Werftangestellte an Bord. Die »Thresher« verließ den Hafen mit dem Sicherungsschiff »Skylark«, das mit einem speziellen Unterwassertelephon mit dem getauchten U-Boot kommunizieren konnte.

Die ersten Tauchversuche an diesem Morgen, die östlich von Boston, Massachusetts stattfanden, verliefen problemlos und ohne jegliche Störung. Daraufhin vereinbarten die beiden Schiffe einen Punkt etwa 220 Seemeilen östlich von Cape Cod, wo sie sich am nächsten Morgen treffen wollten. Dort war es tief genug, so dass die »Thresher« auch Erprobungen auf größeren Tiefen durchführen konnte.

»Thresher«	
Schiffstyp	Atom-U-Boot
Bauwerft	Portsmouth Naval Shipyard, Portsmouth, Maine, USA
Eigner	US Navy
Stapellauf	9. Juli 1960
Verdrängung (↑/↓) (t)	3780 / 4470
Länge × Breite × Tiefgang (m)	84,70 × 9,80 × 8,80
Tauchtiefe (m)	400
Besatzungsstärke	112
Antrieb	1 × Druckwasserreaktor, 2 × Dampfturbine
Antriebsleistung (PS)	2 × 7500
Wellen	1
Geschwindigkeit (↑/↓) (kn)	20 / 30
Bewaffnung	4 × 53,3 cm-Torpedorohre zum Einsatz von Flugkörpern und Torpedos

Die Schiffe trafen sich am 10. April 1963 um 06:35 Uhr. Der Treffpunkt lag bei 41° 46' N und 65° 3' W. Um 07:47 Uhr begannen die Erprobungen, wobei die »Thresher« schrittweise eine Tauchtiefe von 400 m aufsuchen sollte. Wie bei solchen Erprobungen üblich, waren Zwischenstationen eingeplant, auf denen jeweils die Dichtigkeit des Druckkörpers kontrolliert wurde.

Um 07:52 Uhr hatte das U-Boot eine Tiefe von 122 m erreicht. Die nächste Kontrolltiefe lag bei 200 m und um 08:35 Uhr durchschritt die »Thresher die Marke von 300 m. Um 08:53 Uhr erreichte sie die maximale sichere Tauchtiefe von 400 m.

Zwanzig Minuten später erhielt die »Skylark« über das Unterwassertelephon eine Nachricht, die als die letzten klar verständlichen Worte gelten, die von der »Thresher« gesendet wurden: »We are experiencing minor difficulties, have positive up-angle, and are attempting to blow (Wir haben kleine Probleme, haben positiven Anstellwinkel, versuchen anzublasen).« Dies bedeutet, dass das U-Boot im Begriff war wieder aufzutauchen.

Im Normalfall geschieht dies mit dem von den Tiefenrudern erzeugten dynamischen Auftrieb bis kurz unter die Wasseroberfläche. Dann werden die Tauchzellen mit Druckluft ausgeblasen bis das Boot oben ist und eine stabile Überwasserschwimmlage eingenommen hat. Durch das Ausblasen der Tauchzellen mit Druckluft schon in dieser Tiefe deutet auf eine gravierende Notlage hin. Man wollte scheinbar mit dem so erzeugten zusätzlichen statischen Auftrieb den Auftauchvorgang unterstützen und beschleunigen.

Um 09:18 Uhr empfing die »Skylark« nochmals einen völlig unverständlichen Spruch von der »Thresher«. Einige Besatzungsmitglieder waren der Meinung die Worte »exceeding test depth« (überschreiten Testtauchtiefe) gehört zu haben. Dann riss die Verbindung ab. Kurz darauf hörte man auf der »Skylark« Geräusche, die als ein Implodieren der »Thresher« unter dem in der Tiefe herrschenden großen Wasserdruck interpretiert wurden. Die Mannschaft hatte keine Chance zu überleben. Suchgruppen entdeckten später lediglich einen größeren Ölfleck und einige aufgeschwommene Ausrüstungsgegenstände.

Als Grund für den Untergang wird ein unkontrollierbarer Wassereinbruch vermutet. Durch einen in der Folge aufgetretenen Kurzschluss schaltete sich wohl der Reaktor automatisch ab und das U-Boot wurde energie- und antriebslos. Die »Thresher« sank daraufhin immer tiefer und überschritt ihre Zerstörungstauchtiefe. Ist dieser Punkt einmal erreicht, sind die beiden zuvor beschriebenen Auftriebsmöglichkeiten wirkungslos. Die Mannschaft hatte jetzt keine Möglichkeit mehr einzugreifen und das tiefer Fallen das U-Bootes zu stoppen. U-Boot und Besatzung sind verloren.

Nach längerer Suche konnte die US Navy im August 1963 das Wrack mit dem Bathyskaphen »Trieste« aufspüren und Fotos anfertigen, die zeigten, dass der Druckkörper beim Sinken noch stabil war und erst in einer großen Tiefe vom steigenden Wasserdruck zerdrückt wurde. Noch heute liegt das Wrack in circa 2590 m Tiefe. Über Ursache des Unglücks liegen keine gesicherten Erkenntnisse vor. Austretende radioaktive Stoffe wurden bislang nicht gemessen.

Nach dem Verlust der »Thresher« wurde die Klassenbezeichnung nach dem zweiten in Dienst gestellten U-Boot »Permit« in »Permit«-Klasse geändert.

Außerdem startete die amerikanische Marine das sogenannte SUBSAFE-Programm. Damit wollte man beim Bau von Atom-U-Booten die Qualitätssicherung mehr in den Vordergrund stellen. Im Fokus der Kontrollen stand dabei die Verarbeitung von allen Teilen, die dem Wasserdruck ausgesetzt sind. Außerdem begann die US Navy damit Tiefseerettungsboote, sogenannte Deep Submergence Rescue Vehicles (DSRV), zu entwickeln. ▶|

»Hai«

U-Boot, Deutschland

Am 14. September 1966 gegen 18:00 Uhr kam es circa 138 Seemeilen nordwestlich von Helgoland auf Position 55° 15' N und 4° 22' O zu einem tragischen Unglück. Bei schwerem Wetter mit Wind aus Südwest in Stärke acht sank das U-Boot »Hai« der deutschen Bundesmarine infolge eines Wassereinbruchs.

Das Boot befand sich zu diesem Zeitpunkt zusammen mit dem Schwesterboot »Hecht« und dem U-Boottender »Lech« in einem Ausbildungsverband und war auf dem Marsch nach Aberdeen. Von der 20-köpfigen Besatzung konnte nur ein Obermaat von dem englischen Fischtrawler »St. Martin« aus der Nordsee gerettet werden, nachdem er 13 Stunden im jahreszeitlich schon recht kalten Wasser getrieben hatte.

Im Laufe des Vormittags und des frühen Nachmittags fuhr die »Hai« auf Schnorcheltiefe. Durch den starken Seegang und die dadurch erzwungene langsame Fahrtstufe drohte das U-Boot allmählich den Anschluss an den U-Boottender zu verlieren. Wegen des schweren Wetters wurde auch die Verständigung mit dem Unterwassertelefon zunehmend schlech-

Foto: Archiv Autor

Das U-Boot »Hai« im Aussehen vor und ...

Foto: Archiv Autor

... nach dem Umbau von 1961 mit neuer Turmform.

ter. Das Boot bekam den Befehl aufzutauchen und über Wasser heranzuschließen.

Um 16:21 Uhr tauchte »Hai« auf. Das U-Boot lag während des Ausblasens seiner Tauchzellen mit den Dieselabgasen und dem Seeklarmachen der Brücke gestoppt in der stürmischen See. Danach wollte es mit acht Knoten an den Tender, der mit einem Kurs von etwa 300 Grad in Richtung Aberdeen lief, heranschließen, was dann aber in dem hohen Seegang für das schwer kämpfende U-Boot unmöglich war. Zudem kam die See auch noch von querab.

Diese Schwierigkeiten meldete die »Hai« um 17:18 Uhr an die »Lech«. Außerdem funkte sie, dass auf Grund der Seegangverhältnisse ein westlicherer Kurs gesteuert und die Fahrt auf vier Knoten reduziert werden musste. Auf der »Lech« wurde zu dieser Zeit der Radarkontakt mit der »Hai« unsicher und ging um 17:45 Uhr endgültig verloren.

Allen Stellen an Bord der »Hai« blieb währenddessen unbemerkt, dass bei dem hohen Wellengang zunehmend Seewasser über den undichten Luftzuführungsstrang eindrang. Das weitere Geschehen wird von Eckard Wetzel in »Erinnerung an U-HAI« in »Köhlers Flottenkalender 2017« auf der Seite 118 wie folgt beschrieben:

»Das Maschinenpersonal am Fahrstand konnte, da ihm die direkte Sicht durch den Generator und zuhinterst gelagerte Ausrüstung verdeckt war, nicht erkennen, dass mittlerweile das eingeflossene Wasser bereits über die achteren Flurplatten platschte. Unter dem Eindruck der starken Achterlastigkeit des Bootes und vom Anblick der von der drehenden Schraubenwelle hochgewirbelten Wassermasse jäh erschreckt, meldete der wachhabende Dieselgast umgehend an die Zentrale einen Wassereinbruch im Maschinenraum.«

Diese Meldung ging auch an den Kommandanten, der daraufhin vom Turm in das Bootsinnere ab enterte, um sich selbst zu überzeugen. »Tauchretter-Alarm! Alle Mann

Foto: Hans Karr

Im Marinestützpunkt Eckernförde steht zur Erinnerung an die tote Besatzung des U-Bootes »Hai« ein Gedenkstein.

von Bord« war dann reaktionsschnell sein nächster Befehl. Nur neun Soldaten gelang es noch aus dem Boot zu kommen. Notsignale konnten keine mehr abgesetzt werden.

Eine neue Sturzsee erwischte das U-Boot, das nun auch noch über das Turmluk volllief. Die noch im Boot befindlichen Männer hatten keine Chance. Die »Hai« kenterte über das Heck und sank mit brennenden Positionslichtern auf 45 m Wassertiefe. Die Uhren im U-Boot blieben bei 18:00 Uhr stehen, wie man bei der Untersuchung des später gehobenen Bootes feststellen konnte.

Nachdem der auf dem Tender eingeschiffte Verbandsführer bis 22:00 Uhr immer noch keinen Kontakt mit der »Hai« herstellen konnte informierte er den Befehlshaber der Seestreitkräfte Nordsee, das Flottenkommando und die U-Flottille über den Sachstand.

Zu diesem Zeitpunkt lag aber auch das U-Boot »Hecht« ebenfalls bewegungslos in der schweren See. Ein Tampen hatte sich in seinem Propeller verheddert. Die »Lech« blieb während der Nacht zur Sicherung in der Nähe des Bootes.

Seitens der höheren Dienststellen ging man vorerst noch nicht von einem Verlust der »Hai« aus. Um einen Seenotfall auszurufen, sah man noch keinen Anlass. Als am frühen Morgen des 15. Septembers von der »Hai« immer noch kein Lebenszeichen einging, lief dann aber eine breit angelegte internationale Suchaktion an. Daran waren britische, dänische, niederländische und deutsche Flotteneinheiten unter Einbindung von Hubschraubern beteiligt und ebenso zivile Schiffe.

Dänische Hubschrauber bargen im Laufe des Vormittags drei tote Seeleute, der Zerstörer »Bayern« vier. Sie zählten zu den noch aus dem Boot herausgekommenen Soldaten, sind aber in der rauen kalten See zu Tode gekommen.

Als die »Lech« von dem Untergang der »Hai« erfuhr stand sie mit der »Hecht« im Schlepp zehn Seemeilen südlich der vermutlichen Untergangsstelle. Sie setzte ihren

Foto: Archiv Autor

Das U-Boot »Hecht« mit neuer Turmform nach dem Umbau von 1961.

Marsch nach Wilhelmshaven fort und kehrte, nachdem das U-Boot von einem Marineschlepper übernommen worden war, zur Unfallposition zurück. Am späten Abend des 16. Septembers bekam der U-Boottender einen Sonarkontakt, der dann von Tauchern als die gesunkene »Hai« identifiziert werden konnte.

Durch den Schwimmkran »Magnus III« wurde das U-Boot am 19. September 1966

»Hai«	
Schiffstyp	U-Boot
Bauwerft	Deutsche Werft, Hamburg, Deutschland
Eigner	Bundesmarine
Stapellauf	26. Januar 1945
Verdrängung (↑/↓) (t)	233 / 275
Länge × Breite × Tiefgang (m)	34,68 × 3,08 × 3,66
Tauchtiefe (m)	160
Besatzungsstärke	17
Antrieb	1 × Dieselmotor, 1 × Elektro-Fahrmotor, 1 × Elektro-Fahrmotor für Schleichfahrt
Antriebsleistung (PS)	1 × 600, 1 × 580, 1 × 35
Wellen	1
Geschwindigkeit (↑/↓) (kn)	9,5 / 12,5
Fahrstrecke (↑/↓) (sm / kn)	1350 / 9 – 110 / 6
Bewaffnung	2 × 53,3 cm-Torpedorohre

Foto: Hans Karr

Der U-Boottender »Lech« an seinem damaligen Liegeplatz im Marinestützpunkt Eckernförde.

gehoben und zur Untersuchung der Unfallursache in Begleitung vom Tender »Lech« zu den Rheinstahl-Nordseewerken nach Emden gebracht. Sieben Tote konnten noch aus dem Wrack geborgen werden. Fünf Männer der Besatzung blieben vermisst. Das U-Boot »Hai« war das erste und bislang auch das letzte Schiff, das die Bundesmarine respektive die Deutsche Marine verloren hat.

Am 24. September 1966 erfolgte die offizielle Außerdienststellung des U-Bootes »Hai«. Nach Abschluss der Untersuchungen und Freigabe des Bootes wurde das U-Boot 1968 verschrottet. Das Unglück der »Hai« bedeutet letztendlich auch für das Schwesterboot »Hecht« das Aus. Am 30. September 1968 ging das Boot außer Dienst, um dann anschließend in Kiel ebenfalls abgebrochen zu werden. Beide U-Boote stammten noch aus dem Zweiten Weltkrieg.

Am 4. Mai 1945 verließ das am 2. März in Dienst gestellte U-Boot »U 2365« die Geltinger Bucht mit Zielhafen Kristiansand. Während des Überwassermarsches wurde das Boot im Kattegat von englischen Fliegern mehrfach angegriffen. Die entstandenen leichten Schäden konnten auf Grund liegend mit Bordmitteln behoben werden. Angesichts des sich abzeichnenden Kriegsendes versenkte die Besatzung am 8. Mai ihr Boot nördlich der Insel Anholt. Elf Jahre später tauchte im Juni 1956 das U-Boot an den Trossen des Bergungskrans »John Beckedorf« wieder auf.

Das am 17. März 1945 in Dienst gestellte U-Boot »U 2367« wurde in der Kieler Bucht während eines Fliegerangriffs von einem anderen Boot am Heck gerammt und musste zur Instandsetzung. Vor der Besetzung Kiels durch die Engländer wich das Boot am 2. Mai in die Flensburger Förde aus. Nach der Kapitulation versenkte die Besatzung am 9. Mai ihr Boot südöstlich des Leuchtturms Schleimünde. Im August 1956 wurde auch dieses U-Boot wieder gehoben.

Die beiden U-Boote des Typs XXIII der Kriegsmarine waren trotz der langen »Tauchphase« in erstaunlich gutem Zustand und kamen zu den Howaldtswerken nach Kiel zur Wiederinstandsetzung. Öl- und Schlammablagerungen hatten vor Korrosion geschützt. Erneuert werden mussten lediglich die feuchtigkeitsempfindlichen elektrischen Einrichtungen und das Kabelnetz. Nur einer Überholung bedurften die Antriebsmaschinen, andere maschinenbaulichen Elemente und die Sehrohre. Selbst die Elektro-Fahrmotoren waren nach gründlicher Reinigung und Neuwicklung wieder verwendbar. In fast ursprünglicher Ausführung wieder hergestellt, nur der Bugbereich war zur Aufnahme eines Sonars etwas verändert worden, erfolgten Mitte 1957 unter dem Namen »Hai« und »Hecht« die Indienststellungen von ex »U 2365« und ex »U 2367«. Sie wurden ausschließlich als Schulboote für die Ausbildung angehender U-Bootfahrer genutzt.

In Jahren 1961 und 1963 erfolgten bei der Hamburger Werft Blohm+Voss mehrere Umbauten, um die U-Boote den zulaufenden Neubauten anzupassen. Unter anderem wurde 1961 die Turmverkleidung in eine strömungsgünstigere Form verändert. Außerdem erhielten die U-Boote 1963 eine neue und auf die im Zulauf befindlichen Neubauten abgestimmte Antriebsanlage, wozu sie auf 36,13 m verlängert werden mussten.

»K-27«

Atom-U-Boot, Sowjetunion

Das nuklear angetriebene U-Boot (Atom-U-Boot) »K-27« war eine Einheit des Projekts 627A, in der NATO als »November«-Klasse bezeichnet, der sowjetischen Marine. Nachdem bereits in den Jahren seit der Indienststellung am 30. Oktober 1963 immer wieder Probleme mit den Reaktoren aufgetreten waren, gab es am 24. Mai 1968 einen ernsten Unfall.

Das Atom-U-Boot war trotz schwerwiegender Probleme durch geringe Mengen verstrahlten Wassers, das durch unerkannte Lecks im Primärkühlkreislauf eines Reaktors gekommen war, am 21. Mai 1968 zu einer Erprobungsfahrt in die Barentssee ausgelaufen.

Am 24. Mai, gegen 12:00 Uhr zur Mittagszeit, überhitzte sich an Backbordseite plötzlich der Dampfgenerator. Die Ummantelung einiger Brennstäbe wurde zerstört. Durch den Unfall wurden Teile des Reaktors nicht ausreichend gekühlt. Große Teile des Bootes wurden kontaminiert. Die austretende Radioaktivität gelangte ins Innere der Abteilung IV des Atom-U-Bootes. Die »K-27« musste den Rückmarsch in den Heimatstützpunkt Seweromorsk antreten.

Weiterhin war es notwendig den betroffenen Reaktor abzuschalten. Sein Leistungsausstoß sank innerhalb kürzester Zeit rapide von 83 auf nur noch sieben Prozent. Die Strahlenbelastung in Abteilung IV erreichte 1500 Röntgen pro Stunde[1]. Mehrere Besatzungsmitglieder erhielten bei den unternommenen Reparaturarbeiten eine tödliche Strahlendosis.

Vier Seeleute starben noch auf See oder kurz danach im Krankenhaus, ein weiterer starb an den Folgen der Strahlung, die er sich im Hafen während seines Wachdienstes an Bord zugezogen hatte. Weitere 30 Seeleute, die an der Bekämpfung des Unfalls beteiligt gewesen waren, starben zwischen 1968 und 2003 infolge der damals erlittenen Strahlenschäden.

»K-27« musste nach diesem technischen Versagen des Atomreaktors außer Dienst gestellt werden. In einem Stützpunkt wurde das Boot aufgelegt. Das Boot wurde nie dekontaminiert. Der Reaktor nie repariert. Im Jahr 1980 wurde dann entschieden, den Rumpf mit beiden Reaktoren in der Karasee vor Nowaja Semlja zu versenken. 1981 wurden hierzu die Vorbereitungen getroffen und alle Leitungen zum Reaktor mit einer schnell aushärtenden Flüssigkeit gefüllt, um alle Zugänge zu versiegeln. Anschließend füllte man die Reaktorabteilung mit insgesamt 270 t Bitumen. Im Herbst 1982 – nach anderer Quelle schon in 1981 – wurde das Boot in der Karasee vor Nowaja Semlja zur Versenkungsposition bei 72° 31' N und 55° 30' O geschleppt, wo es heute in rund 75 m Wassertiefe – nach anderer Quelle in 60 m – liegt.

Das Versenken geschah trotz Protesten und Warnungen von erfahrenen Atom-Ingenieuren. Man handelte seitens der Militärs einfach nach dem Motto »Aus dem Auge, aus dem Sinn«. Doch die Umweltgefahren durch eine nukleare Verseuchung des Meeres an der Versenkungsstelle sind nicht abzuschätzen. Irgendwann wird einmal die Stahlhülle der »K-27« durchgerottet sein. Dann droht eine Freisetzung großer Mengen radioaktiven Materials. Gefährdet ist dann unter anderem die Fischpopulation in der Barentssee. Umweltorganisationen fordern daher die Bergung des atomaren Wracks. Experten zufolge ist die Si-

Risszeichnung des Projekts 645 (»November«-Klasse).
Foto: Mike 1979 Russia / CC-BY-SA 3.0167

cherheit des Kernreaktors jedoch nicht mehr gewährleistet. Es wird befürchtet, dass es bei einem Bergungsversuch zu einer unkontrollierten Kettenreaktion oder gar einer Explosion und damit zur Freisetzung großer Mengen radioaktiven Materials kommen könnte.

Bei den U-Booten der »November«-Klasse handelte es sich um die ersten nuklear angetriebenen U-Boote der sowjetischen Marine. Als Angriffs-U-Boote waren sie sowohl für die Seeziel- als auch für die U-Bootbekämpfung konzipiert und für weit reichende Operationen ausgelegt. Im sowjetischen Sprachgebrauch wurden sie als atomgetriebene Torpedo-Unterseeboote bezeichnet. Insgesamt wurden in den Jahren 1958 bis 1964 in drei Varianten 14 Einheiten gebaut, die zum Teil noch bis Ende der 1980er und Anfang der 1990er Jahre im Dienst standen. Die »K-27« war in der Baufolge die drittletzte Einheit dieser Klasse und das einzige Boot der als Projekt 645 bezeichneten dritten Bauvarianten. Diese Version verwendete anstelle von Druckwasserreaktoren flüssigmetallgekühlte Reaktoren. Außerdem hatte sie eine konische Bugform. Bei den Torpedorohren fanden Schnellladevorrichtungen Verwendung. Ferner war die Hülle aus antimagnetischem Stahl hergestellt. Diese Variante der »November«-Klasse war drei Meter länger als die zuvor gebauten Boote der Projekte 627 und 627A. Die genauen technischen Baudaten der »November«-Klasse sind bereits im Kapitel 4 im Abschnitt über die »K-8« (Projekt 627A) tabellarisch aufgeführt. ▶|

[1] Die Einheit Röntgen pro Stunde wird im Kontext von Strahlungsmessungen verwendet, um die Dosisleistung anzugeben, also wie viel Strahlung pro Zeiteinheit an einem bestimmten Ort auftritt. Röntgen pro Stunde ist allerdings eine veraltete Maßeinheit für die Strahlungsintensität. In der Praxis wird heute die Dosisleistung in Gray pro Stunde oder Mikrosievert pro Stunde verwendet.

»Amoco Cadiz«

Tanker, Liberia

Am 16. März 1978 steuerte der unter liberianischer Flagge fahrende Öltanker »Amoco Cadiz« auf der Fahrt vom Persischen Golf nach Rotterdam den Ärmelkanal an. An Bord befanden sich 226.570 t Rohöl, die in den Raffinerien von Rotterdam weiterverarbeitet werden sollten.

Die »Amoco Cadiz« fuhr am frühen Morgen im Verkehrstrennungsgebiet vor Quessant an der westlichen Spitze von der Bretagne. Bei Westwinden mit der Stärke sieben rollte das riesige Schiff heftig. Um 10:00 Uhr kam es plötzlich zu einem Ruderversager. Der Kapitän handelte in dieser Situation schnell.

Er ließ das Schiff aufstoppen und als Warnung an andere Verkehrsteilnehmer zwei schwarze Bälle setzen. Nach der Seestraßenordnung bedeuten diese: »Manövrierunfähiges Fahrzeug«. Außerdem setzte er über Sprechfunk eine Warnung an alle in der Nähe stehende Schiffe ab.

Foto: Archiv Autor

Foto: Archiv Autor

Der gestrandeten Öltanker »Amoco Cadiz«.

Da Ruderausfälle nicht unbedingt als etwas Besonderes angesehen werden müssen, versuchte die Besatzung zunächst über eine Stunde vergeblich den Schaden – eine gebrochene Hydraulikleitung – zu reparieren, obwohl sich die mit Öl vollbeladene, manövrierunfähige und treibende »Amoco Cadiz« nur 13 Seemeilen vor der Küste befand. Bei den Reparaturversuchen wurde dann auch noch eine zweite Leitung beschädigt. Damit war die Rudermaschine mit Bordmitteln nicht mehr zu reparieren. In mehreren Quellen gibt es die Aussage, dass die Rudermaschine auch schon früher Probleme verursacht hätte.

Gegen 11:20 Uhr wurde daraufhin ein Schlepper angefordert. Als erstes Schiff erreichte eine Stunde später der deutsche Hochsee- und Bergungsschlepper »Pacific« den Öltanker. Der Schlepper der Hamburger Bugsier AG war normalerweise in Brest stationiert und befand sich rein zufällig in der Nähe der havarierten »Amoco Cadiz«.

Der Sturm hatte mittlerweile auf Nordwest gedreht und an Stärke zugenommen, sodass das Tanker auf die Felsküste der Bretagne zutrieb. Nach Herstellen der Schleppverbindung versuchte die »Pacific« ab 14:00 Uhr das große Schiff mit dem Bug in den Wind zu drehen, damit es sich mit dem eigenen Antrieb von der Küste entfernen oder zumindest auf Abstand halten konnte.

Doch der Schlepper erwies sich als zu schwach. Für ihn war es zu schwierig den großen vollbeladenen Tanker bei den herrschenden Wetterbedingungen zu bewegen. Er konnte das Abdriften nur beschränkt verzögern. Ein stärkerer Schlepper war zwischenzeitlich unterwegs, sollte aber nicht vor Mitternacht eintreffen. Um 16:15 Uhr brach auch noch die Schleppleine. Die »Amoco Cadiz« trieb derweil ununterbrochen weiter in Richtung Land.

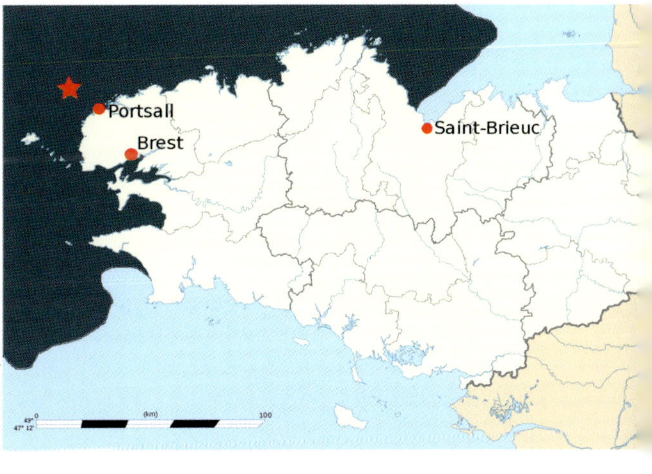

Die von der Ölverschmutzung betroffenen Zonen an der französischen Küste.

Foto: unbekannt / gemeinfrei

Die Auswirkungen der Ölverschmutzung in den kleinen Küstenorten.

Um 19:00 Uhr versuchte die »Pacific« erneut eine Schleppverbindung herzustellen, leider erfolglos. Als der Tanker nur noch 1,5 Seemeilen von Land weg war, ließ der Kapitän den Backbordanker werfen. Das treibende Schiff kam dadurch aber nicht zum Stillstand. Der Steuerbordanker konnte nicht mehr geworfen werden, da die Steuerung für die Ankereinrichtung ausfiel.

Nun war alles zu spät. Um 21:00 Uhr trieb die »Amoco Cadiz« auf die Felsen vor Portsall, einem Ortsteil von Ploudalmézeau, circa 24 Kilometer nordöstlich der Insel Ouessant. Der Seegang spülte den Havaristen noch einmal frei, doch eine halbe Stunde später saß er jedoch endgültig auf dem Riff fest. Die »Amoco Cadiz« erlitt einen erheblichen Bodenschaden und eine beträchtlicheÖlleckage sowie weitere Beschädigungen am Hinterschiff.

»Amoco Cadiz«	
Schiffstyp	Tanker
Bauwerft	Astilleros Espanoles, Cádiz, Spanien
Eigner	Amoco Transport Corp., Indiana, USA
Stapellauf	21. November 1973
Vermessung (BRT)	109.700
Länge × Breite × Tiefgang (m)	334,00 × 51,00 × 19,81
Besatzungsstärke	unbekannt
Antrieb	1 × Dieselmotor
Antriebsleistung (PS)	1 × 30.833
Wellen	1
Geschwindigkeit (kn)	unbekannt

Die Besatzung der »Amoco Cadiz« wurde mit Hubschraubern abgeborgen. Das Schiff brach in der Nacht langsam auseinander. Im Laufe der kommenden Wochen lief die gesamteÖlladung des Tankers aus und verseuchte die umliegenden Gewässer und mehr als 350 Kilometer der Küsten Nordwestfrankreichs.

Um ein unkontrolliertes, langwieriges Austreten des Öls zu verhindern, wurden, als das Schiff und die Ladung nicht mehr zu retten waren, sämtliche Tankluken geöffnet. Am 28. März beschloss die Einsatzleitung durch den Einsatz von Wasserbomben das Auslaufen gewaltsam zu erzwingen. Hubschrauber der französischen Marine warfen an den beiden folgenden Tagen 28 Wasserbomben auf das Schiff. Sämtliche Ölbunker der ohnehin schon in drei Teile zerbrochenen »Amoco Cadiz« wurden dadurch zerstört.

Foto: Friedrich Magnussen / CC-BY-SA 3.0

Hochsee- und Bergungsschlepper »Pacific«.

Drei Tage nach der Strandung waren bereits über 80.000 t, nach etwa 19 Tagen nahezu die gesamte Ölladung ins Meer gelangt. 74.000 t davon verblieben im Meer, 80.000 t verseuchten die Küste. Die restlichen etwa 30 Prozent verdunsteten.

Die Ölverschmutzung hatte ein vorher noch nie gekanntes Ausmaß erreicht. Freiwillige Helfer aus dem In- und Ausland, 6000 französische Soldaten, mehrere 100 Tankwagen und Spezialschiffe zur mechanischen Ölbeseitigung mühten sich über Wochen ab, die massiven Umweltschäden und den angerichteten Schaden, so gut es überhaupt möglich war, zu beseitigen. Die Folgen für die Natur, die Fischerei und den Fremdenverkehr waren verheerend. Durch den drei Tage nach der Strandung drehenden Wind wurden noch größere Schäden verhindert. Der Wind trieb das austretende Öl in Richtung Ärmelkanal.

Die französische Regierung und die betroffenen Gemeinden verklagten die Amoco-Gesellschaft in den Vereinigten Staaten. Nach 14 Jahren erhielten sie 190 Millionen Euro. Das war weniger als die Hälfte der von ihnen geforderten Summe. Das Unglück führte aber auch zur Festlegung von neuen Sicherheitsvorschriften, insbesondere für Rudermaschinen von großen Schiffen. ▶I

»K-429«

Atom-U-Boot, Sowjetunion

Das nuklear angetriebene U-Boot (Atom-U-Boot) »K-429« war eine Einheit des Projekts 670, in der NATO als »Charlie I«-Klasse bezeichnet, der sowjetischen Marine. Es sank in den 1980er-Jahren gleich zweimal.

Im Frühjahr 1983 kehrte die »K-429« von einer Routinefahrt zurück, der sich eine längere Überholung und Wertliegezeit anschließen sollte. Doch im Juni wurde das U-Boot schon wieder für eine Übung benötigt. Die »K-429« wurde ausgedockt und für die Seefahrt einsatzklar gemacht. Da ein Teil der Besatzung jedoch nicht benachrichtigt werden konnte, wurden entgegen den Vorschriften Besatzungsmitglieder von anderen U-Booten auf »K-429« eingeschifft.

Am 23. Juni legte die »K-429« schließlich ab. Anstatt jedoch, wie befohlen, sofort ins 2000 m tiefe Einsatzgebiet zu fahren, bestand der Kommandant auf einem Testtauchmanöver in flachem Wasser. Eine Reihe menschlicher Fehler der nicht aufeinander eingespielten Besatzung führte dabei schließlich zum Sinken des Bootes. Abluftventile, die in der Werft für bessere Luft im Boot und zum Rauchabzug geöffnet worden waren, waren in der Eile nicht wieder geschlossen worden.

Rund 420 t Seewasser traten durch diesen Bedienungsfehler in die hinteren Abteilungen des Atom-U-Bootes ein. 14 Besatzungsmitglieder im Reaktorraum kamen dabei ums Leben. Allerdings war es ihnen noch gelungen den Reaktor abzuschalten und den Wassereinbruch zu melden. Das Boot sank bei einer Wassertiefe von etwa 40 m im Küstenbereich vor Petropawlowsk in der Region Kamtschatka auf Grund.

Weil die Notfallbojen nicht einsatzbereit waren, konnte auf diesem Wege keine Hilfe angefordert werden. Zwei Freiwillige verließen über

Atom-U-Boot der »Charlie I«-Klasse.

Foto: Archiv Autor

Risszeichnung des Projekts 670 (»Charlie I«-Klasse).
Foto: Mike 1979 Russia / CC-BY-SA 3.0

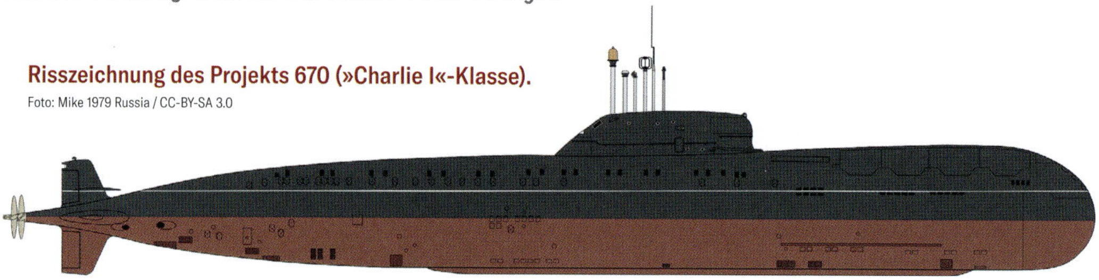

»K-429«	
Schiffstyp	Atom-U-Boot
Bauwerft	Krasnoye Sormovo, Gorkiy, Sowjetunion
Eigner	sowjetische Marine
Stapellauf	22. April 1972
Verdrängung (↑/↓) (t)	4000 / 5000
Länge × Breite × Tiefgang (m)	94,00 × 10,00 × 8,00
Tauchtiefe (m)	400
Besatzungsstärke	100
Antrieb	1 × Druckwasserreaktor, 2 × Dampfturbine
Antriebsleistung (PS)	2 × 15.000
Wellen	1
Geschwindigkeit (↑/↓) (kn)	17 / 24
Bewaffnung	6 × 53,3 cm-Torpedorohre für Torpedos und Flugkörper

die Torpedorohre das Boot und erreichten die Oberfläche. Es waren ihnen möglich an Land zu schwimmen und Hilfe zu holen.

Nachdem Hilfsschiffe eingetroffen waren, verließ auch die restliche Besatzung durch die Torpedorohre und über die hintere Rettungsluke das U-Boot. Dabei kamen nochmals zwei Seeleute ums Leben.

Das Boot wurde im August gehoben und überholt. Nachdem die Instandsetzungsarbeiten abgeschlossen waren sank »K-429« erneut, dieses Mal schon im Hafen. Es ging am 13. September 1985 beim Eindocken unter.

Wieder wurde die »K-427« gehoben und instandgesetzt. Sie kam aber dann nur noch als Schulboot kurzfristig zum Einsatz. Am 12. Oktober 1986 wurde »K-429« aus der Flottenliste gestrichen und zum Abwracken vorgesehen.

Bei der »Charlie I«-Klasse handelte es sich um nuklear angetriebene U-Boote der sowjetischen Marine. Als Angriffs-U-Boote waren sie sowohl für die Seeziel- als auch für die U-Bootbekämpfung konzipiert und für weit reichende Operationen ausgelegt. Elf Einheiten wurden in den Jahren 1967 bis 1973 gebaut und in Dienst gestellt. Bis Ende der 1980er Jahren blieben die U-Boote dieses Bauprogramms bei der sowjetischen Marine im aktiven Dienst. ▶|

»K-219«

Atom-U-Boot, Sowjetunion

Am 3. September 1986 verließ das nuklear angetriebene U-Boot (Atom-U-Boot) »K-219« der sowjetischen Marine seinem Heimathafen Gadschijewo im äußersten Nordwesten der Sowjetunion in der Nähe zur norwegischen Grenze, um in sein Patrouillengebiet vor der Küste der Vereinigten Staaten von Amerika zu verlegen. Die Hauptbewaffnung des U-Bootes des Projekts 667A, in der NATO als »Yankee I«-Klasse bezeichnet, waren 16 atomar bestückte ballistische Flugkörper.

Bereits kurz nach dem Tauchen in der Barentssee begann das Flugkörpersilo sechs zu lecken. Ein Abbruch der Patrouillenfahrt wurde jedoch nicht in Erwägung gezogen. Auch einen Monat später bestand immer noch das Problem mit dem Silo sechs. Es musste ein bis zweimal am Tag leergepumpt werden.

In den frühen Morgenstunden des 3. Oktober 1986 riss die Dichtung komplett und das Silo lief voll Wasser. Der Versuch, das Silo leer zu pumpen, schlug fehl. Dort bildete sich jetzt Salpetersäure, welche die Hülle der im Silo gelagerten Rakete angriff. Man musste zwangsläufig auftauchen, um den Raketenschacht zu entlüften.

Doch bevor es weit war entzündete sich das Gasgemisch. Flüssigkeitstreibstoff der Rakete trat aus und explodierte im Silo, riss das Silo zur Seeseite hin auf und beschädigte vermutlich auch die Nukleargefechtsköpfe der Rakete. Wahrscheinlich entstand auch ein Schaden am Bootsrumpf.

Durch das Volllaufen des mittschiffs hinter dem Turm liegenden nun offenen Raketensilos sank das Boot sofort auf eine Tiefe von etwa 300 m mit der Tendenz weiter abzutauchen. Bei einer Tiefe von ungefähr 350 m entschied der Kommandant sämtliche Tauchzellen des Bootes mit Druckluft anzublasen und die Regelzellen zu lenzen. Mit diesen Notmaßnahmen wollte er die Abwärtsbewegung des Bootes stoppen, um es anschließend wieder an die Oberfläche zu bekommen. Das Manöver gelang. Das Raketensilo wurde zum Innenraum des Bootes mittels wasserdichten Schotten verschlossen. Ein Brand entstand, der jedoch von der Besatzung gelöscht werden konnte und möglicherweise mit der Explosion in Zusammenhang stand.

Bald gab es schon das nächste Problem. Im Reaktorraum drohte eine Kernschmelze, weil der Fluss der Kühlflüssigkeit abgenommen hatte. Auch das bekam die Besatzung in Griff. Allerdings mussten Soldaten ohne ausreichenden Schutz in den Reaktorraum, um die Reaktorabschaltung per Hand vorzunehmen. Sie wurden dabei mit einer hohen Dosis verstrahlt. Das U-Boot selbst war jetzt ohne Energiequelle und damit manövrierunfähig.

Währenddessen konnte die »K-219« Funkkontakt mit dem sowjetischen Frachtschiff »Fjodor Bredkin« aufnehmen, welches sich in der Nähe der Unglücksstelle befand und nun Kurs auf den Havaristen nahm. Es bestand die Absicht das Atom-U-Boot abzuschleppen.

Der »Fjodor Bredkin« gelang es auch eine Schleppverbindung herzustellen und mit dem Abschleppmanöver zu beginnen. Nach einiger Zeit brachen jedoch die Schleppleinen. Vermutlich hatte das U-Boot durch ein-

Fotos: US Navy

Das nach der Explosion im Raketensilo aufgetauchte und beschädigt in der See treibende Atom-U-Boot »K-219«.

Fotos: US Navy

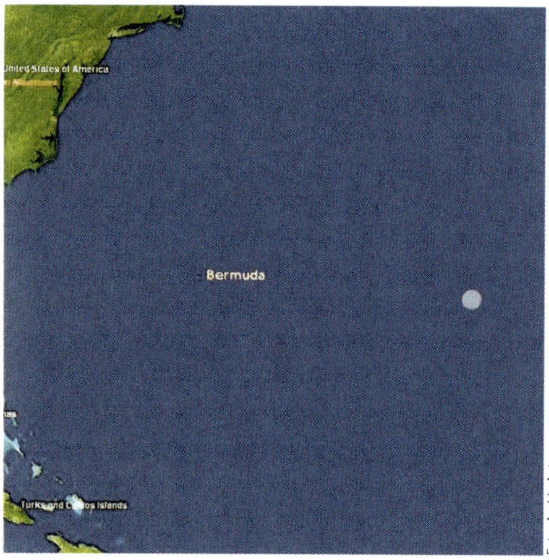

Foto: Archiv Autor

Die Untergangsposition von »K-129«.

brechendes Wasser an Auftrieb verlor, sank dadurch tiefer und der erhöhte Wasserwiderstand führte dann zum Brechen der Leinen. Eine erneute Schleppverbindung konnte hergestellt werden und man mühte sich noch zwei Tage lang weiterhin ab, das U-Boot abzuschleppen. Mehr als zwei Knoten an Geschwindigkeit wurden dabei aber nicht erreicht.

Mittlerweile waren auch amerikanische Marineflugzeuge und Marineschiffe vor Ort. Letztere boten Hilfe und Unterstützung an,

»K-219«	
Schiffstyp	Atom-U-Boot
Bauwerft	Werft 402, Sewerodwinsk, Sowjetunion
Eigner	sowjetische Marine
Stapellauf	18. Oktober 1971
Verdrängung (↑/↓) (t)	7900 / 9600
Länge × Breite × Tiefgang (m)	129,50 × 11,60 × 8,80
Tauchtiefe (m)	400
Besatzungsstärke	120
Antrieb	2 × Druckwasserreaktor, 2 × Dampfturbine
Antriebsleistung (PS)	2 × 22.500
Wellen	2
Geschwindigkeit (↑/↓) (kn)	18,0 / 26,5
Bewaffnung	16 × atomar bestückte ballistische Raketen, 6 × 53,3 cm-Torpedorohre

was jedoch auf Weisung von Moskau abgelehnt wurde.

Von sowjetischen Flugzeugen herangeflogene und über den Schiffen abgeworfene Hilfsgüter und Schutzausrüstung versanken im Meer wegen der dilettantischen Durchführung dieser Unterstützungsaktion. Der Abwurf erfolgte teilweise ohne Fallschirm und in nicht schwimmfähigen Behältnissen.

Wegen der sich ausbreitenden giftigen Gase an Bord der »K-219« wurde die gesamte Besatzung auf den Frachter »Fjodor Bredkin« evakuiert. Auch ein zweites sowjetischer Frachtschiff, die »Anatoli Vasilijev« erreichte zwischenzeitlich die Szene und unterstützte bei den Bergungsversuchen für das U-Boot und der Versorgung der ausgeschifften U-Bootbesatzung.

Am 6. Oktober mussten jedoch nach Mitternacht die Schlepptrossen gekappt werden. Das U-Boot lief – wahrscheinlicher durch das in den Raketensilo oder sonst wo in das Boot eindringende Wasser – langsam immer mehr voll und verlor seinen Auftrieb.

Der Bug tauchte immer tiefer ein. Das Heck hob sich deutlich aus dem Wasser. Erst langsam und dann immer schneller ging das Atom-U-Boot »K-219« aus letztlich nicht geklärter Ursache mit 16 Atomraketen und beiden Reaktoren für immer auf Tauchstation. Es liegt auf Position 31° 28' 6" N und 54 41' 18" W in einer Tiefe von 5500 m östlich der Bermuda-Inseln. Der Unglücksfall auf der »K-219« hatte vier Marinesoldaten das Leben gekostet.

Kurioser Weise kam kurz vor dem Sinken der »K-219« aus Moskau für die Besatzung der Befehl wieder an Bord ihres U-Bootes zurückzukehren. Man war wohl dort vom Gelingen der ganzen Schleppversuchen nicht überzeugt und glaubte mit angelegter Schutzkleidung, die aber vor Ort nicht vorhanden war, das U-Boot wieder eigenständig im Überwassermarsch nach Hause zu bekommen. Dieser wirklich unsinnige Befehl, wohl von Leuten verfasst, die keine Ahnung von U-Booten und erst recht nicht von Atom-U-Boo-

Risszeichnung des Projekts 667A (»Yankee I«-Klasse).
Foto: Mike 1979 Russia / CC-BY-SA 3.0

ten besaßen, hatte sich dann von selbst erledigt.

Bei den Zwei-Hüllen-U-Booten der »Yankee I«-Klasse handelt es sich um nuklear angetriebene U-Boote mit atomar bestückten ballistischen Raketen. Insgesamt wurden von 1967 bis 1974 insgesamt 34 Einheiten in Dienst gestellt. Als nukleare Zweitschlagkapazität der Sowjetunion waren sie vor den amerikanischen Küsten auf Patrouillenfahrt. Einige Boote wurden später zu anderen Zwecken umgerüstet und modifiziert.

»Herald of Free Enterprise«

Fähre, Großbritannien

Das englische Fährschiff »Herald of Free Enterprise« der in Dover ansässigen Reederei Townsend Thoresen war normalerweise im Liniendienst Calais – Dover eingesetzt. Im März 1987 wurde das Schiff jedoch nach Zeebrügge verlegt, um eine andere Fähre zu ersetzen. Am Abend des 6. März 1987 kenterte die Fähre bei der Hafenausfahrt. Von den 623 Personen an Bord kamen 193 ums Leben.

Als die 132 m lange RoRo-Fähre – die Abkürzung steht für Roll on Roll off, das bedeutet: Fahrzeuge und bewegliche Güter können eigenständig auf das Schiff fahren und es ebenso wieder verlassen – am 6. März 1987 gegen 18:00 Uhr mit 543 Passagieren und 80 Besatzungsmitgliedern sowie 84 PKW und 42 LKW an Bord den Hafen von Zeebrügge in Richtung Dover verließ, waren jedoch die Bugtore nicht verschlossen.

Nach der Hafenausfahrt nahm das mit 7951 BRT vermessene Schiff Fahrt auf und der Kapitän beschleunigte auf 18 kn. Er ging fälschlicherweise davon aus, dass die Bugtore geschlossen seien. Mit der Fahrterhöhung stieg nun die Bugwelle am vorne tief eingetauchten Schiff – es war bekannt, dass die »Herald of Free Enterprise« eine Tendenz zur Vorlastigkeit hatte – immer höher. Sie erreichte und überstieg das Hauptdeck. Schnell floss

Foto: Franz Golhen

RoRo-Fähre »Herald of Free Enterprise«.

AM ABEND DES 6. MÄRZ kommt es zu einem der größten Schiffsunglücke in der Nordsee. Die „Herold of free Enterprise" kentert nur etwa 900 Meter vor der Mole des belgischen Hafens Zebrügge, 409 Passagiere können sich retten, aber 193 Menschen kommen in dem Schiff ums Leben

Foto: Archiv Autor

Zeitungsausschnitt von der gekenterten »Herald of Free Enterprise«.

eine große Menge Wasser durch die offenen Bugtore in das untere Fahrzeugdeck. Das Vorschiff senkte sich dadurch noch tiefer. Logischerweise verstärkte sich dadurch wiederum der Wassereinbruch.

Durch das Gewicht der hin- und herschwappenden Wassermenge und die dadurch verrutschende Fahrzeugladung neigte sich die »Herald of Free Enterprise« sehr schnell nach Backbord. Die Schlagseite verstärkte sich je mehr Wasser hereinkam. Auf dem Schiff herrschte Chaos. Die Passagiere unter Deck gerieten in Panik. Das Licht ging aus. Die Fähre kenterte innerhalb von zwei Minuten.

Glück im Unglück war die Tatsache, dass die »Herald of Free Enterprise« in dem flachen Wasser vor der Hafeneinfahrt nicht komplett unterging, sondern auf einer dortigen Sandbank in etwa neun Meter Tiefe auf der Backbordseite liegenblieb. Das Wrack befand sich nur etwa 900 m – nach anderer Quelle 1300 m – von der Hafeneinfahrt entfernt.

Mit Hilfe der schnell eintreffenden Rettungskräften – innerhalb von 19 Minuten befand sich der erste Rettungshubschrauber über der Fähre und nur wenig später traf das erste Schiff an der Unglücksstelle ein – und dank einer besonnen agierenden und von einigen hilfsbereiten Passagieren unterstützten Besatzung konnten mehr als 400 Menschen fast sofort aus dem Schiff lebend herausgeholt werden. Für 193 Menschen kam jedoch jede Hilfe zu spät.

Den Untersuchungsergebnissen zufolge kenterte das Schiff durch eine tragische Verkettung von verschiedenen Faktoren. Um die Stillstandzeiten im Hafen und damit die Kosten zu minimieren, musste wie immer alles schnell gehen. Zu hoch war der Konkurrenzdruck von anderen Reedereien. Es war deshalb gängige Praxis, die Bugtore erst nach dem Ablegen auf dem Weg zur Hafenausfahrt zu schließen. Da die Bugtore von der Brücke aus nicht zu sehen waren und es dort auch keine Kontrollleuchten gab, die dem Verantwortlichen auf der Brücke die Schließung der Tore hätten signalisieren können, war es Aufgabe des Bootsmanns, dies zu kontrollieren, was dieser jedoch dieses Mal nicht durchgeführt hatte. Er hatte sich in einer Arbeitspause in seine Kabine begeben und war dort fest eingeschlafen. Auch der für die Beladung zuständige I. Offiziere hatte es entgegen der Vorschrift versäumt sich von dem Verschluss der Bugtore zu überzeugen. Das Unglück nahm so, wie oben geschildert, seinen Lauf.

Anfang April 1987 gelang nach langen technischen Vorbereitungen die schwierige Bergung der »Herald of Free Enterprise« erst nach mehreren Anläufen. Die letzten Opfer des Unglücks konnten nun geborgen werden.

Ihre letzte Reise trat die Fähre am 5. Oktober 1987. Von dem niederländischen Schlepper »Markusturm« sollte sie nach Taiwan zum Abwracken gebracht werden.

Die Reise musste für vier Tage unterbrochen werden, als der Schleppzug vor Kap Finisterre in schweres Wetter geriet und die »Herald of Free Enterprise« ins Treiben kam, weil die Schleppleine brach. Die Reise konnte am 19. Oktober 1987 fortgesetzt werden.

Vor der Küste von Südafrika gab es Ende Dezember erneut Schwierigkeiten. Die Festigkeit des Rumpfes der »Herald of Free Enterprise« machte Probleme. Das Schiff musste deshalb am 2. Januar 1988 nach Port Elizabeth geschleppt werden, um dort provisorisch repariert zu werden, damit es seine Reise nach Fernost fortsetzen konnte. Die »Herald of Free Enterprise« kam schließlich am 22. März 1988 in Taiwan an und wurde danach wie geplant verschrottet.

Seit dem Unfall der »Herald of Free Enterprise« wurden mehrere Verbesserungen an der Konstruktion von RoRo-Fähren vorgenommen und durch Vorschriften vorgeschrieben. Dazu gehören Kontrollanzeigen auf der Brücke für den Zustand der Bugtore, wasserdichte Rampen, die an den Bugabschnitten des vorderen Teils des Schiffes angebracht sind, und Speigatte, die im Falle einer Überflutung das Abfließen von Wasser aus einem Fahrzeugdeck ermöglichen.

Die gehobene »Herald of Free Enterprise« wird im Mai 1987 in den Hafen von Vlissingen geschleppt.

»Braer«

Tanker, Liberia

Im Januar 1993 befand sich der unter der Flagge von Liberia fahrende Öltanker »Braer« der in Monrovia ansässigen Braer Trader Shipping Corporation auf einer Reise von der norwegischen Raffinerie in Mongstad nach Quebec in Kanada. Das Schiff war mit 84.500 t leichtem Rohöl voll beladen.

Schon kurz nach Reisebeginn befand sich der am 31. Mai 1975 vom Stapel gelaufene Tanker in einem heftigen Sturm mit elf Windstärken und starkem Seegang. Die Schlechtwetterlage hielt über Tage an und die »Braer« schlingerte und stampfte heftig. Grüne See spülte über das Deck des großen Schiffes.

An Backbordseite des Hauptdecks hatte die »Braer« an Oberdeck Stahlrohre mit einem Durchmesser von 250 und 450 Millimeter sowie einer Länge von fünf Meter gestaut. Sie waren als Ersatzrohre für eventuell fällige Reparaturen schon längere Zeit an Bord.

Bei dem extrem schlechten Wetter rissen sich einige dieser Rohre von ihren Halterungen los und rollten wild auf dem Oberdeck

Foto: Archiv Autor

„Braer": Nur die Kommandobrücke, Schornstein und Masten ragen aus dem Wasser.

hin und her. Die herrschenden Wetterbedingungen und das im Seegang stark arbeitende Schiff erlaubten es nicht sie erneut zu sichern. Man wollte notgedrungen besseres Wetter für diese Arbeit abwarten.

Das Hin- und Herrollen der Rohre beschädigte jedoch im Laufe der Zeit Lüftungsrohre von den Dieselöltanks. Dadurch konnte Seewasser in den Treibstoffkreislauf gelangen und in Folge fiel am 5. Januar 1993 gegen 04:40 Uhr die Antriebsanlage und die Stromversorgung der »Braer« aus. Der vollständige Blackout war eingetreten. Südlich der britischen Shetland-Inseln auf Position 59° 41' N und 01° 13' W geriet die »Braer« nun außer Kontrolle und trieb in Richtung der Inselgruppe.

Notrufe hatte das Schiff bereits am frühen Morgen gesendet. Eine Gruppe von 16 Mann der Besatzung wurde vorsorglich gegen 07:00 Uhr mit einem Hubschrauber evakuiert. Eine ¾ Stunde später auch die restlichen 18 Besatzungsmitglieder einschließlich des Kapitäns. Letztere wollte zwar mit noch einigen Männern an Bord bleiben, doch die Hubschrauberbesatzung und die Leitstelle der Küstenwache drängten wegen der Nähe der Küste auf ein Verlassen des Schiffes.

Ein herbeieilender Schlepper erreichte gegen 09:45 Uhr das in schwerer See treibende Schiff. Nun begannen letzte Versuche den Tanker vor einer Strandung zu bewahren. Der Kapitän und einige Seeleute wurden kurz nach 11:00 Uhr mit einem Hubschrauber zurückgeflogen und auf das etwas geschützte Achterschiff der »Braer« abgewinscht.

Dem Schlepper gelang es bis auf 50 m an den Tanker heranzukommen. Trotz mehrmaliger Versuche scheiterte jedoch die Herstellung einer Leinen- und Schleppverbindung und damit auch der letzte Rettungsversuch. Kurz nach 12:00 Uhr erfolgte die Strandung der »Braer« an dem Küstenvorsprung bei Garthe Ness auf der Hauptinsel. Das Schiff schlug leck. Die an Bord befindlichen Männer wurden auf die Schnelle wieder von einem Hubschrauber evakuiert.

»Beschleunigt durch das Zerbrechen des Tankers in den darauffolgenden Tagen, ergossen sich die 84.500 t Rohöl der »Braer« in die See – und das an einer Küste von außergewöhnlicher Schönheit, mit bedeutender Flora und Fauna und wichtigem Fischfang. Es war ein Glück in dem schweren Unglück, dass sich das leichte Heizöl durch den tagelangen starken Wind und die heftigen Wellen zum Teil in der See auflöste und sich kein großer zusammenhängender Ölfilm bildete. So wurde die befürchtete Umweltkatastrophe etwas gemildert.« (Bossow, Mayda, Mayday, Seite 95)

Die schwere Havarie der »Braer« wurde sowohl von britischer wie auch von liberianischer Seite untersucht und ausgewertet. Dabei fand eine Zusammenarbeit beider Staaten statt.

»Die Untersuchungskommission gewann den Eindruck, dass der Kapitän nach dem Stillstand der Antriebsmaschine zeitweilig den Ernst der Lage unterschätzte. So wurden keine Versuche gemacht, die wirkliche Drift des Tankers zu bestimmen. Das Hauptproblem wurde zunächst im wasserhaltigen Treibstoff und nicht in der Tatsache gesehen, dass das Schiff völlig manövrierunfähig war.« (Bossow, Mayda, Mayday, Seite 96) ▶|

Auf der Abbildung vom Juni 1993 ist der aus dem Wasser ragende Bug des zerbrochenen Tankers zu sehen.

»Estonia«

Fähre, Estland

Die estnische Ostseefähre »Estonia« war am 28. September 1994 auf ihrem Weg von Tallinn nach Stockholm vor der finnischen Insel Utö gesunken. Der Untergang der RoPax-Fähre[1] ist mit 852 Opfern das schwerste Schiffsunglück der europäischen Nachkriegsgeschichte. Die Unglücksursache gilt als ungeklärt.

Die »Estonia« legte am 27. September 1994 gegen 19:00 Uhr in Tallinn ab. Die An-

Die RoPax-Fähre »Estonia« als »Viking Sally« in den 1980er Jahre in Stockholm.

Eine Modellaufnahem der »Estonia«.

kunft im Zielhafen Stockholm war für den nächsten Morgen um 09:00 Uhr geplant. Die Reisegeschwindigkeit des Schiffes betrug 14 kn. In der östlichen Ostsee herrschte kein freundliches Wetter. Der Wind kam mit einer Stärke von sieben bis acht aus Südwest und die Wellenhöhe lag zwischen drei und fünf Meter. In einigen Quellen werden sogar Wellenhöhen von sieben bis zehn Meter genannt. Jedenfalls war das Schiff ordentlich am Rollen und Stampfen.

In dieser schweren See kam es gegen Mitternacht zu einem Wassereinbruch über die Bugklappe. Spätere Untersuchungen ergaben, dass die Scharniere der Bugklappe bei der rauen See sehr starken Belastungen ausgesetzt waren und während der Fahrt brachen.

Neil Wilson beschreibt in seinem Buch »Die großen Schiffskatastrophen« auf der Seite 64 die Ereignisse wie folgt: »Gegen 01:00 Uhr ertönten vom Bug her mehrere laute Schläge in Folge. Ein Mitglied der Besatzung wurde beauftragt, nach dem Rechten zu sehen, stellte aber nichts ungewöhnliches fest. In den nächsten 10 bis 15 Minuten erschütterten erneut schlagende Geräusche das Schiff und gegen 01:15 Uhr löste sich die Bugschürze und stürzte nach vorne ins Meer, wobei sie die Laderampe aufriss. Unmengen von Wasser drangen in das Autodeck ein und innerhalb weniger Minuten neigte sich das Schiff um 15 Grad nach Steuerbord. Die Schlagseite vergrößerte sich schnell auf 40 Grad, wodurch die Maschinen zum Stillstand kamen. Um 01:35 Uhr kenterte die Fähre.«

Im offiziellen Unglücksbericht heißt es: »Das Schiff sank in kürzester Zeit mit dem Heck voran und verschwand gegen 01:50 Uhr vom Radarschirm der übrigen Schiffe in dem Gebiet.«

Um 01:22 Uhr hatte die »Estonia« noch einen Notruf absetzen können, der von anderen in der Nähe befindlichen schwedischen und finnischen Schiffen aufgefangen und beantwortet wurde. An Bord gab es zuvor gegen 01:15 Uhr über eine Lautsprecherdurchsage Alarm. Angeblich wurde unmittelbar nach dieser Durchsage auch der allgemeine Evakuierungsalarm ausgelöst, doch für eine Evakuierung des Schiffes bleib keine Zeit mehr. Dennoch konnten sich noch etwa 300 Personen – nach anderer Quelle 250 – an Oberdeck bzw. auf das Bootsdeck flüchten, ehe die »Estonia« kenterte und versank. Doch die meisten Menschen konnten das Schiff nicht mehr verlassen. Im Schiff müssen in diesen Minuten situationsbedingt ein totales Chaos und Panik geherrscht haben.

Innerhalb einer Stunde trafen die ersten Rettungsschiffe am Unfallort ein. Rettungshubschrauber erreichten die Szene erst gegen 03:00 Uhr. Es war eine pechschwar-

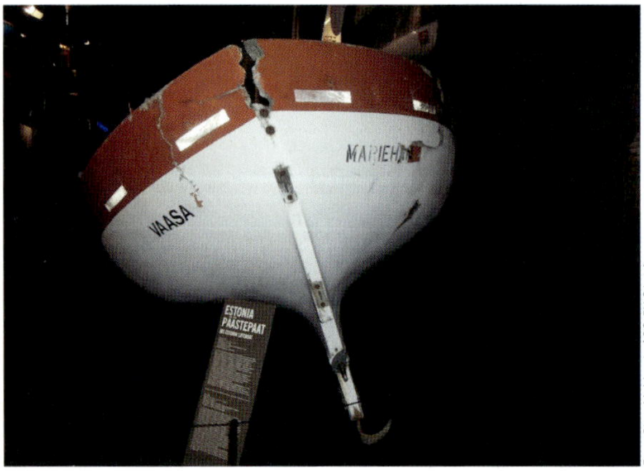

Ein beschädigtes Rettungsboot der »Estonia« ist im estnischen Marinemuseum in Tallinn ausgestellt.

ze Nacht mit hohem Seegang und starkem Wind. Trotzdem gelang es einige Menschen, die sich an umgestürzten Rettungsinseln festklammerten oder denen es gelang auf Rettungsflöße zu klettern, aus dem 13 Grad kalten Wasser der Ostsee zu ziehen. Die Rettungsboote konnten wegen der Schlagseite nicht mehr klargemacht werden.

Insgesamt überlebten nur 137 Menschen die Katastrophe. 95 Leichen wurden geborgen. Das Wrack der »Estonia« liegt mit aufgerissenem Bugtor in 79 m Tiefe auf seiner Steuerbordseite. Es ist das Grab von 757 Männern, Frauen und Kindern.

Die 57 t schwere Bugklappe der »Estonia«, die Mitte Oktober 1994 lokalisiert werden konnte, wurde im November 1994 bei einem komplexen Einsatz von der schwedischen Marine geborgen. Die Bergung erfolgte, nachdem die unmittelbar nach dem Untergang gebildete internationale Untersuchungskommission der direkt betroffenen Staaten Schweden, Estland und Finnland die Bergung des Bugvisiers als notwendig erachtet hatte, um die Ursache des Unglücks zu ermitteln.

In dem Untersuchungsbericht von 1997 kam man zu dem Ergebnis, dass die Verriegelung und die Scharniere der Bugschürze den vorhandenen Seegangbedingungen nicht gewachsen waren und nicht genug Widerstand boten. Durch die Kraft der Wellen seien sie dann gebrochen. Durch die großen Wassermassen, die nun in das Autodeck eindrangen, kam es zu einem Stabilitätsverlust mit anschließender Überflutung der Passagierdecks und Kenterung des Schiffes.

Bemängelt wurde in dem Bericht auch das Verhalten der Schiffsführung als der Situation nicht angemessen. Demnach hätte nach den ersten Schlägen am Bug die Geschwindigkeit drastisch reduziert werden müssen. Außerdem hätte man wesentlich früher den Rettungsalarm auslösen müssen.

Die Gründe für das Versagen der Bugpfortenverriegelung wird von Experten unterschiedlich bewertet. Ob ein Konstruktionsfehler, Materialermüdungserscheinungen oder mangelnde Wartung zur Ablösung des Bugtores geführt haben, ist strittig. In den Jahren nach dem Unglück beschäftigte eine Reihe von Gutachten, Anklagen und Prozessen, auf die hier nicht weiter eingegangen werden soll, eine Vielzahl von Instanzen. Auch die deutsche Meyer Werft in Papenburg, auf der die »Estonia« 1980 gebaut wurde geriet wegen angeblicher Konstruktionsfehler in die Kritik, was aber ausgeräumt werden konnte.

Foto: Anneli Karlsson / CC-BY-SA 4.0

Die zu Untersuchungen geborgene Bugklappe der »Estonia«.

Gegen den Plan der schwedischen Regierung, das Wrack der »Estonia« mit einem Beton-Sarkophag einzuschließen, gab es laute Proteste der Hinterbliebenen und nicht nur von diesen. Das Vorhaben wurde daraufhin wieder fallen gelassen. Letztendlich wurde das Seegebiet über dem Wrack zum Sperrgebiet erklärt und Tauchgänge verboten. Dieses und das weitere Verhalten der Regierungen, besonders der schwedischen, aber auch der estnischen, ließ natürlich weiten Raum für Spekulationen. Diese reichen von Drogenschmuggel über Transport von geheimen Militärgütern aus der ehemaligen Sowjetunion bis hin zu einer Bombenexplosion und Terroranschlägen sowie Vertuschungsversuchen

Foto: Tage Olsin / CC-BY-SA 2.0

Das in der Nähe des Wasa-Museums errichtete Estonia-Denkmal in Stockholm.

von wem auch immer. Doch es bleiben überall nur Vermutungen, letzte Beweise hierfür fehlen.

Die mit 15.566 BRZ vermessene RoPax-Fähre »Estonia« war 1980 von der im Fährschiffsbau sehr erfahrenen Papenburger Meyer Werft als »Viking Sally« für die finnische Reederei Viking Line gebaut worden. Die am 29. Juni 1980 in Dienst gestellte Fähre hatte die Abmessungen (Länge × Breite × Tiefgang) von 157,02 × 24,20 × 5,50 m. Der Antrieb erfolgte durch vier Dieselmotoren von jeweils 5982 PS. Über zwei Wellen konnte das Schiff eine Höchstgeschwindigkeit von 19,5 kn erreichen. Die »Estonia« war für die Aufnahme von maximal 2000 Passagieren zugelassen und verfügte im Fahrzeugdeck Stellplätze für PKW und LKW. Bei einer reinen PKW-Auslastung war Platz für 460 Fahrzeuge. Nach zweimaligem Eigner- und Namenswechsel (»Silja Star«, »Wasa King«) kam das Schiff 1992 schließlich als »Estonia« an die schwedisch-estnische EstLine und fuhr unter estnischer Flagge auf der Route zwischen Tallinn und Stockholm.

[1] Eine RoPax-Fähre, kurz für Roll on Roll off Pax (Passagier), ist eine Fähre, die sowohl rollende Fracht als auch Passagiere befördert und dabei die Eigenschaften einer RoRo-Fähre mit denen eines Passagierschiffs kombiniert. Die Abkürzung RoRo steht wiederum für Roll on Roll off, das bedeutet: Fahrzeuge und bewegliche Güter können eigenständig auf das Schiff fahren und es ebenso wieder verlassen.

»Changcheng 361«

U-Boot, Volksrepublik China

Das U-Boot »Changcheng 361« (deutsch: Große Mauer 361) war ein U-Boot des Typs 035 der Marine der Volksrepublik China (PLAN, Chinese People's Liberation Army Navy). Im NATO-Sprachgebrauch wird dieser Typ auch als »Ming«-Klasse bezeichnet.

Das Schiff befand sich im April 2003 in einem Manöver östlich der inneren Changshan-Inseln im Gelben Meer vor der Küste Nordostchinas und der Provinz Shandong, als es am 16. April 2003 zu einem technischen Pro-

Foto: Archiv Autor

U-Boot der »Ming«-Klasse.

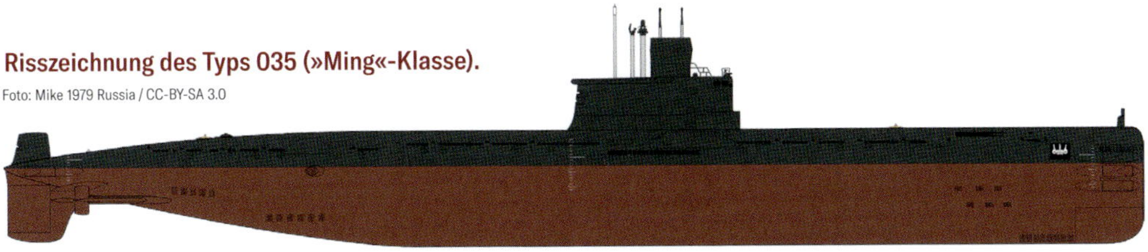

Risszeichnung des Typs 035 (»Ming«-Klasse).
Foto: Mike 1979 Russia / CC-BY-SA 3.0

blem kam. Alle an Bord befindlichen 70 Seeleute kamen dabei ums Leben. Die normale Besatzungsstärke der »Changcheng 361« betrug eigentlich nur 56 Personen. Dieses Mal waren aber zur Ausbildung noch zusätzliche 14 Kadetten der chinesischen Marineakademie eingeschifft.

Nach der Katastrophe trieb das äußerlich unbeschädigte U-Boot zehn Tage an der Oberfläche. Am 25. April 2003 wurde es von chinesischen Fischern entdeckt. Die Besatzung lag zusammengesunken auf ihren Stationen. Das U-Boot wurde in seinen Heimathafen zurückgeschleppt und später wieder reaktiviert.

Laut offiziellen chinesischen Angaben erstickte die Besatzung, als die Dieselmotoren des U-Bootes während des Tauchmanövers in dem bereits im Unterwasser-Verschlusszustand befindlichen Boot den gesamten verfügbaren Sauerstoff verbrauchten, weil sie nicht rechtzeitig und ordnungsgemäß abgestellt wurden.

Als Ursache des Unglücks wurden aber offiziell nur »mechanische Probleme« genannt. In Hongkonger Zeitungen gab es Spekulationen sowohl über ein Leck in den Batterien und daraus entweichender giftiger Gase als auch über einen missglückten Test mit einem neuen Typ von Dieselmotor.

Für chinesische Verhältnisse waren die von obersten militärischen Stellen zu der Havarie abgegebenen Beileidsbekundungen an die Angehörigen ungewöhnlich und lösten Verwunderung aus. Dies warf Fragen auf, was sich hinter dem angeblichen Unfall verbirgt und warum geht die ansonst immer alles geheim haltende militärische Führung mit diesem Vorfall an die Öffentlichkeit. Die tote Besatzung wurde von hohen Militärs als »gute Kinder des Volkes und loyale Verteidiger des Vaterlands« bezeichnet. »Ihre heldenhaften Namen und Leistungen werden Vaterland und Volk niemals vergessen«, so weiter in der abgegebenen Stellungnahme.

Die Untersuchung des Vorfalls führte im Juni 2003 zur Degradierung von zwei Admirälen und acht Offizieren. Die als Begründung angegebenen Führungs- und Kommunikationsfehler nährten den Verdacht, »Changcheng 361« sei möglicherweise doch im Zuge einer Erprobung havariert. Die wirkliche Wahrheit wird wohl nie veröffentlicht.

Die U-Boote der chinesischen »Ming«-Klasse sind eine Weiterentwicklung der ebenfalls bei der PLAN im Bestand befindlichen russischen »Romeo«-Klasse. Sie haben eine verbesserte Maschinenanlage, eine optimierte Rumpfform und eine modernere elektronische Ausrüstung. Insgesamt wurden 16 Einheiten von der »Ming«-Klasse gebaut. Sie stellten in den 1990er Jahren in Dienst. ▶|

»Changcheng 361«	
Schiffstyp	U-Boot
Bauwerft	Wuchang Werft, Wuhan, Volksrepublik China
Eigner	Chinese People's Liberation Army Navy
Stapellauf	unbekannt
Verdrängung (↑/↓) (t)	1600 / 2150
Länge × Breite × Tiefgang (m)	76,00 × 7,60 × 5,10
Tauchtiefe (m)	300
Besatzungsstärke	56
Antrieb	2 × Dieselmotor, 2 × Elektro-Fahrmotor
Antriebsleistung (PS)	2 × 2600, 2 × ?
Wellen	2
Geschwindigkeit (↑/↓) (kn)	15 / 18
Fahrstrecke (↑/↓) (sm / kn)	8000 / 8 – 330 / 4
Bewaffnung	6 × 53,3 cm-Torpedorohre (Bug), 2 × 53,3 cm-Torpedorohre (Heck)

U-Boote auf ewiger Tauchfahrt

»Dakar«

U-Boot, Israel

Die »Dakar« wurde in Großbritannien gebaut und 1945 unter dem Namen »Totem« bei der Royal Navy in Dienst gestellt. Sie war eine Einheit der »T«-Klasse. 1965 wurde das U-Boot von Israel aus den Beständen der Royal Navy erworben. In Großbritannien erfolgten eine Überholung und Modernisierung des noch aus dem Zweiten Weltkrieg stammenden U-Bootes.

Im November 1967 setzte es zum ersten Mal die israelische Flagge und erhielt den neuen Namen »Dakar«« (hebräisch für Schwertfisch). Zunächst standen Ausbildungs- und Erprobungsfahrten in schottischen Gewässern auf dem Programm.

Ihre Überführungsfahrt nach Israel begann die »Dakar« am 9. Januar 1968 – nach anderer Quelle am 10. Januar – in Portsmouth. In Gibraltar wurde ein Zwischenstopp eingelegt. Danach fuhr das U-Boot im Mittelmeer in Richtung Osten und wollte ohne weiteren Stopp direkt nach Haifa laufen, wo es für den 29. Januar erwartet wurde. Alle sechs Stunden meldete das U-Boot seine Position an das israelische Marinekommando. Laut ihrer letzten Positionsmeldung vom 25. Januar 1968 stand die »Dakar« rund 100 Seemeilen südwestlich von Zypern. An Bord lief alles plan- und routinemäßig.

Danach ist das U-Boot spurlos im Mittelmeer verschwunden. Bis zum Morgen des 27. Januar machte man sich zunächst noch keine allzu großen Sorgen. Als dann aber alle Versuche mit der »Dakar« in Funkkontakt zu treten scheiterten, wurde Alarm gegeben. Eine große Luft- und Seeraumsuche wurde gestartet, an der sich 30 Schiffe und zahlreiche Flugzeuge aus fünf Nationen beteiligten.[1]

Aber es gab keine Spur von der »Dakar«. Die Suche verlief ergebnislos. Der Untergang der »Dakar« wurde jetzt als gesichert angenommen. Er hatte 69 an Bord befindlichen Personen das Leben gekostet. Mehr als ein Jahr später fand man an einem Strand des Gaza-Streifens eine angeschwemmte Funkboje des verschollenen U-Bootes.

Im Laufe der Jahre nahm der strategische, finanzielle und militärische Wert der »Dakar«-Suche ab. Sie wurde aber nicht gänzlich aufgegeben. Im Jahr 1999 hatte man endlich Erfolg. Die »Dakar« wurde am 28. Mai unter Einsatz modernster Sonartechnik in 3000 m Wassertiefe im Mittelmeer zwischen Kreta und Zypern lokalisiert. Dabei wurde fest-

Foto: Israelische Marine

Das israelische U-Boot »Dakar« wenige Tage vor seinem Auslaufen aus Portsmouth.

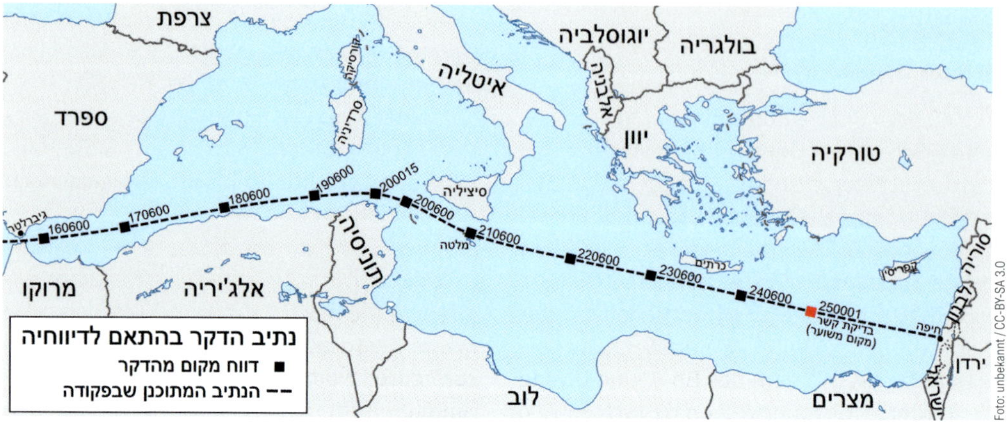

Die täglichen Positionen der »Dakar« auf ihrem Weg durch das Mittelmeer.

Der geborgene Turmteil der »Dakar« im Marinemuseum von Haifa.

gestellt, dass das vordere Drittel des Turms 100 m vom Hauptteil des Wracks entfernt auf dem Meeresboden lag. Dieses Teil der »Dakar« wurde später geborgen und im Marinemuseum von Haifa aufgestellt. Auf dem Herzlberg in Jerusalem befindet sich eine Gedenkstätte für die Mitglieder der Besatzung.

Die U-Boote der englischen »T«-Klasse wurden in den Jahren 1936 bis 1945 in drei Baulosen mit leicht unterschiedlichen technischen Daten und mit insgesamt 55 Einheiten gebaut. Im Zweiten Weltkrieg operierten sie erfolgreich auf allen Kriegsschauplätzen, wo die Royal Navy in Kämpfe verwickelt war. Nach Kriegsende wurde eine große Anzahl der U-Boote in den Reservestatus überführt. Einige blieben im Dienst und durchliefen eine Modernisierungsphase. Andere wiederum wurden, wie auch die »Dakar« ex »Totem«, an befreundete Marine abgegeben. ▶|

1 Während im östlichen Mittelmeer die Suche nach der »Dakar« in vollem Gange war, ereignete sich hunderte von Seemeilen weiter westlich vor Toulon nahezu die gleiche Katastrophe. Hier war das französische U-Boot »Minerve« überfällig und wurde ebenfalls unter großem Einsatz von Schiffen und Flugzeugen gesucht.

»Dakar«	
Schiffstyp	U-Boot
Bauwerft	Vickers Armstrong, Barrow-in-Furness, Großbritannien
Eigner	israelische Marine
Stapellauf	unbekannt
Verdrängung (↑/↓) (t)	1321 / 1571
Länge × Breite × Tiefgang (m)	83,60 × 8,10 × 3,60
Tauchtiefe (m)	95
Besatzungsstärke	61
Antrieb	2 × Dieselmotor, 2 × Elektro-Fahrmotor
Antriebsleistung (PS)	2 × 1250, 2 × 725
Wellen	2
Geschwindigkeit (↑/↓) (kn)	15 / 9
Fahrstrecke (↑/↓) (sm / kn)	11.000 / 10 – 80 / 4
Bewaffnung	11 × 53,3 cm-Torpedorohre

»Minerve«

U-Boot, Frankreich

Am 27. Januar 1968 befand sich gegen 07:55 Uhr das französische U-Boot »Minerve«, ein Boot der »Daphne«-Klasse, bei Schnorchelfahrt rund 25 Seemeilen vor seinem Heimathafen Toulon. Es herrschten sehr schlechte Wetterbedingungen. Über Funk übermittelte das Boot einem begleitenden Seeraumüberwachungs- und U-Jagdflugzeug des Typs Breguet Atlantic, mit dem das Boot eine Übung durchführte, die aber wegen des schlechten Wetters abgebrochen werden musste, seine Ankunftszeit im Hafen für etwa 09:00 Uhr. Nach der Meldung an das Aufklärungsflugzeug fehlte von dem U-Boot und seiner Besatzung bis 2019 jede Spur.

An der Suchaktion, die am 28. Januar 1968 gegen 02:00 Uhr begann, beteiligten sich 20 Überwasserschiffe, zwei U-Boote und mehrere Flugzeuge. Auch das Tauchboot »SP-350 Denise« des französischen Meeresforschers Jacques-Yves Cousteau kam in der Suche zum Einsatz. Diese blieb jedoch über die nächsten Tage erfolglos. Am 2. September wurde die Rettungsmaßnahmen dann eingestellt, da keine Hoffnung mehr bestand, dass die 52-köpfige Besatzung überlebt haben könnte. Die Suche nach dem Wrack bzw. nach Wrackteilen wurde allerdings bis 1969 fortgesetzt. Dabei kam auch der Bathyskaph »Archimede« zum Einsatz.

Am 9. Februar 1968 fand an Bord des französischen U-Boots »Eurydice«, das ebenfalls zur »Daphne«-Klasse gehörte, und im Beisein von Staatspräsident Charles de Gaulle eine Ehrenzeremonie für die Besatzung des verschollenen U-Bootes statt.

Anlässlich der großen öffentlichen Beachtung, die dem Verschwinden des argentinischen U-Boots »San Juan« im November 2017 zuteil wurde und das ein Jahr später gefunden werden konnte, beschloss das das französische Verteidigungsministerium im November 2018 auch die Suche nach der »Minerve« wieder aufzunehmen.

Am 4. Juli 2019, über 51 Jahre nach dem Untergang, begann die französische Marine in Zusammenarbeit mit dem Meeresforschungsinstitut Ifremer eine neue Suchaktion. Man kam bei dieser Suche schnell zu einem Erfolg. Schon am 22. Juli 2019 konnte das Ministerium mitteilen, dass das in drei Teile zerbrochene Wrack der »Minerve« etwa 25 Seemeilen vor der Küste von Toulon in einer Tiefe von 2370 m gefunden worden sei.

Zwei Tage vor dem Verlust der »Minerve« wurde auch das das Verschwinden des israelischen U-Bootes »Dakar« gemeldet. Auch hier verlief die umfangreiche Suche

Das Schwesterboot »Doris« der »Minerve«.

Foto: US Navy

Das Tauchboot »SP-350 Denise« konnte für Unterwasserbeobachtungen zwei Personen aufnehmen.

Foto: Raimond Spekking / CC-BY-SA 4.0

Bathyskaph »Archimede«.

zunächst ergebnislos. In Zeitungen wurde schnell über einen möglichen Zusammenhang spekuliert, was jedoch vollkommen absurd war.

Zwei Jahre später wurde die französische Marine erneut von einem U-Bootverlust heimgesucht. Das ebenfalls zur »Daphne«-Klasse gehörende U-Boot »Euridyce« ging am 4. März 1970 circa 35 Seemeilen östlich von Toulon verloren. Das Boot führte in diesem Seegebiet Tauchübungen durch. Seismographen registrierten eine Unterwasserexplosion in etwa 600 m Tiefe. Die »Eurydice« meldete sich nicht mehr. Französische und italienische Schiffe fanden nur einen Ölfleck und wenige Wrackteile, die dem Boot zugeordnet werden konnten. Das Wrack wurde am 22. April 1970 auf Position 43° 9' 36" N und 6° 48' 0" O in einer Tiefe von 750 m entdeckt.

Die »Minerve« war eines von vier U-Booten, die 1968 durch nicht geklärte Umstände auf hoher See verloren gingen. Die drei anderen Boote waren die schon erwähnte israelische »Dakar«, die amerikanische »Scorpion« und die sowjetische »K-129«.

Die französische »Daphne«-Klasse wurde mit elf Einheiten in den Jahren 1964 bis 1970 gebaut. Mit der »Minerve« und der »Eurydice« gingen zwei U-Boote der Klasse mit der gesamten Besatzung verloren. Die übrigen Boote blieben bis Mitte der 1990er Jahre bei der französischen Marine in Dienst.

Die »Daphne«-Klasse erwies sich für die französischen U-Bootbauer als ein sehr erfolgreicher Exportartikel. Insgesamt zehn Einheiten wurden nach Portugal (4), Pakistan (3) und Südafrika (3) geliefert. In Spanien entstanden vier weitere Boote in Lizenz.

»Minerve«	
Schiffstyp	U-Boot
Bauwerft	Chantiers Dubigeon, Nantes, Frankreich
Eigner	französische Marine
Stapellauf	31. Mai 1961
Verdrängung (↑/↓) (t)	869 / 1043
Länge × Breite × Tiefgang (m)	57,80 × 6,80 × 4,60
Tauchtiefe (m)	300
Besatzungsstärke	52
Antrieb	2 × Dieselmotor, 2 × Elektro-Fahrmotor
Antriebsleistung (PS)	2 × 615, 2 × 790
Wellen	2
Geschwindigkeit (↑/↓) (kn)	13,5 / 16,0
Fahrstrecke (↑/↓) (sm / kn)	unbekannt
Bewaffnung	8 × 53,3 cm-Torpedorohre (Bug), 4 × 53,3 cm-Torpedorohre (Heck)

»K-129«

U-Boot, Sowjetunion

Am 24. Februar 1968 brach das konventionelle diesel-elektrisch angetriebene sowjetische U-Boot »K-129« des Projekts 629A, in der NATO als »Golf II«-Klasse bezeichnet, von seinem Stützpunkt auf Kamtschatka zu seiner dritten Patrouillenfahrt im Rahmen der nuklearen Abschreckung in den westlichen Pazifik auf. Die Fahrt verlief zunächst ereignislos. Routinemäßig hielt das Boot Verbindung mit der Pazifik Flotte, zu deren Kommandobereich es gehörte. Am 11. April blieben jedoch die erwarteten regelmäßigen Funkmeldungen des Bootes aus. Eine sowjetische Suchaktion wurde gestartet, um das mit großer Wahrscheinlichkeit mit 98 Mann nordwestlich von Hawaii gesunkene U-Boot zu finden. Nach anderer Quelle waren 86 Mann an Bord. Jedenfalls war es so oder so die bislang größte Opferzahl bei einem U-Bootverlust.

Während die sowjetische Marine ihr U-Boot bzw. dessen Wrack erfolglos suchte, hatte die US Navy durch ihre Unterwassersensorsystem SOSUS (Sound Surveillance System) die »K-129« schon lange unter Beobachtung und konnte den Kurs verfolgen. Ein am 11. April erfasstes Geräusch ließ die Interpretation zu, dass das U-Boot implodiert sein musste. Der Grund für das Sinken des Bootes wurde nie bekannt und ist wohl auch nicht zu ermitteln. Es ist auch sinnlos hierüber zu spekulieren und in Frage kommende Möglichkeiten aufzuzeigen, weil es eine Vielzahl von technischen Problemen und Pannen geben kann, die den Verlust eines U-Bootes zur Folge haben.

Die Suchaktionen der sowjetischen Flotte konzentrierten sich jedoch circa 400 Seemeilen von der Position entfernt, die die US Navy über ihre SOSUS-Anlagen ermittelt hatte. Es war klar, dass die Sowjets scheinbar keine Ahnung davon hatten, wo sie ihr vermisstes U-Boot hätten finden können. Hilfe wurde angeboten. Aber typisch für die Zeit des Kalten Kriegs wurde erklärt, man vermisse kein U-Boot.

Ein »Golf II«-U-Boot ist zwar nicht das modernste U-Boot der sowjetischen Marine, aber dennoch war das CIA (Central Intelligence Agency) der Meinung, dass sich eine Bergung des von sowjetischer Seite nicht gefundenen U-Bootes lohnen würde.

Als erstes wurden ein Forschungsschiff und das amerikanische U-Boot »Halibut« nach Hawaii verlegt. Etwa 650 Seemeilen nordwestlich Hawaiis auf Position 38° 5' N und 178° 57' W finden die beiden amerikanischen

Ein »Golf II«-U-Boot der sowjetischen Marine.

Foto: Archiv Autor

Foto: CIA

Das »Golf II«-U-Boot »K-129«.

Einheiten mit ihren empfindlichen Sensoren auch tatsächlich die gesunkene »K-129« in etwa 5200 m Tiefe. Ferngesteuerte Tiefseekameras erfassen jedes Detail. Ein größeres Loch hinter dem Turm deutet auf eine schwere Explosion im Bootsinneren, die bis in den Turm hineingewirkt und die Deckel von den Raketenstartschächten geblasen hat. Ansonsten ist »K-129« aber offenbar weitgehend intakt geblieben.

»K-129«	
Schiffstyp	U-Boot
Bauwerft	Werft 199, Komsomolsk, Sowjetunion
Eigner	sowjetische Marine
Stapellauf	6. Mai 1959
Verdrängung (↑/↓) (t)	2350 / 2850
Länge × Breite × Tiefgang (m)	98,00 × 8,50 × 6,60
Tauchtiefe (m)	250
Besatzungsstärke	80
Antrieb	3 × Dieselmotor, 1 + 2 × Elektro-Fahrmotor
Antriebsleistung (PS)	3 × 2000, 1 × 2700, 2 × 1350
Wellen	3
Geschwindigkeit (↑/↓) (kn)	17 / 12
Fahrstrecke (sm / kn)	9000 / 5 (Schnorchelfahrt)
Bewaffnung	3 × atomar bestückte ballistische Raketen, 6 × 53,3 cm-Torpedorohre (Bug), 4 × 40,6 cm-Torpedorohre (Heck)

Die CIA erkannte eine einmalige Chance, streng geheime sowjetische Rüstungstechnologie und Dokumente in die Hand zu bekommen, ja vielleicht sogar einen nuklearen Gefechtskopf aus einem der Raketenschächte an die Oberfläche zu bringen. Schließlich entstand die Idee, doch möglichst das ganze U-Boot zu heben. Der damalige amerikanische Präsident Nixon billigte den Plan, der den Namen »Projekt Jennifer« erhielt, aber auch unter der Bezeichnung »Azorian-Project« bekannt ist.

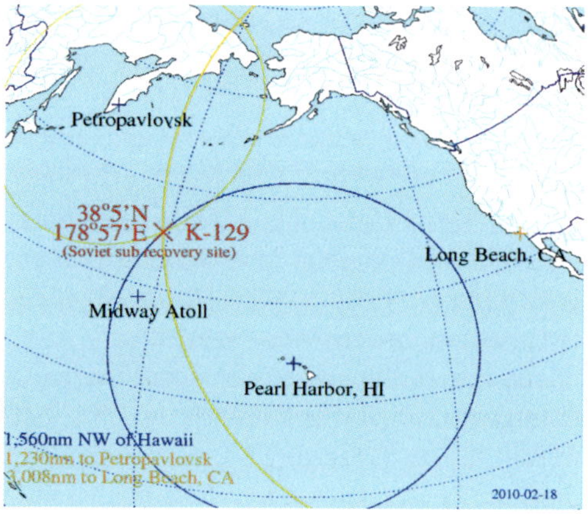

Foto: Archiv Autor

Die Wrackposition von »K-129« im westlichen Pazifik.

In jahrelanger hochgeheimer Vorbereitung wurde daraufhin der Bau eines speziellen Hebeschiffes bewältigt, das unter dem Namen »Gloman Explorer« als Tarnung offiziell Manganknollen vom Meeresgrund sammeln sollte.

Am 20. Juni 1974 lief die neu gebaute »Glomar Explorer« aus Long Beach aus und erreichte am 4. Juli die Untergangsstelle der »K-129«. Zeitweise wurde das Schiff jetzt auch von Einheiten der sowjetischen Marine beobachtet, denn hier war man mittlerweile gegenüber den amerikanischen Aktivitäten misstrauisch geworden. Diese Beobachter und schlechtes Wetter verzögerten die geplante Bergung.

Erst am 20. Juli konnte die Crew bei ruhiger See und endlich unbeobachtet damit beginnen den Greifarm abzusenken. Am 26. Juli

Foto: US Government

Das U-Bootbergeschiff »Glomar Explorer«.

hatte dieser erstmals Sonarkontakt zum Meeresgrund. Das Absenken musste jedoch aufgrund technischer Probleme mit dem Mechanismus immer wieder unterbrochen werden. Am 1. August wurde schließlich der Greifarm um das Wrack von »K-129« geschlossen, das Aufwinschen konnte beginnen.

Jedoch gab es jetzt Probleme mit dem Anheben der Last. Teilweise versagten die Hydraulikpumpen. Auf dem Weg an die Oberfläche brach dann das Boot auch noch auseinander und der abgebrochene Teil sank wieder auf den Meeresgrund. Darunter auch die Turmsektion des Bootes, in der sich die Atomraketen befanden. Damit war das eigentliche Ziel der Aktion, einen Gefechtskopf zu bergen, verfehlt.

Was dann tatsächlich von der »Glomar Explorer« geborgen wurde, wurde bisher nicht offiziell bekannt gegeben. Medienberichten

Foto: Victorddt / CC-BY-SA 3.0

Risszeichnung zur »Glomar Explorer« und dem geplanten Bergevorgang.

zufolge wurde der Bug des Bootes mit zwei nuklear bestückten Torpedos an die Oberfläche gebracht.

Außerdem wurden die Leichen von sechs sowjetischen Seeleuten geborgen. Sie wurden im September 1974 in einer Seebestattung beigesetzt.

»Scorpion«

Atom-U-Boot, USA

Zu seiner letzten Fahrt brach das amerikanische nuklear angetriebene U-Boot (Atom-U-Boot) »Scorpion« der »Skipjack«-Klasse am 15. Februar 1968 aus seinem Heimathafen Norfolk in Virginia auf. Die Fahrt führte in das Mittelmeer. Am 15. April des Jahres lag die »Scorpion« in Neapel im Hafen, wo sie während eines schweren Sturms mit einer Schute kollidierte und diese dabei versenkte. Taucher, die anschließend das Unterwasserschiff des U-Bootes untersuchten, konnten jedoch keine Beschädigungen feststellen.

Nach diesem Hafenbesuch in Italien sollte die »Scorpion« Aktivitäten der sowjetischen Marine im Atlantik beobachten. Davor erfolgte noch ein Zwischenstopp im spanischen Rota, um zwei Mannschaftsangehörige an Land zu bringen. Nach der Observierung der sowjetischen Einheiten im Atlantik, machte sich die »Scorpion« dann auf den Weg zurück nach Hause. In Norfolk wurde sie am 27. Mai

Foto: US Navy

Das Atom-U-Boot »Scorpion« lief am 19. Dezember 1959 bei der Electric Boat Cooperation in Groton, Connecticut, USA vom Stapel.

erwartet. Sie kam jedoch dort nie an. Die letzte Meldung des Atom-U-Bootes erfolgte am Abend des 21. Mai 1968. In ihr teilte der Kommandant mit, dass sich die »Scorpion« 50 Seemeilen südlich der Azoren auf der zugewiesenen Route auf dem Rückmarsch befände.

Nachdem sich das Atom-U-Boot in den Tagen danach nicht über Funk in Norfolk gemeldet hatte und auch am 27. Mai nicht wie geplant einlief, wurde mit einer Suche nach der verschollenen »Scorpion« begonnen. Allerdings bestand von Anfang an wenig Hoffnung.

Vermutlich war das U-Boot schon um den 22. Mai 1968 mit seinen 99 an Bord befindlichen Besatzungsmitgliedern gesunken. Zu dieser Zeit musste es etwa 400 Seemeilen südwestlich der Azoren gestanden haben.

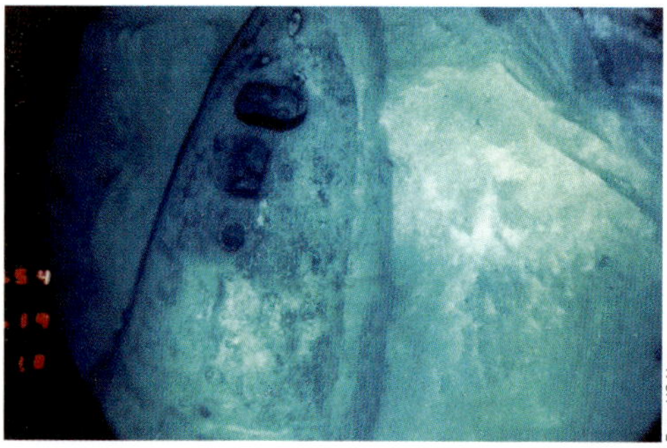

Foto: US Navy

Auf dem Wrackfoto vom August 1986 ist die Bugsektion und unten die Hecksektion zu sehen.

Foto: US Navy

In dieser Region hat der Atlantik eine Tiefe von um die 3000 m. Das ist deutlich jenseits der Zerstörungstiefe des U-Boots von 600 m. Die Betriebstauchtiefe war 300 m. Keines der auf die Suche angesetzten U-Boote fand zunächst ein Zeichen der vermissten »Scorpion«. Am 5. Juni wurde das Boot für verloren erklärt und am 30. Juni 1968 aus der Liste der Kriegsschiffe der US Navy gestrichen.

Die US Navy gab aber nicht auf bei der Suche nach ihrem verschwundenen Atom-U-Boot. »Eingeleitete Suchaktionen führten

Atom-U-Boot »Scorpion«.

Foto: US Navy

Das ozeanographische Vermessungsschiff »Mizar« entdeckte das Wrack der »Scorpion«.

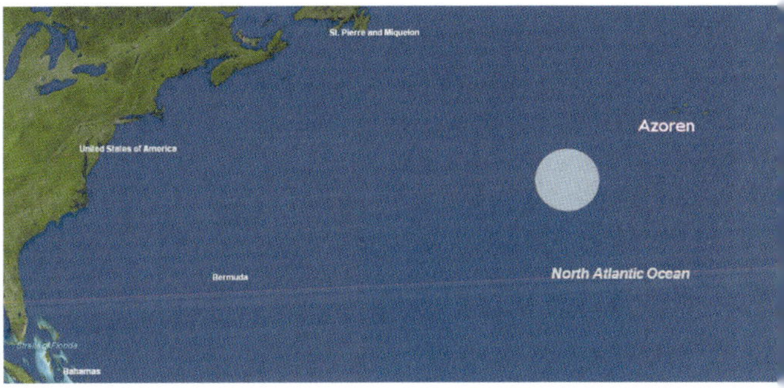

Die genaue Stelle, an der die »Scorpion« sank, wird von der US Navy geheim gehalten. Das Wrack liegt ungefähr 400 Seemeilen südwestlich der Azoren am Rande der Sargassosee.

schließlich fünf Monate später zum Erfolg. Das ozeanographische Vermessungsschiff »Mizar« entdeckte das Wrack der »Scorpion« am 29. Oktober 1968 etwa 360 Seemeilen südwestlich der Azoren in 3300 m Tiefe liegend. Es war in zwei Teile zerbrochen. Der Turm und der Propeller hatten sich vom Rumpf gelöst. Über die Ursache der Katastrophe, die 99 Menschenleben forderte, liegen nur Spekulationen vor.« schreibt Harald Bendert in seinem Buch »Tragödien unter Wasser« auf den Seiten 215/216.

In den Jahren 1969 und 1985 erfolgten jeweils gründlich Erforschungen mit Tieftauchbooten. Dies geschah unter hoher Geheimhaltung und auch falschen Hinweisen, um die tatsächlichen von der amerikanischen Marine in Auftrag gegebenen Aktivitäten zu verschleiern. Erst nachdem Zeitungen über das Geschehen im Atlantik berichteten gab man zu, dass die Missionen mit der »Scorpion« zusammenhingen und veröffentlichte notgedrungen einige der auf den Tauchgängen gemachten Bilder.

Der Grund für den Untergang der »Scorpion« konnte nie eindeutig geklärt werden oder, falls er doch herausgefunden wurde, wird er von der US Navy aus Geheimhaltungsgründen nicht bekannt gegeben. Heute gilt unter Fachleuten ein Brand in einer Torpedobatterie, welcher den Gefechtskopf gezündet hat, als wahrscheinlichste Ursache. Als relativ unwahrscheinlich wird hingegen die Tatsache angesehen, dass ein mechanischer Fehler an Bord zum Untergang führte. Zu den möglichen Ursachen zählen hierbei unter anderem Gaslecks, Wassereinbruch oder Feuer.

Die sechs Atom-U-Boote der »Skipjack«-Klasse stellten in den Jahren 1959 bis 1961 in Dienst. Sie waren eine Einhüllen-Konstruktion und die ersten Einheiten, die in der Formgebung mit einem für die Unterwasserfahrt optimierten Rumpf gebaut wurden. Damit erreichten sie eine deutlich höhere Unterwassergeschwindigkeit als ihre Vorgänger. An Bewaffnung verfügten sie allerdings nur über Torpedos.

»Scorpion«	
Schiffstyp	Atom-U-Boot
Bauwerft	Electric Boat Cooperation, Groton, USA
Eigner	US Navy
Stapellauf	19. Dezember 1959
Verdrängung (↑/↓) (t)	3075 / 3515
Länge × Breite × Tiefgang (m)	76,70 × 9,60 × 8,50
Tauchtiefe (m)	300
Besatzungsstärke	114
Antrieb	1 × Druckwasserreaktor, 2 × Dampfturbine
Antriebsleistung (PS)	2 × 7500
Wellen	1
Geschwindigkeit (↑/↓) (kn)	18 / 30
Bewaffnung	6 × 53,3 cm-Torpedorohre

»San Juan«

U-Boot, Argentinien

Am 13. November 2017 brach das argentinische U-Boot »San Juan« von Ushuaia an der Südspitze von Argentinien zu einer Routinefahrt entlang der Ostküste des Landes auf. Der Zielhafen war Mar del Plata. Das U-Boot war mit einer 44-köpfigen Besatzung unterwegs. Es meldete sich zuletzt am 15. November 2017 von einer Position 240 Seemeilen östlich der argentinischen Küste. Das Wetter war zu diesem Zeitpunkt äußerst schlecht. Es herrschte ein Seegang von sieben bis zehn Meter Wellenhöhe.

Der Kommandant hatte an diesem Tag bereits um 00:30 Uhr seinem Befehlshaber über Satellitentelefon gemeldet, dass Wasser über den Schnorchel in den vorderen Batterieraum Nr. 3 eingedrungen sei und dort zu einem Brand mit Rauchentwicklung geführt habe. Beides habe man unter Kontrolle gebracht, die vorderen Teilbatterien 3 und 4 abgeklemmt und fahre nun mit den beiden hinteren Teilbatterien 1 und 2 getaucht weiter. Um 07:30 Uhr rief der Kommandant erneut und zum letzten Mal über Satellitentelefon an und meldete, das Boot setze die Reise planmäßig getaucht fort, die Besatzung sei wohlauf.

Da sich die »San Juan« nicht wie vorgeschrieben innerhalb von 48 Stunden erneut gemeldet hatte, erklärten die argentinischen Seestreitkräfte das Boot am 17. November 2017 als vermisst. Es begann eine internationale Suchaktion. Koordiniert wurde diese vom International Submarine Escape and Rescue Liaison Office (ISMERLO).

Das ISMERLO ist eine in Großbritannien ansässigen Dienststelle der NATO, die internationale Such- und Rettungseinsätze für U-Boote koordiniert. Sie wurde 2003 nach der Katastrophe des russischen U-Boots »K-141 Kursk« gegründet. Ihr Zweck ist es, einen internationalen Verbindungsdienst bereitzustellen, um bei U-Bootunfälle in Friedenszeiten schnell und weltweit reagieren zu können.

Die Suche wurde in den ersten Tagen durch die schlechten Wetterverhältnisse in dem für die U-Bootsuche in Frage kommenden Seegebiet erschwert. Schiffe mit technisch guten Sonaranlagen verfolgten die Strecke, die die »San Juan« vermutlich gefahren sein musste. Bis zum 19. November betei-

U-Boot »San Juan«.

ligten sich mehr als ein Dutzend Flugzeuge und Schiffe aus Argentinien, den USA, Großbritannien, Chile und Brasilien an der im Endeffekt aber ergebnislos verlaufenden Suche, die sich über 480.000 Quadratkilometer erstreckt hatte.

Wie erst am 23. November bekannt wurde, hatten zwei Unterwasserhorchstationen an jenem 15. November um 10:59 Uhr, also dreieinhalb Stunden nach dem oben genannten letzten Telofonkontakt, ein Geräusch geortet, das die Charakteristika einer Explosion besaß.

Am 30. November 2017 beendete die argentinische Marine die Suche und erklärte die 44 Personen auf der »San Juan« offiziell für tot. Um das Verschwinden des U-Bootes aufzuklären, wurde aber zunächst weiterhin nach ihm gesucht. Ebenfalls wieder ohne Erfolg. Die Suche wurde im Januar 2018 endgültig eingestellt.

Angehörige der Besatzungsmitglieder demonstrierten seitdem jeden Monat in Buenos Aires für eine Fortführung der Suche. Die Regierung nahm daraufhin im August 2018 ein Angebot der Bergungsfirma Ocean Infinity an, bis zu 60 Tage auf eigenes finanzielles Risiko nach dem Boot zu suchen. Lediglich im Fall der Ortung der »San Juan« sollte Argentinien gemäß dem Abkommen 7,5 Millionen US-Dollar an das Unternehmen zahlen. Der Vertrag war also ein in der Schlepp- und Bergeschifffahrt übliches vertragliches Verfahren nach dem Motto »No cure, no pay«.

»San Juan«	
Schiffstyp	U-Boot
Bauwerft	Nordseewerke, Emden, Deutschland
Eigner	argentinische Marine
Stapellauf	13. Juni 1983
Verdrängung (↑/↓) (t)	2116 / 2264
Länge × Breite × Tiefgang (m)	66,00 × 7,30 × 6,50
Tauchtiefe (m)	300
Besatzungsstärke	26
Antrieb	4 × Dieselmotor, 1 × Elektro-Fahrmotor
Antriebsleistung (PS)	4 × 1495, 1 × 8975
Wellen	1
Geschwindigkeit (↑/↓) (kn)	15 / 25
Fahrstrecke (↑/↓) (sm / kn)	12.000 / 8 – 460 / 6
Bewaffnung	6 × 53,3 cm-Torpedorohre

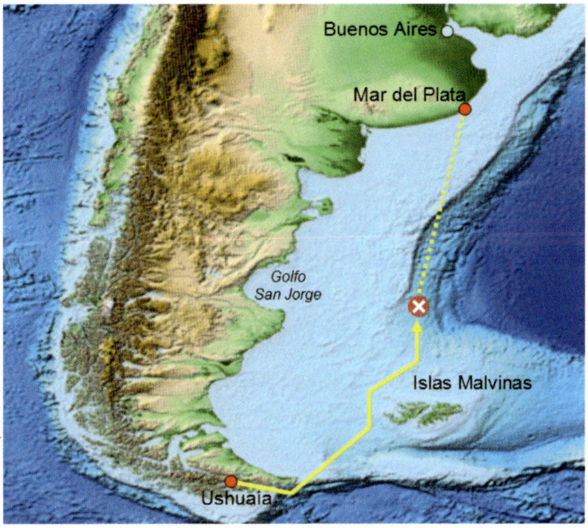

Die Wegstrecke und der Unfallort des U-Bootes »San Juan« im November 2017.

Am 17. November 2018, zwei Tage nach dem ersten Jahrestag des Verschwindens der »San Juan« und kurz vor Ablauf der für die Suche vereinbarten 60-Tage-Frist, gab die argentinische Marine bekannt, dass Ocean Infinity das U-Boot geortet habe. Die Fundstelle befindet sich etwa 250 Seemeilen östlich des Golf San Jorge auf der Position 45° 57' S und 59° 46' W. Das Wrack der »San Juan« liegt in einer Tiefe von 900 m. Das Heben des Wracks wäre aber ein Multimillionen-Dollar-Projekt, Geld, das in Argentinien weder die Marine, noch der Staat ausgeben kann.

Die Ursache für den Untergang der »San Juan« können nicht mehr aufgeklärt werden Es bleiben nur Spekulationen. Womöglich rührt die um 10:59 Uhr aufgezeichnete Explosion daher, dass sich in den abgeklemmten und vermutlich nicht mehr ausreichend belüfteten Batterieräumen Wasserstoffgas gebildet hat und es möglicherweise zu einer Knallgasexplosion gekommen ist.

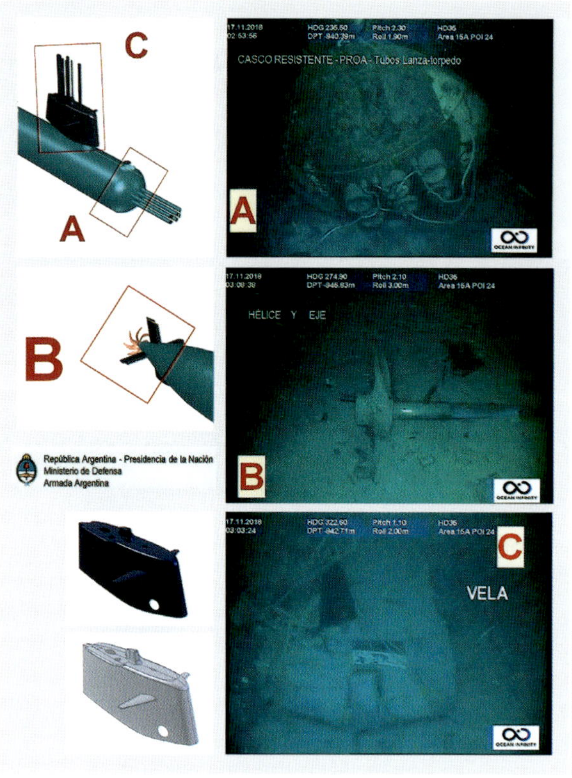

Fotos: argentinische Marine

Von der argentinischen Marine freigegebene Bilder vom Wrack des U-Bootes »San Juan«.

Das U-Boot »San Juan« wurde in Deutschland gebaut. Die Nordseewerke in Emden erhielten von der argentinischen Marine den Auftrag zum Bau und Lieferung von zwei U-Booten der Klasse TR 1700. Am 18. Oktober 1984 und 18. November 1985 stellten die beiden Boote als »Santa Cruz« und »San Juan« in Dienst. Die U-Boote sind eine Einhüllen-Konstruktion, das heißt: Der Druckkörper ist zugleich auch die Außenhülle des Bootes. Die als reines Hochseeboot ausgelegte »Santa Cruz«-Klasse überzeugt durch hohe Unterwassergeschwindigkeit und recht große Tauchtiefe. In den Jahren 1999 bis 2001 wurde die »Santa Cruz« umfassend überholt. Zehn Jahre später erfolgte auf der »San Juan« ebenfalls eine umfangreiche Grundüberholung. Bei diesen Maßnahmen wurde auf beiden Booten unter anderem die Antriebsanlage erneuert und die Sonarsysteme aufgerüstet.

»Nanggala«

U-Boot, Indonesien

Am 21. April 2021 ging nach letzter Funkverbindung gegen 03:00 Uhr der Kontakt zu dem indonesischen U-Boot »Nanggala« unter ungeklärten Umständen verloren. Es befand sich auf einer Routinefahrt und bei einem Torpedoschießabschnitt in der Javasee rund 50 Seemeilen nördlich von Bali. An Bord waren 53 Personen. Ausgelegt ist die »Nanggala« jedoch nur für lediglich 33 Besatzungsmitglieder. Die Meerestiefe beträgt dort 500 bis 700 m.

Foto: US Navy

Das U-Boot »Naggala« auf einer Abbildung vom August 2015.

Am selben Tag teilte das indonesische Verteidigungsministerium mit, dass Hubschrauber einen Ölfleck in dem Seegebiet entdeckt hätten, in dem sich das U-Boot vor dem Kontaktabbruch aufhielt. Von der indonesischen Marine wurde ferner erklärt, dass die Sauerstoffreserven für einen dreitägigen Tauchgang ausreichten und der Sauerstoff somit voraussichtlich nach 72 Stunden aufgebraucht sei. »Das Boot ist für Tiefen von 250 bis 500 m ausgelegt«, erklärte die indonesische Marine. »Alles, was darüber hinausgeht, ist gefährlich.« Experten schlossen allerdings nicht aus, dass das U-Boot schon auseinandergebrochen ist. (Anm. d. Verf.: 250 m = Betriebstauchtiefe, 500 m = Zerstörungstauchtiefe)

Die indonesischen Seestreitkräfte leiteten umgehend eine groß angelegte Such- und Rettungsaktion ein. Es war ein Wettlauf gegen die Zeit, bei dem praktisch jede Minute zählte. Singapur und Australien wurden um Unterstützung bei der Suche nach der vermissten »Nanggala« gebeten.

Mit der im Juli 2009 in Dienst gestellten »Swift Rescue« der singapurischen Marine setzte sich bereits am 21. April 2021 ein U-Bootrettungsschiff zur letztbekannten Position der »Nanggala« in Bewegung. Auch Australien, die USA, Malaysia und Indien unterstützten bei der Suche mit Schiffen und Flugzeugen bzw. setzten diese in Marsch.

Am 24. April wurden Teile des U-Bootes vor der Küste von Bali gefunden. Die indonesische Marine änderte daraufhin den Status des U-Bootes von »Verschollen« auf »Gesunken«. Alle 53 Besatzungsmitglieder wurden daraufhin für tot erklärt. Zu den Funden gehörten eine Flasche mit Schmierstoff für das Sehrohr und eine Torpedohülle. »Die Objekte, die in der Nähe der letzten Ortung des U-Boots gefunden wurden, werden für Teile des U-Boots gehalten«, erklärte ein Sprecher der indonesischen Marine. »Die Teile hätten niemals ohne Druck aus dem U-Boot gelangen können.« Diese Aussagen deutet darauf hin, dass das U-Boot in großer Tiefe zerborsten sein könnte.

Foto: Howaldtswerke

Ein U-Boot der der »Cakra«-Klasse.

Am 25. April gelang einem ferngesteuerten Unterwasserfahrzeug der »Swift Rescue« das Auffinden des in drei Teilen auf dem Grund liegenden Wracks der vier Tage zuvor verschwundenen »Nanggala«. Das Wrack befindet sich in einer Tiefe von 838 m – also weit unter der zugelassenen maximalen Tauchtiefe von 500 m – auf der Position 7° 48' 56" S und 114° 51' 20" O. Militärexperten hatten ohnehin von Anfang an befürchtet, dass das U-Boot zerbrochen sein könnte und in einer sehr großen Wassertiefe liegen würde.

»Nanggala«	
Schiffstyp	U-Boot
Bauwerft	Howaldtswerke, Kiel, Deutschland
Eigner	indonesische Marine
Stapellauf	10. September 1980
Verdrängung (↑/↓) (t)	1285 / 1390
Länge × Breite × Tiefgang (m)	59,50 × 6,30 × 5,40
Tauchtiefe (m)	250
Besatzungsstärke	33
Antrieb	4 × Dieselmotor, 1 × Elektro-Fahrmotor
Antriebsleistung (PS)	4 × 600, 1 × 5000
Wellen	1
Geschwindigkeit (↑/↓) (kn)	11,0 / 21,5
Fahrstrecke (sm / kn)	
Fahrstrecke (↑/↓) (sm / kn)	8200 / 8 – 400 / 4
Bewaffnung	8 × 53,3 cm-Torpedorohre

Fotos: Hans Karr

Die offiziell in Singapur als Submarine Support and Rescue Vessel (SSRV) bezeichnete »Swift Rescue« auf ihrem Liegeplatz in der Changi Naval Base in Singapur.

Bis zum 18. Mai hatte die Bergungsmannschaft unter anderem zwei Rettungsflöße geborgen. Nach einem fehlgeschlagenen Versuch mit dem Turm einen Teil des U-Boots zu bergen, wurden weitere Bergungsversuche aufgegeben.

Zu den Ursachen des U-Bootverlustes kann man nur auf Basis von Spekulationen eine Aussage machen. Hierzu gibt es mehrere Theorien, die als Hauptursachen in Betracht gezogen werden können:

- **Stromausfall:** Ein möglicher Stromausfall während des Tauchgangs könnte dazu geführt haben, dass die Besatzung die Kontrolle über das U-Boot verlor und nicht mehr auftauchen konnte.
- **Wassereinbruch:** Ein Wassereinbruch könnte ebenfalls zu einem Kontrollverlust und dem Untergang des U-Boots geführt haben.
- **Materialermüdung:** Das Alter und der Zustand des U-Boots, das bereits seit 1981 im Einsatz war, könnten ebenfalls eine Rolle gespielt haben. Dagegen spricht jedoch die Tatsache, dass die »Nanggala« zwischenzeitlich grundlegend überholt wurde (siehe unten).
- **Menschliches Versagen:** Es ist auch möglich, dass menschliches Versagen eine Rolle gespielt hat, obwohl dies nicht als Hauptursache angesehen werden kann.
- **Sogwirkung durch Unterwasserwellen:** Sogenannte interne Wellen, die eine starke Sogwirkung erzeugen können, könnten ebenfalls zum Untergang beigetragen haben. Interne Wellen sind Schwerewellen an inneren Dichtestufen in Gewässern. Niederfrequente interne Wellen werden auch als interne Gezeiten bezeichnet.
- **Kombination von Schwächen:** Am wahrscheinlichsten ist eine Verkettung von Faktoren wie Alter, Überlastung, unklare Wartung, technischer oder elektrischer Ausfall sowie Drucküberlastung, die zur Katastrophe geführt haben.

Im Bestand der indonesischen Marine befanden sich zwei U-Boote der Klasse 209-1300, die bei den Howaldtswerken in Kiel gebaut wurden. Bei einer Doppeltaufe am 10. September 1980 erhielten sie die Namen »Cakra« und »Nanggala«. Ihre Indienststellungen fanden am 19. März und 7. Juli 1981 statt.

Ab Mitte der 1980er Jahre wurden beide Boote nacheinander in Kiel überholt und auf den neuesten Stand der Technik gebracht. Die Arbeiten waren 1989 abgeschlossen. Eine weitere Werftzeit durchliefen die Boote in 1993 und 1999 in Indonesien.

Nochmalige Modernisierungsmaßnahmen erfolgten von 2004 bis 2006 für »Cakra« und 2010 bis 2012 für »Nanggala«. Diese Werftzyklen durchliefen die Boote in Südkorea. Neben der Überholung der Antriebsanlagen kamen ein neues Führungs- und Waffeneinsatzsystem, neue Sonaranlagen und modernere Elektronik zum Einbau. Ebenso fanden schiffbauliche Arbeiten statt.

Die Einhüllen-U-Boote der Klasse 209 sind hochseefähig, können aber auch in Küstengewässern eingesetzt werden. Sie wurden in mehreren Varianten in zahlreiche Länder, so auch nach Indonesien als Typ 209-1300, exportiert. Bei einigen der U-Bootkunden wurden sie als Lizenzbauten mit deutscher Unterstützung auf für den U-Bootbau qualifizierten Werften im eigenen Land hergestellt.

8 Verschollen auf See

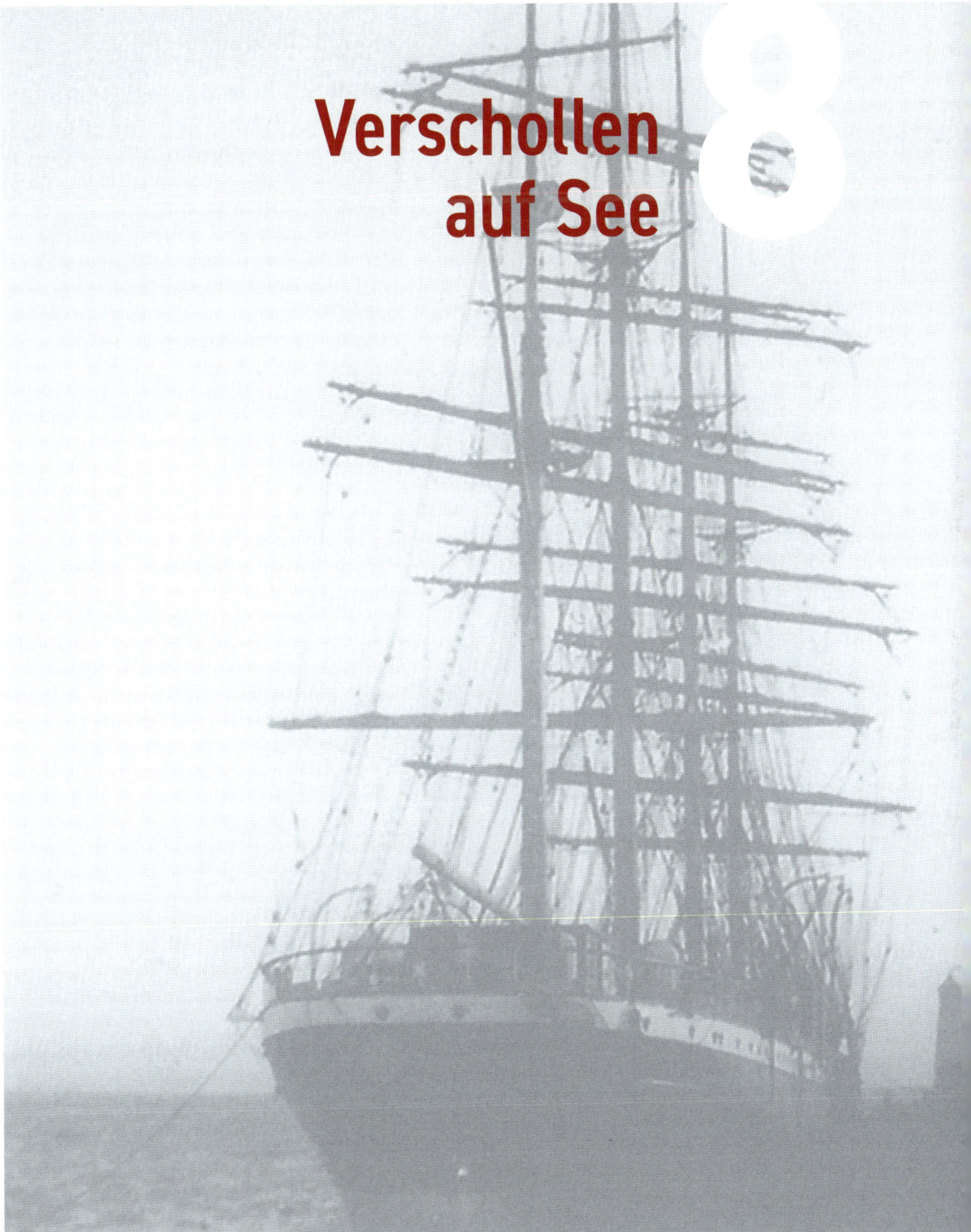

»Cyclops«

Versorgungs- und Kohleschiff, USA

Das Versorgungs- und Kohleschiff der amerikanischen Marine »Cyclops stellte am 7. November 1910 als vierte und letzte Einheit der »Proteus«-Klasse in Dienst. Offiziell wurden dies Schiffsklasse als » Fleet Collier« bezeichnet. Sie kamen im Ersten Weltkrieg bei der Versorgung amerikanischer Kriegsschiffe zum Einsatz.

Nachdem die »Cyclops« planmäßig eine Kohleversorgung vor der brasilianischen Küste durchgeführt hatte, trat sie am 16. Februar 1918 von Rio de Janeiro aus die Rückreise nach den Vereinigten Staaten an mit Zielhafen Baltimore in Maryland. Sozusagen als Rückfracht waren rund 10.800 t Manganerz sowie zusätzliche 1000 t Kohle an Bord. Damit war das Schiff an seiner Beladungsgrenze angekommen und lag 15 Zoll tiefer im Wasser, als es laut Freibordmarke und Lademarke haben durfte.

Bereits vor dem Auslaufen hatte der Kommandant gemeldet, dass sich an der Dreifach-Expansionsdampfmaschine auf der Steuerbordseite Risse zeigen würden und dass ein Zylinder der Maschine ausgefallen sei. Die Höchstgeschwindigkeit des Schiffes von 14,5 kn hatte sich wegen dieser Schäden auf nur noch 10 kn reduziert.

Trotz voller Beladung und der offenkundig nicht einwandfrei funktionierenden Dampfmaschine erhielt die »Cyclops« den Befehl den Rückmarsch durchzuführen. Eine Überholung und Reparatur sollten dann nach Ankunft in den Vereinigten Staaten erfolgen.

Nach einem kurzen Zwischenstopp im brasilianischen Bahia am 20. / 21. Februar 1918 lief die «Cyclops« am 3. März außerplanmäßig Bridgetown auf Barbados an. Dort übernahm das Schiff noch 180 t an Vorräten und 600 t Bunkerkohle. Es verließ am 4. März 1918 wieder den Hafen, obwohl es sich weder technisch noch beladungsmäßig in einem einwandfreien Zustand befand. Das war die letzte Spur der »Cyclops«, die ihre Ankunft in Baltimore für den 13. März 1918 angekündigte hatte. Doch sie traf dort nie ein.

Am 23. März wurde die Marinedienststelle von Charleston in South Carolina angewiesen, die »Cyclops« so lange auf den Fernmeldewegen zu rufen, bis sie geantwortet habe. Um Folgetag wurde Fehlanzeige gemeldet. Mit der »Cyclops« war keine Verbindung zu Stande gekommen. Die Sorge um das Schiff wuchs. Eine umfangreiche Suchaktion wurde in die Wege geleitet, die bis Mai fortgesetzt wurde, aber keine Ergebnisse brachte.

Von dem Schiff, der Besatzung und den an Bord eingeschifften Passagieren – insgesamt 308 Personen – fehlte seit dem 4. März

Foto: Bain News Service

Versorgungs- und Kohleschiff »Cyclops«.

Fotos: Naval History & Heritage Command

Versorgungs- und Kohleschiff »Cyclops«.

jede Spur. Ein Wrack, Trümmerteile, Rettungsboote, Überlebende oder gar Leichen wurden trotz zahlreicher Suchaktionen nie gefunden. Die Verlustursache sowie Zeit und Ort des Unterganges sind unbekannt. Das Schiff gilt offiziell als verschollen.

Der Untergang der »Cyclops« wurde – insbesondere von der Presse – mit einem deutschen U-Bootangriff in Verbindung gebracht. Allerdings war im Ersten Weltkrieg das von der »Cyclops« befahrene Seegebiet kein Einsatzraum der deutschen U-Boote. Ebenso lässt sich an Hand der deutschen U-Bootakten diese Behauptung klar und eindeutig widerlegen. Auch wurde spekuliert, dass der deutschstämmige Kommandant der »Cyclops« zum Kriegsgegner übergelaufen sei und die »Cyclops« nach Deutschland gebracht hätte, was ebenfalls nicht stimmte.

Vermutlich ist die offenkundig überladene und mit einer technisch nicht voll funktionsfähigen Antriebsanlage ausgelaufene »Cyclops« Anfang März in eine starke Sturmfront geraten. Möglicherweise hat der Rumpf des schwer beladenen Schiffes diesen Wetterbedingungen nicht mehr standgehalten und ist auseinandergebrochen.

Denkbar ist aber auch ein völliger Maschinenausfall und in Folge das Querschlagen des antriebslosen Schiffes in der hochgehenden See, was wiederum zum Kentern geführt haben könnte.

Ebenso wäre es möglich gewesen, dass die Ladung in den wegen des schweren Manganerzes nicht voll befüllten Laderäumen verrutschte, eine Schlagseite verursachte und es damit zur Instabilität und zum Sinken des Schiffes gekommen ist.

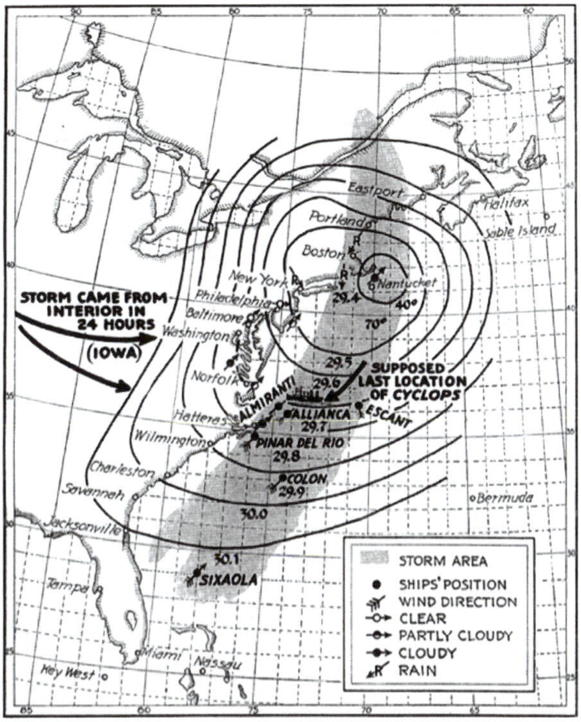

Wetterkarte der amerikanischen Ostküste von Anfang März 1918 als sich die »Cyclops« in diesem Gebiet aufgehalten haben muss.

»Cyclops«	
Schiffstyp	Versorgungs- und Kohleschiff
Bauwerft	William Cramp and Sons, Philadelphia, Pennsylvania, USA
Eigner	US Navy
Stapellauf	7. Mai 1910
Verdrängung (t)	19.360
Länge × Breite × Tiefgang (m)	165,20 × 19,20 × 8,53
Besatzungsstärke	158
Antrieb	2 × Dampfmaschine
Antriebsleistung (PS)	2 × 3350
Wellen	2
Geschwindigkeit (kn)	14,5

Der Untergang der »Cyclops« wird auch häufig mit dem Bermuda-Dreieck in Verbindung gebracht. Hierbei handelt es sich um ein Seegebiet im westlichen Atlantischen Ozean, das durch die Eckpunkte Bermuda-Inseln, Südspitze von Florida und Puerto Rico begrenzt wird. Seit Jahrzehnten ist es immer wieder Gegenstand von Legenden und Spekulationen. Es ranken sich Geschichten um unerklärliches Verschwinden von Schiffen und Flugzeugen, die zu der Annahme geführt haben, dass es dort übernatürliche Kräfte oder Phänomene gibt. Viele der mit dem Bermuda-Dreieck in Zusammenhang gebrachten Fälle konnten jedoch durch menschliches Versagen, Wetterbedingungen oder technische Probleme erklärt werden. Es gibt keine wissenschaftlichen Beweise für übernatürliche oder paranormale Aktivitäten im Bermuda-Dreieck.

Die Untersuchungskommission der US Navy nimmt in ihrem Bericht zum Verlust der »Cyclops« wie folgt Stellung: »Der Verlust dieses Schiffes gehört zu den verwirrendsten Rätseln in der Geschichte der Flotte. Alle Versuche, die »Cyclops« zu orten, sind fehlgeschlagen. Unter den vielen Theorien, die vorgebracht wurden, ist keine, die den Verlust befriedigend erklären kann.«

Letztendlich wurde die Vermutung, dass die schwere Ladung des Manganerzes bei einer stürmischen Wetterlage plötzlich übergegangen ist und das Schiff zum Kentern brachte, als die wahrscheinlichste aller diskutierten Ursachen für den Verlust der »Cyclops« angesehen.

Der Seeunfall des Versorgungs- und Kohleschiffes »Cyclops« ist in der amerikanischen Marinegeschichte der bislang größte Verlust von Seeleuten außerhalb von Kampfhandlungen. Die beiden Schwesterschiffe »Proteus« und »Nereus« verschwanden im Zweiten Weltkrieg ebenso, als sie statt Kohle ebenfalls Erz transportierten. Auch bei diesen Schiffen konnte die Verlustursache nicht mit Sicherheit eruiert werden. ▶|

»København«

Fünfmastbark, Dänemark

Die Fünfmastbark »København« der A/S Det Østasiatiske Kompagni København war am 11. September 1928 aus Kopenhagen ausgelaufen. Die Reise ging zunächst nach Buenos Aires, wo die an Bord befindliche Ladung gelöscht wurde. Dort fand sich aber keine Folgefracht für das eigentliche Ziel Australien, wo man im Spencer Golf mit einer Getreideladung für Europa sicher rechnen konnte.

Unter korrekt und sicher gestautem Ballast – neben Wasser auch 700 t Sand – verließ das Schiff am 14. Dezember 1928 die La-Plata-Mündung. An Bord befanden sich 60 Mann Besatzung, darunter 45 Kadetten.

Die letzten verzeichneten Kontakte waren am 17. Dezember mit dem Dampfer »Arizona« 400 Seemeilen östlich von Montevideo und am 21. oder 22. Dezember 1928 mit der »City of Auckland« sowie mit dem norwegischen Dampfer »William Blumer« der Reederei C. H. Sørensen in Arendal.

Demnach war an Bord alles wohl auf. Rund 1000 Seemeilen hatte die Fünfmastbark bis dahin zurückgelegt. Auf der sogenannten Westwindroute – den Roaring Forties

Foto: Allan C. Green

Die Fünfmastbark »København« unter Vollzeug.

– hätte man in gut 55 Tagen Australien erreichen können. Nach einer anderen Quelle war die Reise rund um Kap Horn vorgesehen.

Danach hatte man von der als überaus seetüchtig geltenden »København« nichts mehr gehört. Über Funk hatte sich das Schiff auch nicht mehr gemeldet. In Australien kam es nie an. Man stand vor einem Rätsel. Niemand wollte glauben, dass das große stabile Schiff mit seiner hervorragend ausgebildeten Mannschaft spurlos verschwunden sein konnte.

Am 21. März 1929 wurde die Fünfmastbark »København« als überfällig erklärt. Die Reederei scheute keine Mühen und Kosten um das Schicksal ihres Seglers aufzuklären. Eine für diese Zeit beispiellose Suchaktion – überhaupt vielleicht die größte in dieser Region – wurde im Südatlantik bis in die Antarktis gestartet. Alle Schiffe, die auf dieser Route fuhren wurden gebeten Ausschau nach Wrackteilen und Rettungsbooten zu halten. Alle auf dem Weg liegenden Inseln und Seegebiete wurden nach Überlebenden oder Wrackteilen abgesucht. Doch eine Spur von dem Fünfmaster war nirgendwo zu finden. Nach einem Jahr gab man schließlich die äußerst intensiv durchgeführte Suche auf.

Zwischenzeitlich wurden im Oktober 1929 in der Seeamtsverhandlung zwei aber nicht nachweisbare Theorien für den Verlust des Schiffes angestellt. Zum einen könnte es bei Nacht oder schlechter Sicht zu einer Kollision mit einem Eisberg oder einem anderweitigen Hindernis gekommen sein. Zum anderen könnte ein plötzlich umspringender Wind in Sturmstärke, der von Lee kommend die Segel back gedrückt hätte – ein Bergen der Segel ist dann unmöglich – das in Ballast fahrende und damit höher im Wasser liegende Schiff zum Kentern gebracht haben.

Beide Unglücksvarianten sind bei den Wetterverhältnissen in dieser Gegend durchaus als realistisch anzusehen. Beide wären auch sehr schnell über das Schiff hereingebrochen, so dass keine Möglichkeit bestanden hätte noch eine SOS-Notmeldung zu funken. Beweisen lässt sich weder die eine noch die andere Version zum Unglück. Was auch immer geschah, es musste plötzlich über die Fünfmastbark gekommen sein.

Die Fünfmastbark »København« in schwerem Wetter.

Die dänische Fünfmastbark »København« ist der siebte und letzte der weltweit gebauten Fünfmastfrachtsegler. Er hat eine etwas ungewöhnlich Baugeschichte. Beauftragt wurde das Schiff von der Reederei A/S Det Ostasiatiske Kompagni København in Kopenhagen. Bauwerft war Ramage & Ferguson im schottischen Leith. Dort lief der Rumpf 1914 vom Stapel. Durch den Ausbruch des Ersten Weltkrieges kam es zum Baustopp und England beschlagnahmte das im Ausbau befindliche Schiff. Unter dem Namen »Black Dragon« diente der unfertige Segler in Gibraltar als Hulk. Der Auftrag an die Werft blieb jedoch weiterhin bestehen, so dass nach dem Krieg ein neues Schiff auf Kiel gelegt wurde. Am 24. März 1921 lief dann der zweite Rumpf vom Stapel und erhielt den Namen »København«.

»København«	
Schiffstyp	Fünfmastbark
Bauwerft	Ramage & Ferguson, Leith, England
Eigner	A/S Det Østasiatiske Kompagni København, Kopenhagen, Dänemark
Stapellauf	24. März 1921
Vermessung (BRT)	3901
Länge × Breite × Tiefgang (m)	131,94 × 14,94 × 8,14
Besatzungsstärke	15 + 45
Segelanzahl / Segelfläche (m²)	43 / 4644
Antrieb	1 × Dieselmotor
Antriebsleistung (PS)	1 × 508
Wellen	1
Geschwindigkeit (kn)	16 (Segel), 6 (Motor)

Die Fünfmastbark »København« war mit einem Dieselmotor ausgerüstet, der ihr allerdings mit seinen 508 PS nur eine mäßige Geschwindigkeit von sechs Knoten ermöglichte. Dem standen bei gutem Wind unter Segeln 16 kn gegenüber.

Als Frachtsegler konnte die »København« 5000 t laden und diente zugleich für den Offiziersnachwuchs als Schulschiff. Das Schiff kam weltweit zwischen Europa, Südamerika, Ostasien und Australien zum Einsatz. Insgesamt machte es neun Reisen, davon einige Weltumsegelungen, bevor es Anfang 1929 auf der zehnten Fahrt verschollen ist.

»Admiral Karpfanger«

Viermastbark, Deutschland

Am 19. Juli 1937 erwarb die Hamburg-Amerikanische Packetfahrt-Actien-Gesellschaft (Hamburg-Amerika-Linie oder kurz HAPAG) die Viermastbark »L'Avenir« von dem finnischen Segelschiffsreeder Gustaf Erikson. Die Reederei wollte die Viermastbark als Schulschiff für ihren nautischen Offiziersnachwuchs nutzen. Das Schiff wurde grundüberholt und in »Admiral Karpfanger« umbenannt.

Am 20. September 1937 trat die Viermastbark ihre erste Ausbildungsreise an, um in Port Germein in Australien Getreide zu laden. An Bord befanden sich 16 Mann Stammbesatzung und 44 Offizieranwärter. Am 6. Januar 1938 erreichte die »Admiral Karpfanger« ihren Zielhafen.

Bereits am 8. Februar 1938 begann mit einer Ladung von 42.549 Sack Weizen im Gesamtgewicht von 3502 t die Rückreise nach Europa. Als Orderhafen standen zu diesem Zeitpunkt Falmouth, Plymouth oder Queenstown zur Disposition. Als Reiseweg war die für Segelschiffe allgemein übliche Ostroute rund Kap Hoorn vorgesehen. Als Reisedauer wurden 3 ½ Monate veranschlagt. Anzumerken ist noch, dass man während der Hafenliegezeit versucht hatte die ständig streikenden Hilfsdieselmotoren zu reparieren, was zunächst auch gelang, aber nicht von anhaltender Dauer war.

Einen Tag nach Auslaufen erhielt die Reederei folgendes Funktelegramm von ihrem Schiff: »Segelten am Dienstag um 22:00 Uhr von Port Germein. Dieselmotor und Kühlmaschine in schlechtem Zustand. Zusammengebrochen und nicht zu reparieren. Drahtlose Telegraphie unzulänglich.« Es war damit fraglich, ob die »Admiral Karpfanger« wie von der Reederei angeordnet alle 14 Tage ihren Standort melden konnte.

Am 1. März 1938 erhielt die HAPAG über Norddeich Radio mit 51° S und 172° O die letzte Positionsmeldung der »Admiral Karpfanger«. Sie befand sich damit auf der üblichen Segelschiffsrou-

Foto: Allan C. Green

Viermastbark »L'Avenir«.

Foto: Archiv Autor

Die Viermastbark »Admiral Karpfanger« unter Vollzeug.

te zwischen Australien und Kap Hoorn mit Standort südlich von Neuseeland.

Am 12. März 1938 vermerkte das Funktagebuch von Norddeich Radio: »06:05 auf 24 m Quittung von DJTX erhalten«. DJTX war das Rufzeichen der »Admiral Karpfanger« von der nun kein weiteres Lebenszeichen mehr folgte. Das Schiff meldete sich nicht mehr und wurde auch von keinem anderen Schiff mehr gesichtet.

In den Monaten April und Mai wuchs zunehmend die Sorge um die Viermastbark. Am 1. Juli 1938 wurde von der Reederei eine radiotelegraphische Umfrage nach dem Verbleib des Schiffes eingeleitet. Diese blieb erfolglos. Die »Admiral Karpfanger« wurde weder gehört noch gesehen. Es begann in den Gewässern zwischen Australien und Kap Hoorn eine intensive aber leider ergebnislose Suche durch Handels- und Kriegsschiffe. In seemännischer Kameradschaft stellten die chilenische und argentinische Marine zur Suche Schiffe zur Verfügung. Deutsche und ausländische Walfanggesellschaften wurden gebeten Ausschau zu halten. Leider alles vergebens. Die Hoffnung auf ein Finden der Viermastbark »Admiral Karpfanger« begann zu schwinden.

Am 25. August 1938 gingen dann seitens der Reederei die Benachrichtigungen an die Angehörigen der Besatzung, in denen der Verlust des Schiffes und der Tod der gesamten Besatzung mitgeteilt wurde. Einen Tag später gab die HAPAG eine Pressemeldung heraus, in der nun auch die Öffentlichkeit auf den möglichen Verlust des Segelschiffes vor-

Die Viermastbark »Admiral Karpfanger« an der Pier in Port Germein. Das Foto ist vermutlich die letzte Aufnahme der »Admiral Karpfanger«.

bereitet werden sollte. Die zentrale Trauerfeier für die Besatzung fand dann am 5. September in der Hamburger Hauptkirche St. Michaelis statt.

Am 21. September 1938 wurde die »Admiral Karpfanger«, sie war jetzt über sieben Monate in See und seit drei Monate überfällig, offiziell als verschollen erklärt. Das Lloyd's Register in London meldete hierzu: »Viermastbark »Admiral Karpfanger« aus Hamburg, 2853 BRT, Kapitän Walker, am 8. Februar von Port Germein nach Falmouth, Plymouth oder Queenstown mit Weizen ausgelaufen, am 12. März mit Norddeich Radio in Funkverbindung, wurde heute von Lloyd's als verschollen erklärt.«

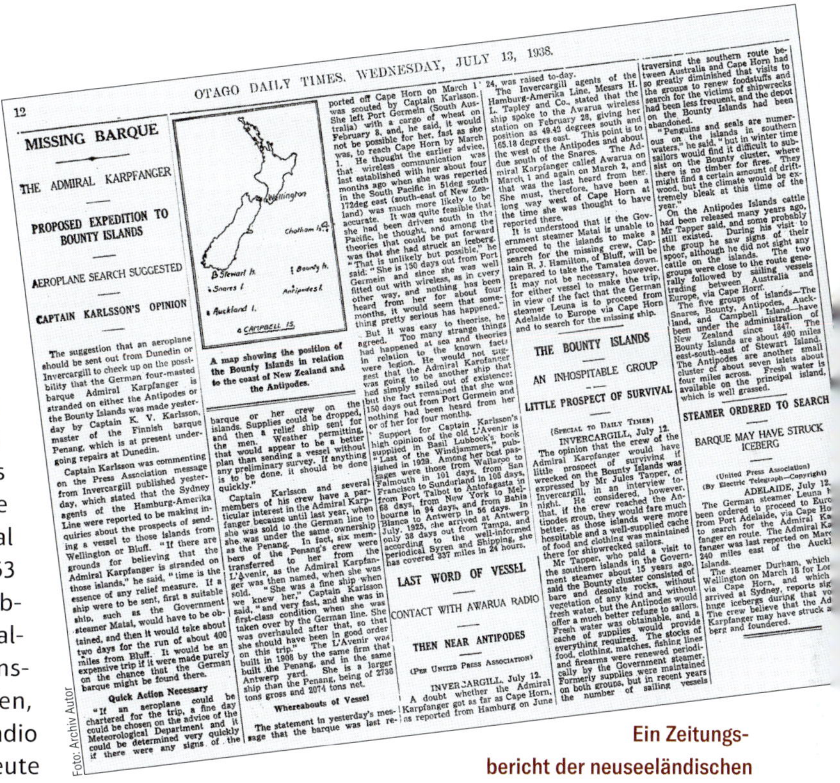

12 OTAGO DAILY TIMES. WEDNESDAY, JULY 13, 1938.

MISSING BARQUE

THE ADMIRAL KARPFANGER

PROPOSED EXPEDITION TO BOUNTY ISLANDS

AEROPLANE SEARCH SUGGESTED

CAPTAIN KARLSSON'S OPINION

The suggestion that an aeroplane should be sent out from Dunedin or Invercargill to check up on the possibility that the German four-masted barque Admiral Karpfanger is stranded on either the Antipodes or the Bounty Islands was made yesterday by Captain K. V. Karlsson, master of the Finnish barque Penang, which is at present undergoing repairs at Dunedin.

Captain Karlsson was commenting on the Press Association message from Invercargill published yesterday, which stated that the Sydney agents of the Hamburg-Amerika Line were reported to be making inquiries about the prospects of sending a vessel to those islands from Wellington or Bluff. "If there are grounds for believing that the Admiral Karpfanger is stranded on those islands," he said, "time is the essence of any relief measure. If a ship were to be sent, first a suitable ship, such as the Government steamer Matai, would have to be obtained, and then it would take about two days for the run of about 400 miles from Bluff. It would be an expensive trip if it were made purely on the chance that the German barque might be found there.

Quick Action Necessary

"If an aeroplane could be chartered for the trip, a fine day could be chosen on the advice of the Meteorological Department and it could be determined very quickly if there were any signs of the barque or her crew on the islands. Supplies could be dropped, and then a relief ship sent for the men. Weather permitting, that would appear to be a better plan than sending a vessel without any preliminary survey. If anything is to be done, it should be done quickly."

Captain Karlsson and several members of his crew have a particular interest in the Admiral Karpfanger because until last year, when she was sold to the German line to she was under the same ownership as the Penang. In fact, six members of the Penang's crew were transferred to her from the L'Avenir, as the Admiral Karpfanger was then named, when she was sold. "She was a fine ship when we knew her," Captain Karlsson said, "and very fast, and she was in first-class condition when she was taken over by the German line. She was overhauled after that, so that she should have been in good order on this trip." The L'Avenir was built in 1908 by the same firm that built the Penang, and in the same Antwerp yard. She is a larger ship than the Penang, being of 2738 tons gross and 2074 tons net.

Whereabouts of Vessel

The statement in yesterday's message that the barque was last reported off Cape Horn on March 1 was scouted by Captain Karlsson. She left Port Germein (South Australia) with a cargo of wheat on February 8, and, he said, it would not be possible for her, fast as she was, to reach Cape Horn by March 1. He thought the earlier advice, that wireless communication was last established with her about four months ago when she was reported in the South Pacific in 51deg south 172deg east (south-east of New Zealand) was much more likely to be accurate. It was quite feasible that she had been driven south in the Pacific, he thought, and among the theories that could be put forward was that she had struck an iceberg. "That is unlikely but possible," he said: "She is 150 days out from Port Germein and since she was well fitted out with wireless, as in every other way, and nothing has been heard from her for about four months, it would seem that something pretty serious has happened."

But it was easy to theorise, he agreed. Too many strange things had happened at sea and theories in relation to the known facts were legion. He would not suggest that the Admiral Karpfanger was going to be another ship that had simply sailed out of existence; but the fact remained that she was 150 days out from Port Germein and nothing had been heard from her or of her for four months.

Support for Captain Karlsson's high opinion of the old L'Avenir is supplied in Basil Lubbock's book "Last of the Windjammers," published in 1929. Among her best passages were those from Wallaroo to Falmouth in 101 days, from San Francisco to Sunderland in 105 days, from Port Talbot to Antofagasta in 68 days, from New York to Melbourne in 94 days, and from Bahia Blanca to Antwerp in 56 days. In July, 1925, she arrived at Antwerp only 38 days out from Tampa, and according to the well-informed periodical Syren and Shipping, she has covered 337 miles in 24 hours.

LAST WORD OF VESSEL

CONTACT WITH AWARUA RADIO

THEN NEAR ANTIPODES

(Per United Press Association)

INVERCARGILL, July 12.

A doubt whether the Admiral Karpfanger got as far as Cape Horn, as reported from Hamburg on June 24, was raised to-day.

The Invercargill agents of the Hamburg-Amerika Line, Messrs H. L. Tapley and Co., stated that the ship spoke to the Awarua wireless station on February 28, giving her position as 49.42 degrees south and 165.18 degrees east. This point is to the west of the Antipodes and about due south of the Snares. The Admiral Karpfanger called Awarua on March 1 and again on March 2, and that was the last heard from her. She must, therefore, have been a long way west of Cape Horn at the time she was thought to have reported there.

It is understood that if the Government steamer Matai is unable to proceed to the islands to make a search for the missing crew, Captain R. J. Hamilton, of Bluff, will be prepared to take the Tamatea down. It may not be necessary, however, for either vessel to make the trip, in view of the fact that the German steamer Leuna is to proceed from Adelaide to Europe via Cape Horn and to search for the missing ship.

THE BOUNTY ISLANDS

AN INHOSPITABLE GROUP

LITTLE PROSPECT OF SURVIVAL

(Special to Daily Times)

INVERCARGILL, July 12.

The opinion that the crew of the Admiral Karpfanger would have little prospect of surviving if wrecked on the Bounty Islands was expressed by Mr Jules Tapper, of Invercargill, in an interview tonight. He considered, however, that, if the crew reached the Antipodes group, they would fare much better, as those islands were more hospitable and a well-supplied cache of food and clothing was maintained there for shipwrecked sailors.

Mr Tapper, who paid a visit to the southern islands in the Government steamer about 15 years ago, said the Bounty cluster consisted of bare and desolate rocks, without vegetation of any kind and without fresh water, but the Antipodes would offer a much better refuge to sailors. Fresh water was obtainable, and a cache of supplies would provide everything required. The stocks of food, clothing, matches, fishing lines and firearms were renewed periodically by the Government steamer. Formerly supplies were maintained on both groups, but in recent years the number of sailing vessels traversing the southern route between Australia and Cape Horn had so greatly diminished that visits to the groups to renew foodstuffs and search for the victims of shipwrecks had been less frequent, and the depot on the Bounty Islands had been abandoned.

"Penguins and seals are numerous on the islands in southern waters," he said, "but in winter time sailors would find it difficult to subsist on the Bounty cluster, where there is no timber for fires. They might find a certain amount of driftwood, but the climate would be extremely bleak at this time of the year."

On the Antipodes Islands cattle had been released many years ago, Mr Tapper said, and some probably still existed. During his visit to the group he saw signs of their spoor, although he did not sight any cattle on the islands. The two groups were close to the route generally followed by sailing vessels trading between Australia and Europe, via Cape Horn.

The five groups of islands—The Snares, Bounty, Antipodes, Auckland, and Campbell Island—have been under the administration of New Zealand since 1847. The Bounty Islands are about 490 miles east-south-east of Stewart Island. The Antipodes are another small cluster of about seven islets about four miles across. Fresh water is available on the principal island, which is well grassed.

STEAMER ORDERED TO SEARCH

BARQUE MAY HAVE STRUCK ICEBERG

(United Press Association)
(By Electric Telegraph—Copyright)

ADELAIDE, July 12.

The German steamer Leuna h[...] been ordered to proceed to Euro[...] from Port Adelaide, via Cape Ho[...] to search for the Admiral Ka[...] fanger en route. The Admiral Ka[...] fanger was last reported on Mar[...] 240 miles east of the Auckl[...] Islands.

The steamer Durham, which [...] Wellington on March 18 for Lo[...] via Cape Horn, and which [...] arrived at Sydney, reports sig[...] huge icebergs during that vo[...] The crew believe that the Ad[...] Karpfanger may have struck a[...] berg and foundered.

A map showing the position of the Bounty Islands in relation to the coast of New Zealand and the Antipodes.

Foto: Archiv Autor

Ein Zeitungsbericht der neuseeländischen Otago Daily Times vom 13. Juli 1938 mit vielen Spekulationen und Fragen über den Verbleib der »Admiral Karpfanger«.

Am 19. Januar 1939 trat das Hamburger Seeamt zusammen, um über den Verlust des Schulschiffes und Viermastbark »Admiral Karpfanger« zu verhandeln und den Seeunfall zu untersuchen. Folgender Spruch wurde gefällt:

»Das Hamburger Segelschulschiff »Admiral Karpfanger« hat am 20. September 1937 Hamburg in Ballast verlassen, ist am 5. Januar 1938 in Port Germein angekommen und verließ es mit einer Weizenladung in Säcken am 8. Februar nach England. Durch Funktelegraphie wurden drei Positionsmeldungen gegeben, die letzte am 1. März. Das Schiff hat weiter am 12. März noch in drahtloser Verbindung mit Norddeich gestanden. Weitere Nachrichten vom Schiff sind ausgeblieben.

Im September 1938 sind in der Nähe von Kap Horn Schiffstrümmer gefunden worden. Einige davon sind einwandfrei als von der »Admiral Karpfanger« stammend festgestellt worden. Mit Rücksicht auf die inzwischen verstrichene Zeit und die Auffindung der Trümmer muss angenommen werden, dass dem Schiff ein Unfall in der Zeit nach dem 12. März auf dem Wege zum Kap Hoorn zugestoßen ist, der den Totalverlust des Schiffes und den Tod der aus 60 Mann bestehenden Mannschaft zur Folge hatte.

Die Ursache des Unfalls ist nicht ermittelt worden. Hierüber sind nur Vermutungen und keine bestimmten Feststellungen möglich. Fehler im Schiffsbetrieb, Mängel in der Bauart, in der Einrichtung, in der Ausrüstung und in der Beschaffenheit sowie in der Beladung oder in der Bemannung waren nicht festzustellen. Nach den Ermittlungen war das Schiff beim Verlassen von Port Germein seetüchtig, insbesondere haben sich keine Mängel in der Stauung der Ladung und der Stabilitätsverhältnisse ergeben.

Den an der späteren Nachsuche beteiligten Stellen, insbesondere der Besatzung des chilenischen Marinefahrzeuges »Galvarino«, gebühren Dank und Anerkennung.«

Im März 1939 wurden an der Küste der Kap Hoorn Region nochmals Gegenstände

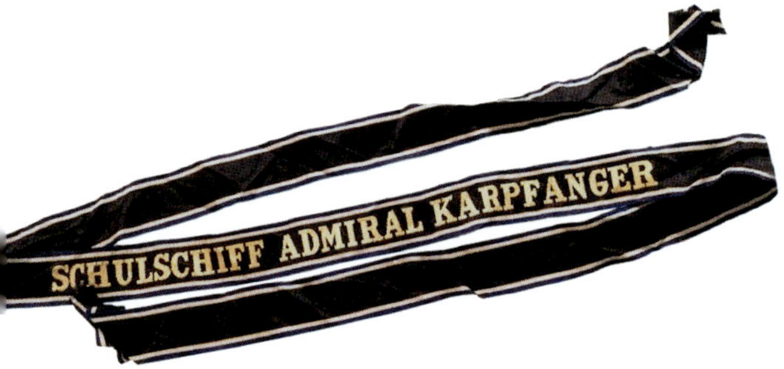

Das in Buenos Aires aufgetauchte Mützenband der »Admiral Karpfanger«. Foto Martin Schärfe / CC-BY-SA 3.0

angespült. Es handelte sich um einen Rettungsring und einen Fensterrahmen. Beides konnte eindeutig der »Admiral Karpfanger« zugeordnet werden. Im Sommer 2018 tauchte bei einem Antiquitätenhändler in Buenos Aires ein Mützenband der »Admiral Karpfanger« auf. Die ursprüngliche Herkunft des gut erhaltenen Bandes ist nicht bekannt.

Die wirklichen Umstände des Unglücks konnten auch im Laufe der Jahre nie aufgeklärt werden. Letztendlich bleiben nur Spekulationen, Vermutungen und Fragen, die keiner beantworten kann.

- War das Schiff in stürmischer See und steifer Westwindlage quergeschlagen?
- Ist die Ladung übergegangen und hat dadurch das Schiff zum Kentern gebracht?
- Hat es in der Nacht eine Kollision mit einem Eisberg, was in diesen Breiten gar nicht so abwegig gewesen wäre, gegeben?

»Admiral Karpfanger«	
Schiffstyp	Viermastbark
Bauwerft	Rickmers Werft, Geestemünde, Deutschland
Eigner	HAPAG, Hamburg, Deutschland
Stapellauf	2. Mai 1908
Vermessung (BRT)	2853
Länge × Breite × Tiefgang (m)	86,96 × 13,71 × 7,13
Besatzungsstärke	16 + 44
Segelanzahl / Segelfläche (m²)	30 / 3100
Antrieb	ohne
Geschwindigkeit (kn)	unbekannt

- Ist die »Admiral Karpfanger« in der Kap Hoorn Region auf ein Riff aufgelaufen und gesunken?
- Wurde vielleicht sogar das schon vielen Segelschiffen zum Verhängnis gewordene sogenannte Falsche Kap Hoorn (Falso Cabo de Hornos) angesteuert?

Man weiß es nicht und wird es auch vermutlich nie in Erfahrung bringen. Jedenfalls muss der Unfall so plötzlich eingetreten sein, dass keine Zeit mehr verblieb, um Rettungsboote auszusetzen und / oder, sofern technisch überhaupt noch möglich, einen Notruf zu senden.

Eine Gedenktafel im Portalbereich der Hamburger Hauptkirche St. Michaelis erinnert an die »Admiral Karpfanger« und an ihre auf See gebliebene 60 Mann starke Besatzung.

Die Viermastbark »Admiral Karpfanger« lief als belgisches Schulschiff »L'Avenir« auf der firmeneigenen Werft der Rickmers Reismühlen, Rhederei & Schiffahrts AG am 2. Mai 1908 in Geestemünde vom Stapel und wurde nach der Ablieferung als frachtfahrendes Schulschiff in der belgischen Handelsmarine genutzt. Im April 1932 kam es aufgrund der allgemein herrschenden schlechten wirtschaftlichen Verhältnisse zum Verkauf an den finnischen Segelschiffsreeder Gustaf Erikson, der die »L'Avenir« in der Weizenfahrt nach Australien einsetzte.

Nach dem Verkauf an die HAPAG, wurde, wie schon erwähnt, die Viermastbark grundlegend überholt. Sie war nun mit 2853 BRT – nach anderer Quelle 2738 BRT – vermessen. Die Gesamttragfähigkeit des Schiffes betrug 3700 t. Die nun in »Admiral Karpfanger« umbenannte Viermastbark führte 30 Segel mit einer Gesamtfläche von 3100 Quadratmeter. Zwei Dieselmotoren mit zusammen 38 PS dienten der Stromerzeugung für den Betrieb der elektrischen Ladewinden und der Pumpen sowie zum Betrieb des Bordnetzes mit dem Lichtnetz, der Funkanlage und der Kühlanlage. Allerdings machten die Dieselmotoren Probleme und die Stromversorgung war nicht immer gesichert. ▶|

»Marine Sulphur Queen«

Tanker, USA

Die »Marine Sulphur Queen« ex »Esso New Haven«, war ein T2-Tanker, der für den Transport von geschmolzenem Schwefel umgebaut wurde. Bemerkenswert an dem Tanker ist sein spurloses Verschwinden im Jahr 1963 nahe der Südküste Floridas, bei dem 39 Besatzungsmitglieder ums Leben kamen.

Der T2-Tankertyp war in großer Anzahl während des Zweiten Weltkriegs in den USA gebaut worden. Die Schiffe wurden zum Transport von Dieselkraftstoff und von Rohöl benutzt. Einige dieser Einheiten blieben auch nach dem Krieg in Fahrt.

Die letzte Reise der »Marine Sulphur Queen« begann am 2. Februar 1963 von Beaumont in Texas mit einer Ladung von 15.260 t geschmolzenen Schwefels. Zielhafen war Norfolk in Virginia. Am 4. Februar wurde in der Nähe von Florida ein Funkspruch gesendet, der unter anderem die Position des Schiffes mit 25° 45' N und 86° 00' W angab. Das ist etwa 200 Seemeilen westlich von Florida. Zu diesem Zeitpunkt befand sich das Schiff bei Nordwind in Stärke von fünf bis sieben in rauer See mit bis zu fünf Meter Wellenhöhe. Seitdem fehlt jede Spur von der »Marine Sulphur Queen«.

Das Schiff wurde am 6. Februar als vermisst gemeldet. Eine eingeleitete Suche in der Floridastraße, wo die »Marine Sulphur Queen« möglicherweise gesunken war, blieb ergebnislos und wurde am 14. März abgebrochen. Zwar wurden Überreste gefunden, aber keine Spur vom Schiff selbst oder den 39 Männern der Mannschaft. Eine Quelle nennt hierzu folgende Einzelfundstücke: »acht Schwimmwesten, fünf Rettungsringe, zwei Namensschilder, ein Hemd, ein Stück Ruder, eine Ölkanne, einen Benzinkanister, eine Kegelboje und ein Nebelhorn.« Die Bemühungen der Regierung die »Marine Sulphur Queen« zu finden umfassten 83 Flugeinsätze mit fast 500 Flugstunden und eine abgedeckte Fläche von 350.000 Quadratmeilen.

Eine Untersuchung der amerikanischen Küstenwache ergab mehrere Fakten, die ein in See gehen der »Marine Sulphur Queen« nicht zugelassen hätten. Der vielleicht wichtigste Grund hierfür waren die Brände an den Seiten der vier großen Schwefeltanks. Nach Angaben ehemaliger Besatzungsmitglieder waren diese Brände so häufig, dass die Schiffsführung auf das Auslösen von Feueralarmen verzichtete.

Es ergaben sich viele Hypothesen und Fragen zum Untergang des Schiffes. Sie wer-

Foto: US Navy

Der Tanker »Hat Creek« war ein Schwesterschiff der »Marine Sulphur Queen«.

Foto: US Coast Guard

Die gefundenen Überreste der »Marine Sulphur Queen«.

den von Richard Winer in seinem Buch »Das Teufelsdreieck« auf der Seite 10 wie folgt zusammengefasst:

»War an Bord der »Marine Sulphur Queen« wieder ein Feuer ausgebrochen? War bei dem Gedanken an die Brandbekämpfung und eine mögliche Explosion auf hoher See eine Panik ausgebrochen? Oder waren die Männer, die das Feuer bekämpften, von giftigen Schwefeldämpfen überwältigt worden? Die Schwefeldämpfe konnten über Luftschächte und Ventilatoren in das gesamte Schiff eindringen und die ganze Besatzung einschließlich des Funkers bewusstlos machen, bevor ein Notruf gefunkt werden konnte? Hatte sich die »Marine Sulphur Queen« vielleicht so sehr mit Schwefeldämpfen gefüllt, dass sie zu einer schwimmenden Bombe wurde? War vielleicht kaltes Seewasser irgendwie mit dem 180 Grad heißen geschmolzenen Schwefel in Berührung gekommen? Hat es deshalb eine Explosion gegeben, dass das Schiff praktisch in Stücke gerissen wurde?«

»Marine Sulphur Queen«	
Schiffstyp	Tanker
Bauwerft	Sun Shipbuilding & Drydock Co., Chester, Pennsylvania, USA
Eigner	Bethlehem Steel Company, Bethlehem, Pennsylvania, USA
Stapellauf	8. März 1944
Vermessung (BRT)	10.642
Länge × Breite × Tiefgang (m)	153,62 × 20,79 × ?
Besatzungsstärke	39
Antrieb	1 × Dampfturbine
Antriebsleistung (PS)	1 × 12.000
Wellen	1
Geschwindigkeit (kn)	16

In dem Abschlussbericht der US Coast Guard, dem zahlreiche Beweise, die die Vermutungen des Untersuchungsgremiums stützten, beigefügt sind, wurde in vier Punkten festgehalten:

1. Angesichts der umfangreichen Suchaktionen und der gefundenen und als von der »Marine Sulphur Queen« stammend identifizierten Trümmer wird davon ausgegangen, dass das Schiff und seine gesamte 39-köpfige Besatzung verschollen sind.
2. Der Ausschuss stimmt mit der Aussage überein, dass das Schiff offenbar am 4. Februar 1963 auf dem Weg zur Floridastraße oder in deren Nähe verloren ging.
3. Des Weiteren stimmt man mit dem Ausschuss überein, dass die genaue Ursache für den Untergang der »Marine Sulphur Queen« mangels Überlebender oder Überresten des Schiffes nicht ermittelt werden kann.
4. Der Ausschuss prüfte zahlreiche mögliche Ursachen für den Schiffsuntergang und lehnte es zu Recht ab, diesen Ursachen eine bestimmte Wahrscheinlichkeit zuzuordnen. In seinen Schlussfolgerungen äußerte sich der Ausschuss zu folgenden möglichen Ursachen:
   a. in den Ladetanks könnte es zu einer Explosion gekommen sein
   b. ein vollständiger Ausfall des Rumpfträ-

gers[1] könnte dazu geführt haben, dass das Schiff in zwei Teile zerbrach

c. das Schiff könnte beim synchronen Rollen gekentert sein

d. eine Dampfexplosion kann aufgetreten sein

Im Januar 2001 untersuchten Taucher einen großen Schiffsrumpf, der kopfüber in 120 m Tiefe etwa 120 Seemeilen draußen im Golf von Mexiko lag. Obwohl die Taucher keine schlüssigen Beweise fanden, konnten sie nicht ausschließen, dass es sich um die »Marine Sulphur Queen« handelte.

Obwohl das Schiff nicht in der Nähe des Bermuda-Dreiecks[2] verschollen ist, erwähnen viele Autoren bei Veröffentlichungen in Büchern und Zeitschriften die »Marine Sulphur Queen« in diesem Zusammenhang. Vermutlich deshalb, weil sie von ihrem Untergang keinerlei Spuren hinterlassen hat. Häufig wird dabei eine ungenaue und unvollständige Version des Verschwindens des Schiffes verwendet. ▶|

1 Rumpfträger sind als Bauteile des Schiffsrumpfes in Längsrichtung und Querrichtung angeordnet und bilden ein tragendes Gerüst, das für Stabilität und Festigkeit sorgt, den Rumpf versteifen und dessen Form beibehalten sowie Lasten aufnehmen, die durch das Gewicht des Schiffes, den Auftrieb und äußere Einflüsse wie Wellen entstehen. Die genaue Auslegung des Rumpfträgers ist entscheidend für die Sicherheit und Leistungsfähigkeit des Schiffes. Eine gute Konstruktion stellt sicher, dass der Rumpf auch unter extremen Bedingungen stabil bleibt und nicht beschädigt wird. Einige wichtige Bestandteile eines Rumpfträgers sind:
Kiel: Längsträger am tiefsten Punkt des Schiffsrumpfes, der für die Längsstabilität sorgt
Längsspanten: Längsverstrebungen, die den Rumpf in Längsrichtung versteifen
Querspanten: Querverstrebungen, die den Rumpf in Querrichtung versteifen
Decksträger: Längsträger, die das Deck tragen und versteifen
Stringer: Längsverstärkungen, die die Beplankung unterstützen

2 siehe hierzu auch den Beitrag zum Versorgungs- und Kohleschiff »Cyclops«.

9 Unfälle auf Bohrinseln

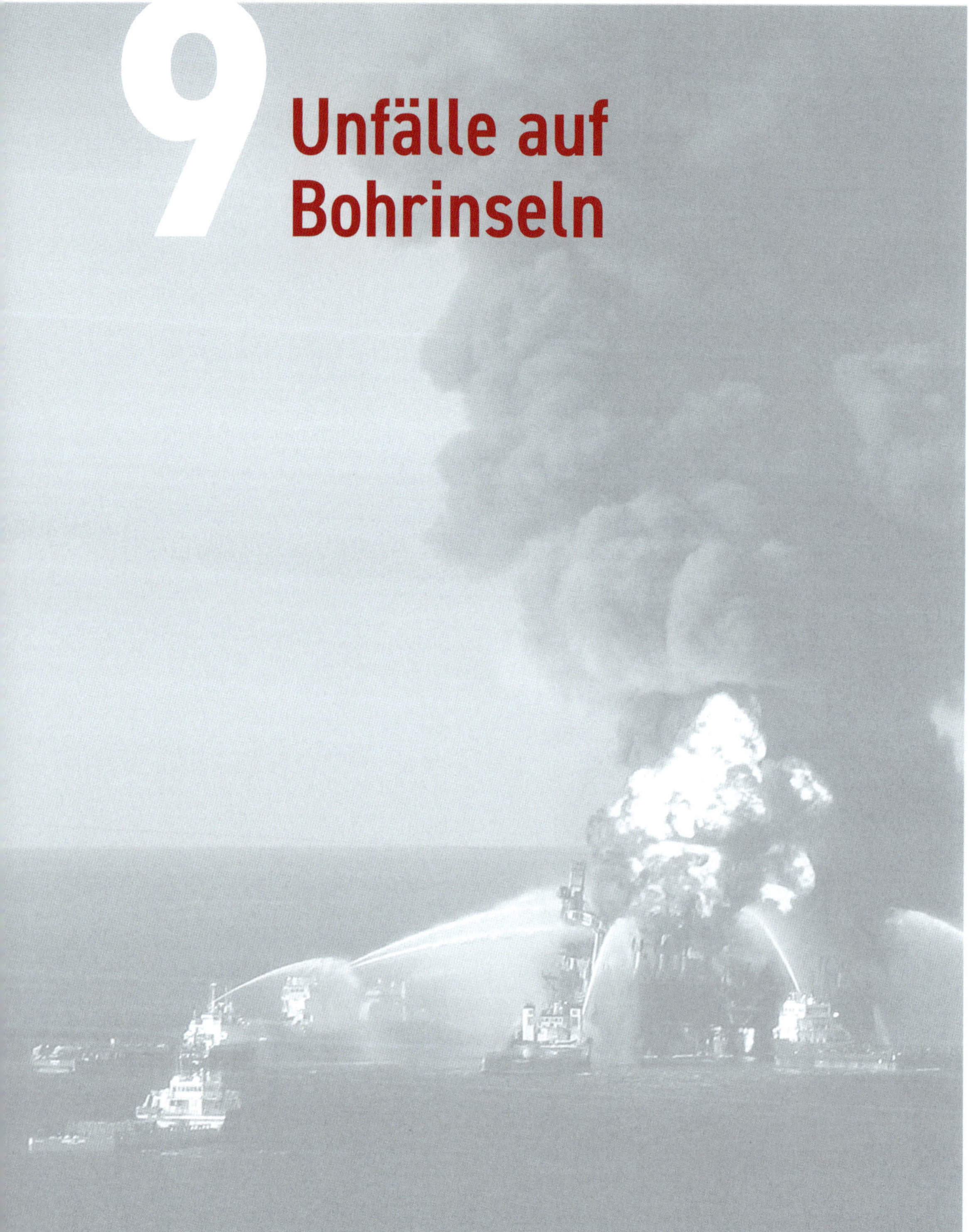

»Alexander L. Kielland«

Ölbohrinsel, Norwegen

Nicht nur Schiffe, auch Bohrinseln und sonstigen Zwecken dienende Plattformen sind auf See ungeschützt den Wetter- und den Seegangverhältnissen ausgesetzt. So auch die norwegische Ölbohrinsel »Alexander L. Kielland«.

Am Abend des 27. März 1980 ereignete sich im norwegischen Erdölfeld Ekofisk in der Nordsee ein tragischer Unfall. Die Ölbohrinsel »Alexander L. Kielland« kenterte mit 212 Mann an Bord, von denen 123 ums Leben kamen.

Bei der Ölbohrinsel handelte es sich um einen sogenannten Halbtaucher. Die Plattform mit den Aufbauten ruhte also auf fünf teilweise in das Meer eingetauchten Säulen, die von unter Wasser befindlichen Auftriebskörpern getragen wurden. Ein System aus zehn Ankern hielt die »Alexander L. Kielland« auf Position. In den Säulen und Auftriebskörpern waren Tanks für Ballast- und Trinkwasser, Treibstoffe und weitere Betriebsstoffe untergebracht. Weitere Säulen enthielten zudem Maschinenräume. Die eigentliche Plattform hatte Abmessungen von 103 × 99 m und eine Masse von 10.105 t.

Die Ölbohrinsel befand sich im Normalbetrieb etwa 15 m über der Wasseroberfläche. Auf ihr befand sich ein 40 m hoher Bohrturm. Seit Indienststellung war die 1976 in Betrieb genommene »Alexander L. Kielland« jedoch als Wohnplattform genutzt worden. Dafür waren auf der Plattform in mehreren Etagen übereinander Wohncontainer aufgebaut. Da sie später auch als Bohrplattform eingesetzt werden sollte, befand sich zudem alle für Bohrungen notwendige Ausrüstung an Bord.

Die »Alexander L. Kielland« lag neben der Plattform »Edda 2/7 C« und befand sich auf Position 56° 27' 53,4' N und 3° 6' 16,1' O und war somit etwa 207 Seemeilen vom norwegischen Festland entfernt. Beide Plattformen waren mit einer etwa 25 m langen beweglichen Brücke miteinander verbunden.

Am 27. März 1980 herrschte schlechtes Wetter mit Windgeschwindigkeiten von sie-

Die als Wohnplattform genutzte Ölbohrinsel »Alexander L. Kielland« (re.) und die Ölbohrinsel »Edda 2/7 C« (li.). Beide Plattformen waren durch eine Brücke miteinander verbunden.

Foto: Norsk Oljemuseum / CC-By-SA 3.0

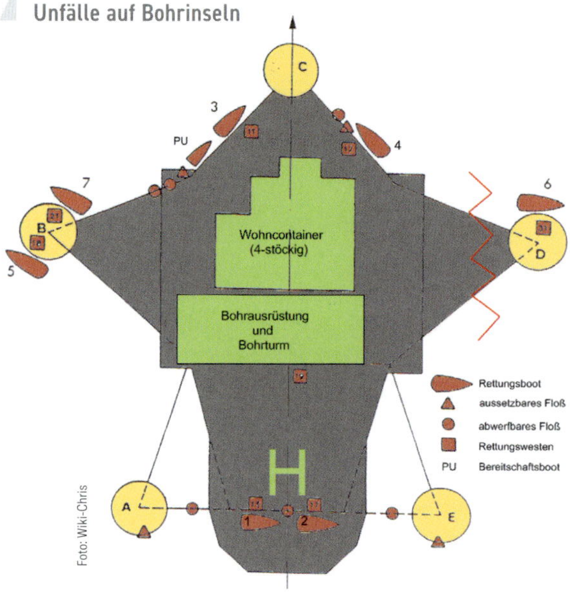

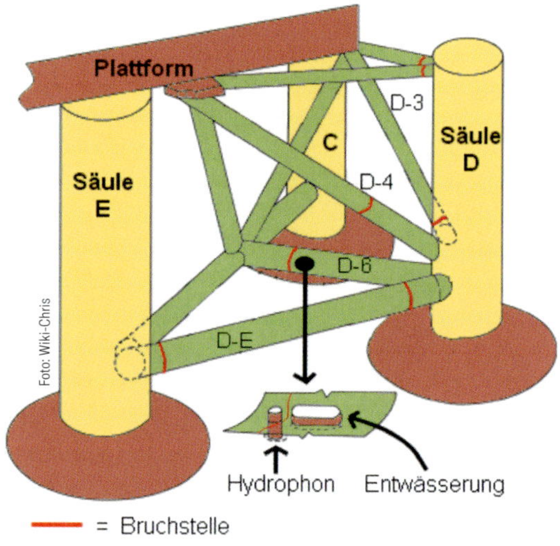

Die Oberdecksskizze der Ölbohrinsel »Alexander L. Kielland« zeigt unter anderem auch die Positionen der Rettungsboote, Flöße und Rettungswesten.

Die Zeichnung der Säulen der Ölbohrinsel »Alexander L. Kielland« zeigt die Brüche durch Materialermüdung und anschließendem Wellengang.

ben bis neun und einer Wellenhöhe von sechs bis acht Meter. Entsprechend der Jahreszeit lagen die Temperaturen von Luft und Wasser bei jeweils etwa sechs Grad.

Kurz vor 18:30 Uhr, die Mannschaft war größtenteils beim Essen oder in den Freizeiteinrichtungen, war auf der »Alexander L. Kielland« ein harter Stoß zu spüren. Kurz danach folgte ein zweiter vom Schütteln der Plattform begleiteter Stoß. Dann begann die Plattform nach Steuerbord zu krängen. Sie erreichte eine Schräglage von 30 bis 35 Grad.

»Die Horizontalstrebe D-6 der Stahlkonstruktion der Plattform war gebrochen. Durch die nun eingetretene Überlastung brachen auch die anderen Streben, die Schwimmkörper und Säule D mit der Plattform verbanden. Die Säule mit Schwimmkörper und Resten der Streben löste sich vollständig von der Plattform«, schreibt Günter Bossow in seinem Buch »Mayday, Mayday« auf der Seite 177.

An Bord der »Alexander L. Kielland« brach das Chaos aus. Die Ereignisse entwickelten sich schnell. Alle losen Gegenstände machten sich selbständig und wirbelten durch die Räume. An Oberdeck gelagerte Bohrausrüstung ging ebenfalls auf Drift und beschädigte die Aufbauten. Das Licht ging aus, weil die Krängung die Dieselaggregate für die Stromerzeugung zum Stillstand gebracht hatte.

Die Männer der Besatzung versuchten auf ihre Rettungsstationen zu kommen, was sich aber als schwierig herausstellte. Bei der starken Krängung und im Dunkeln war es nicht einfach durch die Ausgänge, Korridore und Treppenhäuser zu kommen. Ebenfalls gestaltete sich das Zuwasserlassen der Rettungsboote als schwierig. Nicht alle konnten wegen der Schräglage benutzt werden. Das Freikommen von der schief liegenden Plattform war bei dem herrschenden Seegang nicht einfach. Auch bei den anderen Rettungsmitteln wie Flößen, Schutzanzügen und Schwimmwesten verlief aus den unterschiedlichsten Gründen der ordnungsgemäße Gebrauch nicht einwandfrei.

Für eine kurze Zeit lag die Ölbohrinsel stabil in ihrer Schräglage. In dieser Zeit lief aber Wasser durch Türen, Luken und Lüftungsöffnungen in die Räume der nun tief liegenden Aufbauten sowie in die Säulen C und E. Die Schräglage nahm so zwangsläufig zu. Um

Wrackreste der zerstörten Ölbohrinsel »Alexander L. Kielland«.

19:00 Uhr schließlich kenterte die »Alexander L. Kielland« und schwamm kieloben.

Der Funker der »Alexander L. Kielland« hatte unmittelbar nach der ersten Krängung über UKW-Sprechfunk noch einen Mayday-Ruf absetzen und dann aus dem Rettungsboot die benachbarte Plattform »Edda 2/7 C« über das Geschehen informieren können.

Nachdem die Rettungsleitstelle Südnorwegen unterrichtet worden war, übernahm diese weitere Maßnahmen. Schiffe in der Nordsee und Rettungsstationen in Norwegen, Schottland, Dänemark, den Niederlanden und Deutschland wurden alarmiert. Der erste norwegische Rettungshubschrauber startete schon gegen 19:30 Uhr. Gleichzeitig starteten in Großbritannien zwei Hubschrauber und ein Aufklärungsflugzeug.

An den international durchgeführten Rettungsmaßnahmen beteiligten sich bis zu deren offiziellen Einstellung am 29. März um 19:00 Uhr insgesamt 71 zivile Schiffe, neun Militärschiffe, 19 Rettungshubschrauber und sieben Flugzeuge.

Im Untersuchungsbericht zur Ursache des Unglücks ist vermerkt, »dass unzureichende Qualität der Schweißnähte zusammen mit der aufgetretenen hohen Spannung zu Rissen in der Schweißverbindungzwischen Rohr und Strebe geführt hatten. Einige Risse müssen schon beim Bau der Plattform entstanden sein, wie Farbreste auf Rissoberflächen zeigten. Von hochbelasteten Stellen gingen dann Ermüdungsrisse auf die Strebe selbst über und breiteten sich während eines längeren Zeitraumes über deren Umfang aus.«

Die Ölbohrinsel »Alexander L. Kielland« nach dem Aufrichten der Plattform mit zusätzlichen Auftriebskörper.

Das Wrack der Ölbohrinsel »Alexander L. Kielland« wurde in den Gandsfjord vor Stavanger geschleppt. Etwa dreieinhalb Jahre nach dem Unglück wurde sie dort nach einer umfangreichen mehrmonatigen Vorbereitung wieder aufgerichtet. Diese Aktion diente sowohl weiteren Ermittlungen über den Unfallhergang als auch der Bergung von Leichen. Später wurde die Ölbohrinsel im Nedstrandsfjord in einer Tiefe von etwa 700 m versenkt. ▶|

»Deepwater Horizon«

Ölbohrinsel, Schweiz

Die Ölbohrinsel »Deepwater Horizon« war eine Bohrplattform für die Erdölexploration im Golf von Mexiko. Die Firma Transocean, ein auf Tiefseebohrungen spezialisierter international tätiger Konzern mit Sitz in Steinhausen in der Schweiz, stellte sie 2001 in Dienst und betrieb sie im Auftrag des Leasingnehmers BP, um damit Ölbohrungen in rund 1500 m Tiefe durchzuführen.

Am 20. April 2010 kam es infolge verschiedener schwerer Versäumnisse zu einem Blowout[1], bei dem die Plattform nach einer gegen 22:00 Uhr erfolgten Explosion in Brand geriet, der nicht unter Kontrolle gebracht werden konnte. Infolgedessen ging die Plattform zwei Tage später unter. Elf Besatzungsmitglieder der Bohrinsel starben.

Nach dem Blowout strömten 87 Tage lang etwa 800 Millionen Liter Öl aus dem Bohrloch ins Meer, was zu einer Ölpest im Golf von Mexiko und zu der bislang schwersten Umweltkatastrophe dieser Art in der Geschichte führte.

Insgesamt konnten sich bei dem Unglück 115 Arbeiter retten und elf wurden vermutlich unmittelbar durch die Explosion getötet. Eine vom amerikanischen Kongress beauftragte Untersuchung führte zu dem Ergebnis, dass eine Vielzahl menschlicher und technischer Fehler zum Untergang der Bohrinsel beigetragen hatten.

Während der Bohrung hatte es schon eine ungewöhnlich hohe Zahl von Erdgas-

Fotos: US Coast Guard

Die brennende Ölbohrinsel »Deepwater Horizon«.

Fotos: US Coast Guard

Foto: US Environmental.Protection-Agency

Fischereifahrzeuge versuchen den brennenden Ölteppich an seiner Ausbreitung einzudämmen.

einbrüchen in die Bohrung gegeben. Wenige Wochen vor dem Unglück drang so viel Erdgas in das Bohrloch, dass an Deck der Bohrplattform ein Notstopp aller potentiell feuergefährlichen Aktivitäten verhängt werden musste. In den Folgewochen kam es immer wieder zu heftigen Gaseinbrüchen. Das Risiko durch Erdgaseinbrüche in Zusammenhang mit diesem Bohrvorhaben war von BP ein Jahr zuvor als vernachlässigbar bezeichnet worden, obgleich seitens der zuständigen Behörde deutlich gewarnt worden war.

Zum Unglückszeitpunkt befand sich die Bohrinsel auf Position 29° N und 88° W in 1500 m tiefem Wasser und hatte eine 5500 m tief in den Boden reichende Bohrung fast fertiggestellt. Wenige Stunden vor dem Unfall war die Rohrtour[2] durch Eingießen von Spezialzement in den Ringraum befestigt und gesichert worden. Da die »Deepwater Horizon« eine Explorationsbohrplattform, aber keine Förderplattform war, sollte die fertiggestellte Bohrung damit versiegelt werden. Das Öl sollte später von einer anderen Plattform gefördert werden.

Infolge eines starken Druckanstiegs im Bohrloch kam es jedoch zu einem Blowout. Eine Fontäne von Bohrschlamm, Gas und Öl trat aus. Das in großer Menge und unter hohem Druck ausströmende Erdgas entzündete sich und führte zum Brand der Bohrplattform. Die für diesen Fall vorgesehene

Ein Satellitenbild vom 24. Mai 2010 zeigt die enorme Ausdehnung der Ölverschmuzung.

Foto: NASA

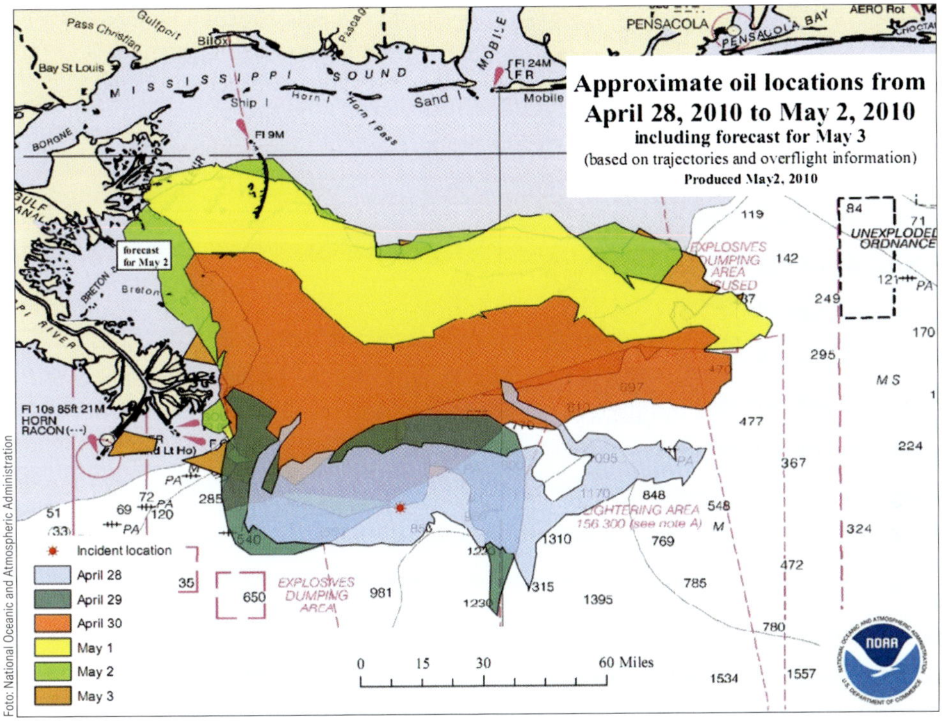

Foto: National Oceanic and Atmospheric Administration

Die Ausbreitung des Ölteppichs in der Zeit vom 4. April bis 3. Mai 2010.

Schutzvorrichtung direkt am Meeresboden, das mehrfach redundant konzipierte zentrale Ventilsystem (Blowout-Preventer)[3] wurde zwar betätigt, funktionierte jedoch nicht.

Der eingesetzte 15 m hohe und 450 t schwere Blowout-Preventer (BOP), der im Notfall das Ausströmen von Öl und Gas hätte stoppen sollen, wies mehrere Mängel auf:

- Das Dichtgummi des BOP war etwa vier Wochen vor dem Unglück beschädigt worden, als ein Arbeiter bei geschlossener Dichtung versehentlich einen Steuerhebel berührte und damit das Rohrgestänge um etwa fünf Meter verfuhr. Im Anschluss befanden sich mehrere Handvoll Gummistücke in der Bohrflüssigkeit. Dieser Vorfall wurde zum Erstaunen des Chefelektrikers von einem verantwortlichen Mitarbeiter als ungefährlich eingestuft.
- Die Batterien mindestens einer Steuerungseinheit des BOP waren leer. Leere Batterien in beiden Steuereinheiten – zusammen mit einem Konstruktionsfehler – könnten die Ursachen dafür gewesen sein, dass die Tote-Mann-Einrichtung des BOP versagte.
- Ein Druckstempel war nur in einer nicht funktionierenden Testversion eingebaut.

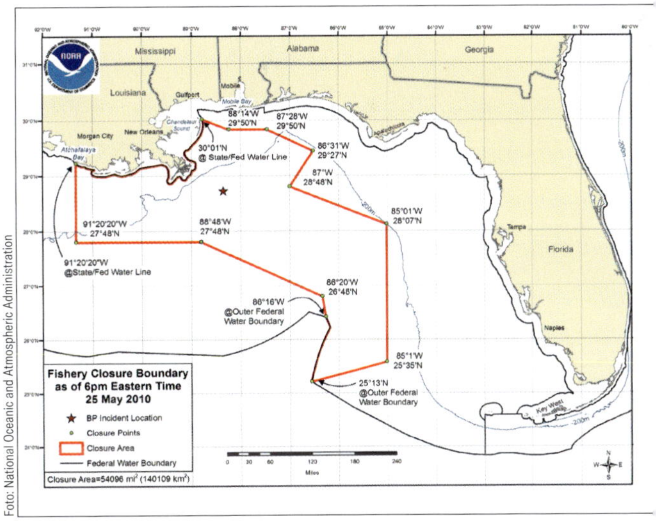

Foto: National Oceanic and Atmospheric Administration

Karte mit der Zone, in der die Fischerei nicht mehr erlaubt war.

Foto: US Fish and Wildlife Service Southeast Region / CC-BY-SA 2.0

Helfende Hände.

Foto: International Bird Rescue Research Center / CC-BY-SA 2.0

Unschuldige Opfer.

- Es gab ein signifikantes Leck in der Hydraulik durch eine um mehrere Umdrehungen gelockerten Schraubverbindung.
- Entgegen weltweit verbreiteter Standards fehlte eine zusätzliche Fern- und Automatikauslösung.

Verschärfend für die Auswirkungen des Unglücks war, dass die Dieselgeneratoren der Plattform das ausströmende Gas ansaugten. Dadurch erhöhte sich deren Leistung und Drehzahl unabhängig von der Kraftstoffzufuhr. Der damit verbundene Spannungsanstieg führte zur Zerstörung von Teilen der Elektrik der Bohrplattform. Unmittelbar danach explodierten die Generatoren.

Es wurde versucht, den Bereitschaftsgenerator zu starten, um Strom für Feuerlöschpumpen und Druckluft zum Starten der Hauptmotoren zu erhalten. Nach zehn bis fünfzehn Minuten wurde der Versuch erfolglos abgebrochen.

Nach dem Untergang von »Deepwater Horizon« strömte das Öl an mehreren Stellen aus dem abgeknickten Steigrohr. Verschiedene Gegenmaßnahmen – Chemikalieneinsatz und Abbrennen des Öls an der Wasseroberfläche – konnten die Ausbreitung eines Ölteppichs nicht unterbinden. Er breitete sich über Wochen und über mehrere tausend Quadratkilometer im Golf von Mexiko aus und traf am 29. April 2010 erstmals auf die amerikanische Küste. Dadurch waren neben Meeresfauna und -flora im Golf von Mexiko unter anderem auch das Flussdelta des Mississippi von einer Ölpest betroffen.

Die Katastrophe hatte verheerende Folgen für die Umwelt und die regionale Wirtschaft.

Tausende Meerestiere, darunter Vögel, Fische, Schildkröten und Meeressäuger, wurden durch das Öl geschädigt oder getötet. Strände wurden verschmutzt, und die Fischerei- und Tourismusindustrie im Golf von Mexiko erlitten erhebliche wirtschaftliche Verluste.

Das Öl verschmutzte nicht nur die Wasseroberfläche, sondern sank auch auf den Meeresboden und reicherte sich in Sedimenten an, was langfristige Auswirkungen auf die Meeresökologie haben dürfte. Ebenso hatte, den am 19. Mai 2010 veröffentlichten Satelliten-Bildern nach zu urteilen, das Öl möglicherweise den Loop Current (Schleifenstrom)[4] erreicht. In einer Tiefe von 1100 m wurde Ende Juni eine 35 Kilometer lange Schadstoffwolke festgestellt, die keine Anzeichen bakterieller Zersetzung zeigte.

Obwohl die Strände und Küstenregionen des Golfs von Mexiko heute wieder sauber aussehen, sind die Langzeitfolgen der Ölpest noch nicht vollständig absehbar, und die Natur leidet noch immer unter den Folgen.

Die vom amerikanischen Justizministerium infolge dieser Ölpest dem BP-Konzern im »Deepwater Horizon«-Prozess auferlegte Strafe von 4,5 Mrd. US-Dollar ist die höchste jemals verhängte Strafe für ein Umweltdelikt. Zusätzlich hat BP für die Bewältigung der Folgekosten der Ölpest 38,1 Mrd. Dollar Rückstellungen gebildet.

Die Beschreibung der »Deepwater Horizon«-Katastrophe basiert im Wesentlichen auf dem Internet-Lexikon Wikipedia.

(https://de.wikipedia.org/wiki/Deepwater_Horizon).

1 Unter **Blowout** versteht man ein unkontrolliertes Austreten von Bohrspülung, Erdöl oder Erdgas aus einem Bohrloch einer Bohr- oder Förderanlage.

2 Als **Rohrtour** wird die Rohrstrecke bezeichnet, mit der das Bohrloch spezieller geologischer Bohrungen ausgekleidet wird. Die Aufgabe der Rohrtour ist es, das Bohrloch langfristig zu stabilisieren und gegenüber dem Umgebungsgestein abzudichten.

3 Als **Blowout-Preventer (BOP)** bezeichnet man eine Reihe von Absperrventilen, die bei einer Erdöl- oder Erdgasbohrung direkt über dem Bohrloch angebracht werden und die der Verhinderung eines Blowouts dienen. Der Blowout-Preventer ist das zentrale Sicherheitselement bei einer Tiefbohrung.

4 Der **Loop Current (Schleifenstrom)** ist eine warme Meeresströmung im Golf von Mexiko, die aus der Karibik durch die Yucatan-Straße in den Golf gelangt und dann entweder nach Osten in den Florida-Strom abbiegt oder weiter nach Norden in den Golf vordringt. Der Loop Current ist ein wichtiger Bestandteil der Zirkulation im Golf von Mexiko und hat Einfluss auf das Klima und die Ökologie der Region.

Quellennachweis

Antonow, A. / Marinin, W. / Walujew, N. · Sowjetisch-russische Atom-U-Boote, Berlin, 1998

Bagnasco, Erminio · Uboote im 2. Weltkrieg, Stuttgart, 1988

Ballard, Robert D. · Das Geheimnis der TITANIC – 3800 Meter unter Wasser, Berlin, 1987

Bendert, Harald · Tragödien unter Wasser – U-Boot-unfälle von den Anfängen bis zur Gegenwart, Bonn, 2004

Blöss, Hans · Glanz und Schicksal der »Potosi« und »Preussen«, Kiel, 1960

Bossow, Günter · Mayday, Mayday ... – Schiffshavarien der 80er und 90er Jahre, Stuttgart, 1999

Breyer, Siegfried · Schlachtschiffe und Schlachtkreuzer 1905 – 1970, München, 1970

Breyer, Siegfried / Wetterhahn, Armin · Handbuch der Warschauer-Pakt-Flotten (Loseblattsammlung), Bonn, div. Jgg.

Bunk, Lutz · 50 Klassiker SCHIFFE – Von der Arche Noah bis zur Cap Anamur, Hildesheim, 2004

Burmester, Heinz · Segelschulschiffe rund Kap Horn, Oldenburg, 1976

Bussert, C. James / Elleman, Bruce A. · PLAN – People's Liberation Army Navy – Combat Systems Technology 1949 – 2010, Annapolis, 2011

Cameron, James · Mission TITANIC – Tiefseeexpeditionen zum berühmtesten Wrack der Welt, Bielefeld, 2016

Chant, Chris · Moderne Unterseeboote – Technik – Taktik – Bewaffnung, Stuttgart, 2005

Claußen, Sven · Die Seenotretter – 150 Jahre DGzRS, Erfurt, 2015

Dummer, Karl-Otto · PAMIR – Die Geschichte des Untergangs, Hamburg, 2007

Eastlake, Keith · Die größten Katastrophen auf See, Bindlach,1998

Ebon, Marti · Das Rätsel des Bermuda-Dreiecks, München, 1975

Esmann, Wilhelm · Die Rettungsboote der DGzRS von 1865 – 2009, Bremen, 2009

Everitt, Don · The K-Boats, London, 1973

Furrer, Hans Jörg · Die Vier- und Fünfmast-Rahsegler der Welt, Herford, 1984

Gibbons, Tony (Hrsg.) · Die Welt der Schiffe – Von den Anfängen bis zur Gegenwart, München, 2007

Graham, Jan · 50 Schiffe, die die Welt veränderten, Bern, 2018

Greenhill, Basil / Hackman, John · HERZOGIN CECILIE – Lebensgeschichte einer Viermastbark, Hamburg, 1993

Hampshire, Edward · Soviet Cold War Attack Submarines, Oxford, 2020

Hansen, Clas Broder · Die deutschen Passagierschiffe 1816 – 1990, Gräfelfing, 1990

Harris, John · Auf letzter Fahrt – Rätselhafte Schiffs-unglücke, Düsseldorf, 1983

Hintermeyer, Hellmut · Schiffskatastrophen – Von der Spanischen Armada bis zum Untergang der Pamir, Stuttgart, 1998

Huchthausen, Peter · K-19 und die Geschichte der russischen Atom-U-Boote, Hamburg, 2002

Huchthausen, Peter / Kurdin, Igor / White, R. Alan · In feindlichen Gewässern – Das Ende von K-219, Hamburg, 2000

Hutchinson, Robert · Kampf unter Wasser – Unterseeboote von 1776 bis heute, Stuttgart, 2006

Karr, Hans · Alliierte U-Boote 1939 – 1945, Stuttgart, 2019 · Deutsche Kriegsschiffe – Lazarett-, Kdf- und Wohnschiffe 1933 – 1945, Stuttgart, 2020 · Deutsche Uboote seit 1956, Stuttgart, 2014 · Die berühmtesten Schiffe des 20. Jahrhunderts, die man kennen muss, Stuttgart, 2022 · Die faszinierendsten Segelschiffe der Welt, die man kennen muss, Stuttgart, 2023 · Enzyklopädie der Bundesmarine 1956 – 1990, Stuttgart, 2019 · Marinetechnik des Ersten Weltkriegs – Entwicklung, Einsatz, Konsequenzen, Stuttgart, 2025 · Nordatlantik Renner – Legendäre Schnelldampfer im Wettlauf um das Blaue Band, Stuttgart, 2020 · Seenotkreuzer – Geschichte-Technik-Schiffe, Stuttgart, 2013

Kludas, Arnold · Deutsche Ozean-Passagierschiffe 1850 bis 1895, Moers, 1983 · Deutsche Ozean-Passagierschiffe 1919 bis 1985, Moers, 1987 · Die großen deutschen Passagierschiffe – Dokumentation in Wort und Bild, Oldenburg, 1971 · Die Schnelldampfer BREMEN und EUROPA – Höhepunkt und Ausklang einer Epoche, Hamburg, 1993 · Vergnügungsreisen zur See – Eine Geschichte der deutschen Kreuzfahrt Band 1 1889 – 1939, Hamburg, 2001 · Vergnügungsreisen zur See – Eine Geschichte der deutschen Kreuzfahrt Band 2 1952 bis heute, Hamburg, 2003

Korotkin, I.M. · Seeunfälle und Katastrophen von Kriegsschiffen, Berlin, 1991

Lardas, Mark · US Flush-Deck Destroyers 1916 – 45 – Caldwell, Wickers and Clemson-Classes, Oxford, 1918

Maddocks, Melvin · Die großen Passagierschiffe, Eltville, 1992

Marshall, Chris · Die große Enzyklopädie der Schiffe – Technische Daten und Geschichte von über 1200 Schiffen, Erlangen, o. J.

McCartney, Innes · British Submarines 1939 – 45, Oxford, 2006 · British Submarines of World War I, Oxford, 2008

Miller, David · U-Boot-Katastrophen – Tragödien unter Wasser, München, 2009

Miller, David / Jordan, John · Moderne Unterseeboote – Technik – Taktik – Bewaffnung, Stuttgart, 1999

Miserok, Manuel · OCEANUM Spezial – Seenotretter 2023, Bremen, 2023

Moore, John E. · Jane's Pocket Book of Submarines Development, London, 1976

Mordhorst, Jan · Havarie – Dramatische Seeunfälle, Hamburg, 1999

Neuber, Hermann · Mayday – Mayday ... – SAR-Hubschrauber im Rettungseinsatz auf See, Bonn, 1988

Peter, Karl H. · Der Untergang der NIOBE. Was geschah im Fehmarn-Belt?, Herford, 1976

Polmar, Norman / Noot, Jurrien · Submarines of the Russian and Soviet Navies 1718 – 1990, Annapolis, 1991

Polmar, Norman / White, Michael · Project AZORIAN – The CIA and the raising of the K-129, Annapolis, 2010

Preston, Antony · Die Geschichte der U-Boote, Erlangen, o. J.

Ross, David · Die größten Schlachtschiffe der Welt, Rosenheim, 2024

Rothe, Claus · Deutsche Ozean-Passagierschiffe 1896 bis 1918, Moers, 1986 · Deutsche Ozean-Passagierschiffe 1919 bis 1985, Moers, 1987

Rothe, Claus / Schödler, Jürgen · Die deutschen Traumschiffe, Hamburg, 1997

Schulze-Torge, Ulrich · Die sowjetische Kriegsmarine Band I, Bonn, 1976

Schwabedissen, Tim · Gestrandet – Schiffsunglücke vor der Nordseeküste, Hamburg, 2004

Völker, Thies · Lexikon berühmter Schiffe – Spektakuläre Abenteuer von der Arche Noah bis zur Titanic, München, 2005

Ward, John · Submarines of World War II, St. Paul, 2001

Watts, Anthony · Alliied Submarines, London, 1977

Whitley, Michael J. · Schlachtschiffe des II. Weltkriegs – Klassen – Baudaten – Technik, Stuttgart, 2003

Willner, Horst · PAMIR – Ihr Untergang und die Irrtümer des Seeamtes, Herford, 1991

Wilson, Neil · Die großen Schiffskatastrophen, Augsburg, 1998

Winer, Richard · Das Teufelsdreieck, Frankfurt, 1977 · Vom Teufelsdreieck zum Teufelsrachen – Das Bermudadreieck u. a. Todesfallen der Weltmeere, München, 1977

Combat Fleets of the World, Annapolis, div. Jgg.

Flottes de Combat, Rennes, div. Jgg.

Köhlers Flotten-Kalender, Hamburg, div. Jgg.

Seenotretter – 150 Jahre Deutsche Gesellschaft zur Rettung Schiffbrüchiger, Bremen, o. J.

Weyers Flottentaschenbuch, Bonn, div. Jgg.

Das schlimmste Schiffsunglück aller Zeiten war die Versenkung der »Wilhelm Gustloff« durch das sowjetische U-Boot »S 13« am 30. Januar 1945, bei der bis zu 10.000 Menschen ums Leben kamen, meist Flüchtlinge aus Ostpreußen. Das zweitgrößte Unglück der Schifffahrtsgeschichte ist die »Doña Paz« (siehe Seite 27/28), eine philippinische Fähre, die 1987 nach einer Kollision sank und bei der über 4300 Menschen starben.

Ein Bullauge des Passagierschiffs »Wilhelm Gustloff« wurde 1988 geborgen. Es wird im Marine-Ehrenmal des Deutschen Marinebundes in Laboe ausgestellt.